English-Greek

Learner's Dictionary
Arranged by Themes
Beginner - Intermediate Levels

by Multi Linguis

CONTENTS

GREETINGS

Multi Linguis presents you a frequency-thematic learner's dictionary of the Greek language.

It includes up to 6000 essential words and phrases belonging to the levels from Beginner to Intermediate. The entries are divided into 150 vocabulary themes as well as 4 learning steps. They are arranged by themes, not by the alphabet.

The book is intended to help you learn this language but can also be applied for translating or entertaining. You may use it separately or as an additional tool for any suited educational course.

The Multi Linguis Project is based on the Wiktionary corpus. The database of the Learner's Dictionaries includes 9000 lemmas (words and phrases), their translations into many languages as well as transcriptions, transliterations and grammar information.

All these lemmas are divided into 6 learning steps of 1500 entries each (corresponding to the levels A1 - B2 CEFR) and also 150 vocabulary themes grouped in 30 super themes. They can be arranged by themes, steps, parts of speech or keywords, but never by the alphabet.

Different types of dictionaries are offered for the same language. They are designed in an original way to be convenient and efficient. All of them are available in mobile formats (epub and mobi).

Multi Linguis is presently able to publish such books for more than 70 languages. It's planned to improve them and increase their number.

IMPORTANT NOTE:
Because of the source, up to 5% of translations in this dictionary may be improper. Some expected entries have no translation so they were omitted.

PRONUNCIATION GUIDE

α | Α
[a]

ᾳ | Αι
[a]

αι
[e̞]

αυ
[av], [af]

αυ
[av], [af]

β | Β
[v]

γ | Γ
[ɣ~ʝ], [ŋ~ɲ]

γγ
[ŋg~ɲg], [g~ɟ], [ŋɣ~ɲʝ]

γκ
[g] (word-initially); [ŋg] (elsewhere)

γξ
[ŋks]

γχ
[ŋx], [ɲç]

δ | Δ
[ð]

ε | Ε
[e]

ει
[i]

ευ
[ev], [ef]

ζ | Ζ
[z]

η | Η
[i]

ῃ | Ηι
[i]

ηυ
[iv], [if]

θ | Θ
[θ]

ι | Ι
[i], [ç], [ʝ], [ɲ]

κ | Κ
[k~c]

λ | Λ
[l]

μ | Μ
[m]

μπ
[b] (word-initially); [mb] (elsewhere)

ν | Ν
[n]

ντ
[d] (word-initially); [nd] (elsewhere)

ξ | Ξ
[ks]

ο | Ο
[o]

οι
[i]

ου
[u]

π | Π
[p]

ρ | Ρ
[r]

σς
[s~z]

τ | Τ
[t]

υ | Υ
[i]

υι
[i]

φ | Φ
[f]

χ | Χ
[x~ç]

ψ | Ψ
[ps]

ω | Ω
[o]

ῳ | Ωι
[ọ]

ωυ
[oi]

ENGLISH-GREEK. THEME-ARRANGED LEARNER'S DICTIONARY, STEPS 1-4

DETERMINERS, PRONOUNS [01]
DETERMINERS [001]

an* ▪ *[det, 1]
▪ ένας ▪ |énas| ▫ [ˈe̞nas]
the ▪ [det, 1] ▪ definite article
▪ ο ▫ <m> ▪ |o| ▫ /o̞/
▪ η ▫ <f> ▪ |i| ▫ /i/
▪ το ▫ <n> ▪ |to| ▫ /to/
this* ▪ *[det, 3]* ▪ *placed here
▪ αυτός ▪ |aftós| ▫ /aˈftos/
that* ▪ *[det, 3]
▪ εκείνος ▪ |ekeínos|
both ▪ [det, 2]
▪ αμφότεροι ▫ <pl> ▪ |amfóteroi|
all ▪ [det, 1]
▪ όλοι ▫ <m pl> ▪ |óloi|
each ▪ [det, 1]
▪ έκαστος ▪ |ékastos|
every ▪ [det, 1]
▪ κάθε ▪ |káthe|
such ▪ [det, 2]
▪ οἷος ▪ |hoîos|
same ▪ [adj, 1]
▪ ίδιος ▪ |ídios|
other* ▪ *[det, 1]
▪ άλλος ▪ |állos|
another* ▪ *[det, 3]* ▪ *in addition
▪ άλλο ένα ▪ |állo éna|
no ▪ [det, 2]
▪ δεν ▪ |den|
which* ▪ *[det, 3]* ▪ *relative
▪ ποιος ▪ |poios|
my ▪ [det, 2]
▪ μου ▪ |mou|
our ▪ [det, 2]
▪ μας ▪ |mas|
your* ▪ *[det, 2]* ▪ *<sg>
▪ σας ▪ |sas|

your* ▪ *[det, 2]* ▪ *<pl>
▪ σας ▪ |sas|
her ▪ [det, 2]
▪ της ▫ <f> ▪ |tis| ▫ /'tis/
his ▪ [det, 2]
▪ του ▪ |tou|
which* ▪ *[det, 2]* ▪ *interrogative
▪ ποιος ▪ |poios|
whose* ▪ *[det, 2]* ▪ *interrogative
▪ ποιανού ▫ <m/n> ▪ |poianoú|
what* ▪ *[det, 3]
▪ ποιος ▪ |poios|

OBJECTS IN GENERAL, PRONOUNS [002]

thing ▪ [n, 1]
▪ πράγμα ▫ <n> ▪ |prágma| ▫ /'prayma/
object ▪ [n, 3]
▪ αντικείμενο ▫ <n> ▪ |antikeímeno|
this* ▪ *[prn, 2]
▪ ούτος ▪ |oútos|
that* ▪ *[prn, 2]* ▪ *that thing
▪ αυτός ▪ |aftós| ▫ /a'ftos/
everyone ▪ [prn, 2]
▪ κάθε ένας ▪ |káthe énas|
everything ▪ [prn, 2]
▪ όλα ▫ <n pl> ▪ |óla|
everybody ▪ [prn, 2]
▪ όλοι ▪ |óloi|
someone ▪ [prn, 2]
▪ κάποιος ▪ |kápoios|
something ▪ [prn, 2]
▪ κάτι ▫ <n> ▪ |káti|
anything ▪ [prn, 2]
▪ οτιδήποτε ▫ <n> ▪ |otidípote|
somebody ▪ [prn, 2]
▪ κάποιος ▪ |kápoios|
first ▪ [prn, 3]
▪ πρώτος ▫ <m> ▪ |prótos|
second ▪ [prn, 3]
▪ δεύτερος ▪ |défteros|
no one* ▪ *[prn, 2]

▪ κανένας ▪ |kanénas|

nothing* ▪ *[prn, 2]

▪ τίποτε ▫ <n> ▪ |típote|

who ▪ [prn, 3] ▪ relative

▪ ο οποίος ▫ <m> ▪ |o opoíos|

what ▪ [prn, 3] ▪ relative

▪ τι ▪ |ti|

that ▪ [prn, 3] ▪ which thing

▪ που ▪ |pou|

mine* ▪ *[prn, 4]

▪ δικός μου ▪ |dikós mou|

ours* ▪ *[prn, 4]

▪ δικός μας ▪ |dikós mas|

yours ▪ [prn, 4] ▪ <sg>

▪ δικός σου ▫ {informal} ▪ |dikós sou|

▪ δικός σας ▫ {formal} ▪ |dikós sas|

yours ▪ [prn, 4] ▪ <pl>

▪ δικός σας ▪ |dikós sas|

hers* ▪ *[prn, 4]

▪ δικός της ▪ |dikós tis|

his* ▪ *[prn, 4]

▪ δικός του ▪ |dikós tou|

theirs* ▪ *[prn, 4]

▪ δικός τους ▫ <m> ▪ |dikós tous|

me ▪ [prn, 2] ▪ direct object

▪ με ▪ |me| ▫ [mȩ]

me ▪ [prn, 2] ▪ indirect object

▪ μου ▪ |mou|

us ▪ [prn, 2]

▪ μας ▪ |mas|

me ▪ [prn, 4] ▪ object after preposition

▪ με ▪ |me| ▫ [mȩ]

you* ▪ *[prn, 2]* ▪ *object <sg>

▪ εσένα ▪ |eséna|

you* ▪ *[prn, 2]* ▪ *object <pl>

▪ εσάς ▫ <pl> ▪ |esás|

it ▪ [prn, 2] ▪ object

▪ το ▪ |to|

I* ▪ *[prn, 1]

▪ εγώ ▪ |egó| ▫ [ɛ'ɣɔ]

we* ▪ *[prn, 1]

▪ εμείς ▪ |emeís| ▫ [ȩ'mis]

you ▪ [prn, 1] ▪ subject <sg>
▪ εσύ ▫ {informal} ▪ |esý| ▫ [ȩ'si]
▪ εσείς ▫ {formal} ▪ |eseís| ▫ [ȩ'sis]
you ▪ [prn, 1] ▪ subject <pl>
▪ εσείς ▫ <pl> ▪ |eseís| ▫ [ȩ'sis]
she ▪ [prn, 1]
▪ αυτή ▪ |aftí| ▫ /af'ti/
he ▪ [prn, 1]
▪ αυτός ▫ <m> ▪ |aftós| ▫ /a'ftos/
it ▪ [prn, 1] ▪ subject
▪ το ▪ |to|
they ▪ [prn, 1] ▪ <pl>
▪ αυτοί ▫ <m> ▪ |aftoí|
▪ αυτές ▫ <f> ▪ |aftés|
▪ αυτά ▫ <n> ▪ |aftá|
who ▪ [prn, 1] ▪ interrogative
▪ ποιος ▪ |poios|
what ▪ [prn, 1] ▪ interrogative
▪ τί ▪ |tí|
which ▪ [prn, 3] ▪ interrogative
▪ ποιος ▫ <m> ▪ |poios|

ORDINAL NUMBERS [003]

first ▪ [num, 1]
▪ πρώτος ▪ |prótos|
second ▪ [num, 1]
▪ δεύτερος ▪ |défteros|
third ▪ [num, 1]
▪ τρίτος ▪ |trítos|
fourth ▪ [num, 1]
▪ τέταρτος ▪ |tétartos|
fifth ▪ [num, 1]
▪ πέμπτος ▪ |pémptos|
sixth ▪ [num, 1]
▪ έκτος ▪ |éktos|
seventh ▪ [num, 1]
▪ έβδομος ▪ |évdomos|
eighth ▪ [num, 1]
▪ όγδοος ▪ |ógdoos|
ninth ▪ [num, 1]
▪ ένατος ▪ |énatos|

eleventh ▪ **[num, 4]**
- ενδέκατος ▪ |endékatos|

twelfth ▪ **[num, 4]**
- δωδέκατος ▪ |dodékatos|

thirteenth ▪ **[num, 4]**
- δέκατος τρίτος ▪ |dékatos trítos|

thirtieth ▪ *[num, 4]*
- τριακοστός ▪ |triakostós|

fortieth ▪ *[num, 4]*
- τεσσαρακοστός ▪ |tessarakostós|

fiftieth ▪ *[num, 4]*
- πεντηκοστός ▪ |pentikostós|

sixtieth ▪ *[num, 4]*
- εξηκοστός ▪ |exikostós|

seventieth ▪ *[num, 4]*
- εβδομηκοστός ▪ |evdomikostós|

eightieth ▪ *[num, 4]*
- ογδοηκοστός ▪ |ogdoikostós|

ninetieth ▪ *[num, 4]*
- ενενηκοστή ▪ |enenikostí|

hundredth ▪ *[num, 4]*
- εκατοστός ▪ |ekatostós|

thousandth ▪ *[num, 4]*
- χιλιοστός ▪ |chiliostós|

AUXILIARY WORDS, INTENSIFIERS, INTRODUCTORY WORDS [02]
AUXILIARY WORDS [004]

be ▪ [sv, 2] ▪ continuous
▪ {use imperfective verb form of the appropriate tense} ▪
to ▪ [sv, 2]
▪ να ▫ {extension} ▪ |na|
have ▪ [sv, 2]
▪ έχω ▪ |écho| ▫ /ˈexo/
will ▪ [sv, 2]
▪ {use θα + subjunctive verb form (future simple) or present verb form (future continuous) e.g. θα δω or θα βλέπω} ▪
be ▪ [sv, 1] ▪ passive
▪ {usually translated using the passive form of the active verb} ▪
be ▪ [v, 1] ▪ subject equals object
▪ είμαι ▪ |eímai| ▫ /ˈimḛ/
be ▪ [v, 1] ▪ as predicate nominal
▪ είμαι ▪ |eímai| ▫ /ˈimḛ/
be ▪ [v, 1] ▪ described by adjective
▪ είμαι ▪ |eímai| ▫ /ˈimḛ/
be ▪ [v, 1] ▪ described by noun
▪ είμαι ▪ |eímai| ▫ /ˈimḛ/
is ▪ [v, 2]
▪ είναι ▪ |eínai| ▫ /ˈinɛ/

INTENSIFIERS, INTRODUCTORY WORDS, FILLING WORDS [005]

how ▪ [adv, 3]
▪ πολύ ▪ |polý| ▫ /poˈli/
even ▪ [adv, 1]
▪ ακόμη και ▪ |akómi kai|
just ▪ [adv, 3] ▪ only
▪ μόνο ▪ |móno|
only ▪ [adv, 3]
▪ μόνο ▪ |móno|
mainly ▪ [adv, 2]
▪ κυρίως ▪ |kyríos|
of course ▪ [adv, 1]
▪ βέβαια ▪ |vévaia|

sure ▪ [int, 3]

▪ βεβαίως ▪ |vevaíos|

anyway ▪ [adv, 3] ▪ to support previous state

▪ εν πάση περιπτώσει ▪ |en pási periptósei| ▫ /en ˈpasi periˈptosi/

so ▪ [int, 3]

▪ λοιπόν ▪ |loipón|

well ▪ [int, 3] ▪ to introduce new

▪ λοιπόν ▪ |loipón|

by the way ▪ [adv, 1]

▪ επί τη ευκαιρία ▪ |epí ti efkairía|

LOGICAL CONNECTION, CONJUNCTIONS [03]
COORDINATING CONJUNCTIONS, SUBORDINATING CONJUNCTIONS I [006]

and ▪ [cnj, 1] ▪ similar words

▪ και ▫ {before a consonant} ▪ |kai| ▫ /cȩ/
▪ κι ▫ {before a vowel} ▪ |ki| ▫ /c/

and ▪ [cnj, 1] ▪ last item

▪ και ▪ |kai| ▫ /cȩ/

both ▪ [cnj, 4]

▪ και... και... ▪ |kai... kai. . .|

or ▪ [cnj, 2]

▪ ή ▪ |í|

not ▪ [sv, 1]

▪ δε ▪ |de|

and so forth ▪ [ph, 1]

▪ και ούτω καθεξής ▪ |kai oúto kathexís|

etc. ▪ [ph, 4]

▪ κτλ. ▪ |ktl.|

also ▪ [adv, 1]

▪ επίσης ▪ |epísis|

besides ▪ [prp, 3]

▪ εκτός ▪ |ektós|

nevertheless ▪ [adv, 4]

▪ ωστόσο ▪ |ostóso|

though ▪ [adv, 4]

▪ εν τούτοις ▪ |en toútois|

although ▪ [cnj, 1] ▪ in spite of

▪ αν και ▪ |an kai|

but ▪ [cnj, 1] ▪ rather

▪ αλλά ▪ |allá|

but ▪ [cnj, 1] ▪ although

▪ μολονότι ▪ |molonóti|

though ▪ [cnj, 2]

▪ έστω και αν ▪ |ésto kai an|

although ▪ [cnj, 4] ▪ but

▪ παρά ▪ |pará|

while ▪ [cnj, 4]

▪ ενώ ▪ |enó|

despite ▪ [prp, 1]

▪ παρά ▪ |pará|

that ▪ [cnj, 1]

▪ ότι ▪ |óti| ▫ /ˈoti/

when ▪ [cnj, 1] ▪ at what time

▪ πότε ▪ |póte|

when ▪ [cnj, 2] ▪ as soon as

▪ όταν ▪ |ótan|

when ▪ [cnj, 2] ▪ at time in past

▪ όταν ▪ |ótan|

whenever ▪ [cnj, 4] ▪ any time

▪ όποτε ▪ |ópote|

where ▪ [cnj, 1] ▪ at / in

▪ όπου ▪ |ópou|

where ▪ [cnj, 2] ▪ to

▪ οποίο ▪ |opoío|

wherever ▪ [cnj, 4]

▪ οπουδήποτε ▪ |opoudípote|

LOGICAL CONNECTION, SUBORDINATING CONJUNCTIONS II [007]

relationship ▪ [n, 2]

▪ σχέση ▫ <f> ▪ |schési|

direct ▪ [adj, 4]

▪ άμεσος ▫ <m> ▪ |ámesos| ▫ [ˈa.mɛ.sɔs]

indirect ▪ [adj, 4]

▪ έμμεσος ▫ <m> ▪ |émmesos|

independence ▪ [n, 3]

▪ ανεξαρτησία ▫ <f> ▪ |anexartisía|

independent ▪ [adj, 3]

▪ ανεξάρτητος ▪ |anexártitos|

dependence ▪ [n, 3]

▪ εξάρτηση ▫ <f> ▪ |exártisi|

dependent ▪ [adj, 3]

▪ εξαρτημένος ▪ |exartiménos|

common ▪ [adj, 3]

▪ κοινός ▪ |koinós| ▫ /ciˈnos/

mutual ▪ [adj, 3]

▪ αμοιβαίος ▪ |amoivaíos|

force ▪ [n, 3]

▪ δύναμη ▫ <f> ▪ |dýnami| ▫ /ðinami/

from ▪ [prp, 1]

▪ από ▪ |apó|

reason ▪ [n, 1]

▪ λόγος ▫ <m> ▪ |lógos| ▫ [ˈlo.ɣos]

cause ▪ [n, 3]
▪ αιτία ▫ <f> ▪ |aitía| ▫ /ɛˈtia/
why ▪ [adv, 1]
▪ γιατί ▪ |giatí|
because ▪ [adv, 4]
▪ εξαιτίας ▪ |exaitías|
because ▪ [cnj, 1]
▪ διότι ▪ |dióti|
since ▪ [cnj, 1]
▪ αφού ▪ |afoú|
as ▪ [cnj, 2]
▪ αφού ▪ |afoú|
so ▪ [cnj, 2] ▪ in order that
▪ για να ▪ |gia na|
because of ▪ [cnj, 3]
▪ λόγω ▪ |lógo| ▫ /ˈloɣo/ ▫ {of preposition}
that ▪ [cnj, 3]
▪ για να ▪ |gia na|
for ▪ [prp, 2]
▪ για ▪ |gia| ▫ [j̥a]
due to ▪ [prp, 3]
▪ εξαιτίας ▪ |exaitías| ▫ /ekseˈtias/
affect ▪ [v, 4]
▪ επηρεάζω ▪ |epireázo|
cause ▪ [v, 4]
▪ προκαλώ ▪ |prokaló|
fate ▪ [n, 1]
▪ μοίρα ▫ <f> ▪ |moíra| ▫ /ˈmira/
effect ▪ [n, 2]
▪ αποτέλεσμα ▫ <n> ▪ |apotélesma|
result ▪ [n, 2]
▪ αποτέλεσμα ▫ <n> ▪ |apotélesma|
therefore ▪ [adv, 1] ▪ for that
▪ επομένως ▪ |epoménos| ▫ /epoˈmenos/
therefore ▪ [adv, 1] ▪ consequently
▪ επομένως ▪ |epoménos| ▫ /epoˈmenos/
so ▪ [cnj, 3] ▪ with result that
▪ γι' αυτό ▪ |gi' aftó|
condition ▪ [n, 3] ▪ logical clause
▪ όρος ▫ <m> ▪ |óros| ▫ [ˈọrọs]
if ▪ [cnj, 1]
▪ αν ▪ |an|

if and only if ▪ *[cnj, 4]*
> ▪ αν και μόνο αν ▪ |an kai móno an|

otherwise ▪ **[adv, 2]**
> ▪ ειδάλλως ▪ |eidállos|

else ▪ **[adv, 4]**
> ▪ αλλιώς ▪ |alliós|

unless ▪ **[cnj, 1]**
> ▪ εκτός αν ▪ |ektós an|

EXISTING, ACTING, CHANGING [04]
EXISTING, APPEARING, ARTIFICIALITY, REALITY [008]

existence ▪ [n, 3]
▪ ύπαρξη ▪ |ýparxi|
being ▪ [n, 4]
▪ ύπαρξη ▫ <f> ▪ |ýparxi|
existent ▪ [adj, 4]
▪ υπαρκτός ▪ |yparktós|
be ▪ [v, 1] ▪ to exist
▪ υπάρχω ▪ |ypárcho| ▫ /iˈpar.xo/
exist ▪ [v, 1]
▪ υπάρχω ▪ |ypárcho| ▫ /iˈpar.xo/
happen ▪ [v, 1]
▪ συμβαίνω ▪ |symvaíno|
be ▪ [v, 2] ▪ to occur
▪ γίνομαι ▪ |gínomai| ▫ [ˈɟinome]
there is ▪ [ph, 1]
▪ υπάρχει ▪ |ypárchei|
absent ▪ [adj, 4]
▪ ανύπαρκτος ▪ |anýparktos|
state ▪ [n, 3]
▪ κατάσταση ▫ <f> ▪ |katástasi|
I'm ▪ [ph, 3]
▪ είμαι ▪ |eímai| ▫ /ˈime̞/
how ▪ [adv, 2]
▪ πώς ▪ |pós| ▫ /ˈpos/
mortal ▪ [adj, 4]
▪ θνητός ▪ |thnitós|
immortal ▪ [adj, 4]
▪ αθάνατος ▪ |athánatos|
life ▪ [n, 1] ▪ state
▪ ζωή ▫ <f> ▪ |zoí| ▫ /zoˈi/
live ▪ [v, 1] ▪ to be alive
▪ ζω ▪ |zo| ▫ [ˈzo]
live ▪ [adj, 1]
▪ ζωντανός ▪ |zontanós| ▫ /zon.daˈnos/
alive ▪ [adj, 1]
▪ ζωντανός ▪ |zontanós| ▫ /zon.daˈnos/
living ▪ [adj, 4]
▪ ζωντανός ▪ |zontanós| ▫ /zon.daˈnos/
death ▪ [n, 1]

▪ θάνατος ▫ <m> ▪ |thánatos| ▫ [ˈθanatos]

die ▪ [v, 1]

▪ πεθαίνω ▪ |pethaíno| ▫ [peˈθeno]

dead ▪ [n, 3]

▪ νεκροί ▫ <pl> ▪ |nekroí| ▫ /neˈkri/

dead ▪ [adj, 1]

▪ νεκρός ▪ |nekrós| ▫ /neˈkros/

late ▪ [adj, 3]

▪ μακαρίτης ▪ |makarítis|

live ▪ [v, 2] ▪ to survive

▪ επιζώ ▪ |epizó|

appear ▪ [v, 2] ▪ to come in sight

▪ εμφανίζομαι ▪ |emfanízomai|

disappear ▪ [v, 2]

▪ εξαφανίζομαι ▪ |exafanízomai|

creative ▪ [adj, 3]

▪ δημιουργικός ▪ |dimiourgikós|

author ▪ [n, 1]

▪ δημιουργός ▫ <c> ▪ |dimiourgós|

create ▪ [v, 1]

▪ δημιουργώ ▪ |dimiourgó| ▫ [ðimiurˈɣɔ]

make ▪ [v, 2]

▪ φτιάχνω ▫ {object} ▪ |ftiáchno|
▪ κατασκευάζω ▫ {manufacture} ▪ |kataskevázo| ▫ /katasceˈvazo/
▪ κάνω ▫ {speech, mistake} ▪ |káno| ▫ /ˈkano/

kill ▪ [n, 3]

▪ φόνος ▫ <m> ▪ |fónos|

kill ▪ [v, 1]

▪ σκοτώνω ▪ |skotóno| ▫ /skoˈtono/

nature ▪ [n, 4]

▪ φύση ▫ <f> ▪ |fýsi|

truth ▪ [n, 4]

▪ αλήθεια ▫ <f> ▪ |alítheia| ▫ /aˈliθça/

real ▪ [adj, 4]

▪ πραγματικός ▪ |pragmatikós|

actual ▪ [adj, 4]

▪ πραγματικός ▪ |pragmatikós|

really ▪ [adv, 3]

▪ πράγματι ▪ |prágmati|

imaginary ▪ [adj, 4]

▪ φανταστικός ▪ |fantastikós|

seem • **[v, 1]**

　　　　• φαίνομαι • |faínomai|

appear • **[v, 3]** • **to seem**

　　　　• φαίνομαι • |faínomai|

PRESENCE, AVAILABILITY [009]

present • *[adj, 3]*

　　　　• παρών • |parón| □ /pa'ron/

absent • **[adj, 3]**

　　　　• απών • |apón|

attend • *[v, 3]*

　　　　• παραβρίσκομαι • |paravrískomai|

available • **[adj, 3]** • **obtainable**

　　　　• διαθέσιμος □ <f> • |diathésimos|

free • **[adj, 2]**

　　　　• ελεύθερος • |eléftheros| □ /e'lef.θe.ros/

unavailable • *[adj, 3]*

　　　　• δυσεύρετος • |dysévretos|

open • **[adj, 1]**

　　　　• ανοιχτός • |anoichtós|

open • **[v, 1]** • **<intr>**

　　　　• ανοίγω • |anoígo|

open • **[v, 1]** • **<tr>**

　　　　• ανοίγω • |anoígo|

close • *[v, 1]* • *general sense*

　　　　• κλείνω • |kleíno| □ ['klino]

shut • *[v, 1]*

　　　　• κλείνω • |kleíno| □ ['klino]

ACTIVITY, RESTING, CHANGING [010]

exciting • **[adj, 4]**

　　　　• συναρπαστικός • |synarpastikós|

center • *[n, 4]*

　　　　• κέντρο □ <n> • |kéntro|

reaction • **[n, 3]**

　　　　• αντίδραση □ <f> • |antídrasi| □ /an'diðrasi/

action • *[n, 3]*

　　　　• ενέργεια □ <f> • |enérgeia|

act • *[n, 3]* • *deed*

　　　　• πράξη □ <f> • |práxi|

17

do* ▪ *[v, 1]
▪ κάμνω ▪ |kámno|
act* ▪ *[v, 3]
▪ πράττω ▪ |prátto|
busy* ▪ *[adj, 1]* ▪ *doing great deal
▪ πολυάσχολος ▪ |polyáscholos|
tired ▪ [adj, 1]
▪ κουρασμένος ▪ |kourasménos|
rest* ▪ *[v, 1]
▪ αναπαύομαι ▪ |anapávomai|
rest ▪ [n, 1] ▪ sleep
▪ ανάπαυση ▫ <f> ▪ |anápafsi|
constant* ▪ *[adj, 4]
▪ σταθερός ▫ <m> ▪ |statherós|
variable ▪ [adj, 4]
▪ ευμετάβλητος ▫ <m> ▪ |evmetávlitos|
stay* ▪ *[v, 2]
▪ μένω ▪ |méno|
change ▪ [n, 1]
▪ αλλαγή ▫ <f> ▪ |allagí| ▫ /alaˈʝi/
change ▪ [v, 1] ▪ <intr>
▪ αλλάζω ▪ |allázo|
change ▪ [v, 1] ▪ <tr>
▪ αλλάζω ▪ |allázo|
development* ▪ *[n, 3]
▪ ανάπτυξη ▫ <f> ▪ |anáptyxi|
reform* ▪ *[n, 3]
▪ μεταρρύθμιση ▫ <f> ▪ |metarrýthmisi|
improvement* ▪ *[n, 4]
▪ βελτίωση ▫ <f> ▪ |veltíosi|
improve* ▪ *[v, 2]* ▪ *<intr>
▪ βελτιώνομαι ▪ |veltiónomai|
improve* ▪ *[v, 2]* ▪ *<tr>
▪ βελτιώνω ▪ |veltióno|
become ▪ [v, 1]
▪ γίνομαι ▪ |gínomai| ▫ [ˈʝinome]
turn ▪ [v, 3]
▪ γίνομαι ▪ |gínomai| ▫ [ˈʝinome]
primitive* ▪ *[adj, 4]
▪ πρωτόγονος ▪ |protógonos| ▫ /proˈtoɣonos/
young ▪ [adj, 1]
▪ νεαρός ▪ |nearós|

small ▪ [adj, 2]

▪ νέος ▪ |néos| ▫ [ˈn̞e̞o̞s]

ABILITY, OPPORTUNITY, DANGER, FREEDOM [05]
ABILITY [011]

ability ▪ *[n, 4]*
- ικανότητα ▫ <f> ▪ |ikanótita|

can ▪ *[sv, 1]*
- μπορώ ▪ |boró|

be able to ▪ *[v, 1]*
- μπορώ ▪ |boró|

skill ▪ *[n, 2]*
- επιδεξιότητα ▫ <f> ▪ |epidexiótita|

talent ▪ *[n, 3]*
- ταλέντο ▫ <n> ▪ |talénto| ▫ /taˈlendo/

art ▪ *[n, 4]*
- τέχνη ▫ <f> ▪ |téchni| ▫ /ˈtexni/

CIRCUMSTANCES, OPPORTUNITY, DANGER [012]

situation ▪ [n, 4]
- κατάσταση ▫ <f> ▪ |katástasi|

normally ▪ [adv, 4]
- κανονικά ▪ |kanoniká|

where ▪ [adv, 4]
- πού ▪ |poú|

chance ▪ *[n, 2]*
- ευκαιρία ▫ <f> ▪ |efkairía| ▫ /e.fkeˈria/

luck ▪ *[n, 2]*
- τύχη ▫ <f> ▪ |týchi| ▫ /ˈti.çi/

opportunity ▪ *[n, 2]* ▪ *chance*
- ευκαιρία ▫ <f> ▪ |efkairía| ▫ /e.fkeˈria/

danger ▪ [n, 1] ▪ **abstract**
- κίνδυνος ▫ <m> ▪ |kíndynos| ▫ /ˈcinðinos/

dangerous ▪ [adj, 1]
- επικίνδυνος ▪ |epikíndynos|

vicious circle ▪ *[n, 3]*
- φαύλος κύκλος ▫ <m> ▪ |fávlos kýklos| ▫ /ˈfavlos ˈciklos/

unfortunately ▪ *[adv, 3]*
- δυστυχώς ▪ |dystychós|

safety ▪ [n, 1]
- ασφάλεια ▫ <f> ▪ |asfáleia|

security ▪ [n, 2]

▪ ασφάλεια ▫ <f> ▪ |asfáleia|

safe ▪ [adj, 1] ▪ not in danger

▪ ασφαλής ▪ |asfalís|

safe ▪ [adj, 3] ▪ free from risk

▪ ασφαλής ▪ |asfalís|

FREEDOM, RESTRICTIONS, OBLIGATIONS [013]

unlimited ▪ [adj, 4]

▪ απεριόριστος ▪ |aperióristos|

free ▪ [adj, 1] ▪ unconstrained

▪ ελεύθερος ▪ |eléftheros| ▫ /e'lef.θe.ros/

absolute ▪ [adj, 2]

▪ απόλυτος ▪ |apólytos|

limit ▪ [n, 4]

▪ όριο ▫ <n> ▪ |ório|

restrictive ▪ [adj, 3]

▪ περιοριστική ▪ |perioristikí|

hinder ▪ [v, 3]

▪ παρεμποδίζω ▪ |parempodízo| ▫ /parembo'ðizo/

inhibit ▪ [v, 4]

▪ αναχαιτίζω ▪ |anachaitízo|

limit ▪ [v, 4]

▪ περιορίζω ▪ |periorízo|

free ▪ [v, 1]

▪ ελευθερώνω ▪ |eleftheróno|

liberate ▪ [v, 3]

▪ ελευθερώνω ▪ |eleftheróno|

duty ▪ [n, 2]

▪ καθήκον ▫ <n> ▪ |kathíkon|

must ▪ [sv, 1]

▪ πρέπει ▪ |prépei|

free ▪ [adj, 3] ▪ without obligations

▪ ελεύθερος ▪ |eléftheros| ▫ /e'lef.θe.ros/

QUANTITY, DEGREE, NUMBERS, CALCULATING [06]
QUANTITY, CHANGE OF QUANTITY, DEGREE [014]

amount ▪ *[n, 1]* ▪ *total / sum*
- σύνολο ▫ <n> ▪ |sýnolo|

quantity ▪ *[n, 2]*
- ποσότητα ▫ <f> ▪ |posótita|

amount ▪ *[n, 3]* ▪ *quantity / volume*
- ποσότητα ▫ <f> ▪ |posótita|

total ▪ *[n, 3]*
- σύνολο ▫ <n> ▪ |sýnolo|

number ▪ *[n, 4]*
- αριθμός ▫ <m> ▪ |arithmós| ▫ [ariθ'mos]

many ▪ [det, 1]
- πολλοί ▫ <m pl> ▪ |polloí|

more ▪ *[det, 1]* ▪ *countable*
- περισσότερος ▪ |perissóteros|

more ▪ *[det, 2]* ▪ *uncountable*
- περισσότερος ▪ |perissóteros|

below ▪ *[prp, 4]*
- κάτω ▪ |káto|

some ▪ [prn, 3] ▪ certain number
- μερικοί ▫ <m pl> ▪ |merikoí|
- μερικές ▫ <f pl> ▪ |merikés|
- μερικά ▫ <n pl> ▪ |meriká|

some ▪ [prn, 3] ▪ indefinite number
- μερικοί ▫ <m pl> ▪ |merikoí|
- μερικές ▫ <f pl> ▪ |merikés|
- μερικά ▫ <n pl> ▪ |meriká|

few ▪ [det, 1] ▪ indefinite number
- μερικοί ▪ |merikoí|

drop ▪ *[n, 1]*
- σταγόνα ▫ <f> ▪ |stagóna|

bottle ▪ *[n, 3]*
- μπουκάλι ▫ <n> ▪ |boukáli|

case ▪ *[n, 3]*
- κιβώτιο ▫ <n> ▪ |kivótio|

at least ▪ [adv, 2]
- τουλάχιστον ▪ |touláchiston|

at most ▪ [adv, 2]
- το πολύ ▪ |to polý|

add ▪ *[v, 2]*

▪ προσθέτω ▪ |prosthéto|

climb ▪ [v, 4]

▪ ανεβαίνω ▪ |anevaíno| ▫ /aneˈveno/

double ▪ [adj, 2]

▪ διπλάσιος ▪ |diplásios|

level ▪ [n, 4]

▪ επίπεδο ▫ <n> ▪ |epípedo|

how ▪ [adv, 1]

▪ πόσο ▪ |póso|

very ▪ [adv, 1]

▪ πολύ ▪ |polý| ▫ /poˈli/

all ▪ [adv, 2]

▪ εντελώς ▪ |entelós|

so ▪ [adv, 2] ▪ very

▪ τόσο ▪ |tóso| ▫ /ˈtoso/

well ▪ [adv, 2]

▪ αρκετά ▪ |arketá|

actually ▪ [adv, 3]

▪ βασικά ▪ |vasiká|

especially ▪ [adv, 3]

▪ ειδικά ▪ |eidiká|

exceptionally ▪ [adv, 3]

▪ εξαιρετικά ▪ |exairetiká|

extremely ▪ [adv, 3]

▪ άκρως ▪ |ákros|

indeed ▪ [adv, 3]

▪ πράγματι ▪ |prágmati|

much ▪ [adv, 2]

▪ πολύ ▪ |polý| ▫ /poˈli/

more ▪ [adv, 2]

▪ περισσότερο ▪ |perissótero|

little ▪ [adv, 2]

▪ λίγο ▪ |lígo|

a little ▪ [adv, 1]

▪ λίγο ▪ |lígo|

rather ▪ [adv, 3]

▪ μάλλον ▪ |mállon|

so ▪ [adv, 4] ▪ to particular degree

▪ τόσο ▪ |tóso| ▫ /ˈtoso/

NUMBERS [015]

number ▪ [n, 2] ▪ general sense
▪ αριθμός ▫ <m> ▪ |arithmós| ▫ [ariθˈmos]
to ▪ [prp, 2]
▪ προς ▪ |pros|
prime number ▪ [n, 3]
▪ πρώτος αριθμός ▫ <m> ▪ |prótos arithmós|
number ▪ [n, 4] ▪ in mathematics
▪ αριθμός ▫ <m> ▪ |arithmós| ▫ [ariθˈmos]
even ▪ [adj, 3]
▪ άρτιος ▪ |ártios|
odd ▪ [adj, 3]
▪ περιττός ▪ |perittós|
dozen ▪ [n, 3]
▪ ντουζίνα ▫ <f> ▪ |douzína|
zero ▪ [num, 1]
▪ μηδέν ▫ <n> ▪ |midén|
one ▪ [num, 1]
▪ ένα ▪ |éna| ▫ [ˈe̞na]
two ▪ [num, 1]
▪ δύο ▪ |dýo| ▫ [ˈði̯o̞]
three ▪ [num, 1]
▪ τρία ▫ {numeral γ΄ |g΄|} ▪ |tría| ▫ [ˈtri.a]
four ▪ [num, 1]
▪ τέσσερα ▫ {numeral δ΄ |d΄|} ▪ |téssera| ▫ [ˈte̞se̞.ra]
five ▪ [num, 1]
▪ πέντε ▫ {numeral ε΄ |e΄|} ▪ |pénte| ▫ [ˈpe̞(n)de̞]
six ▪ [num, 1]
▪ έξι ▫ {numeral στ΄ |st΄|} ▪ |éxi| ▫ /ˈe.ksi/
seven ▪ [num, 1]
▪ επτά ▫ {numeral ζ΄ |z΄|} ▪ |eptá|
eight ▪ [num, 1]
▪ οκτώ ▫ {numeral η΄ |i΄|} ▪ |októ|
nine ▪ [num, 1]
▪ εννέα ▫ {numeral θ΄ |th΄|} ▪ |ennéa|
ten ▪ [num, 1]
▪ δέκα ▫ {numeral ι΄ |i΄|} ▪ |déka| ▫ [ˈðe̞ka]
eleven ▪ [num, 1]
▪ έντεκα ▪ |énteka|
twelve ▪ [num, 1]
▪ δώδεκα ▪ |dódeka|
thirteen ▪ [num, 1]
▪ δεκατρείς ▫ <m/f> ▪ |dekatreís|

▪ δεκατρία ▫ <n> ▪ |dekatría|

fourteen* ▪ *[num, 1]

▪ δεκατέσσερις ▫ <m/f> ▪ |dekatésseris|

▪ δεκατέσσερα ▫ <n> ▪ |dekatéssera|

fifteen* ▪ *[num, 1]

▪ δεκαπέντε ▪ |dekapénte|

sixteen* ▪ *[num, 1]

▪ δεκαέξι ▪ |dekaéxi| ▫ [ðekaˈeksi]

seventeen* ▪ *[num, 1]

▪ δεκαεπτά ▪ |dekaeptá| ▫ [ðekaeˈpta]

eighteen* ▪ *[num, 1]

▪ δεκαοκτώ ▪ |dekaoktó| ▫ [ðekaoˈkto]

nineteen* ▪ *[num, 1]

▪ δεκαεννέα ▪ |dekaennéa|

twenty ▪ [num, 1]

▪ είκοσι ▫ {numeral κ΄ |k΄|} ▪ |eíkosi| ▫ [ˈikɔsi]

thirty ▪ [num, 1]

▪ τριάντα ▪ |triánta| ▫ /triˈanda/

forty ▪ [num, 1]

▪ σαράντα ▪ |saránta|

fifty ▪ [num, 1]

▪ πενήντα ▪ |penínta|

sixty ▪ [num, 1]

▪ εξήντα ▪ |exínta| ▫ [eksiˈnda]

seventy ▪ [num, 1]

▪ εβδομήντα ▪ |evdomínta|

eighty ▪ [num, 1]

▪ ογδόντα ▪ |ogdónta| ▫ [oɣˈðonda]

ninety ▪ [num, 1]

▪ ενενήντα ▪ |eneninta| ▫ [eneˈni(n)da]

hundred ▪ [num, 1]

▪ εκατό ▪ |ekató|

twenty-one ▪ [num, 3]

▪ είκοσι ένα ▪ |eíkosi éna|

twenty-three ▪ [num, 3]

▪ είκοσι τρείς ▪ |eíkosi treís|

twenty-two ▪ [num, 3]

▪ είκοσι δύο ▪ |eíkosi dýo|

thousand* ▪ *[num, 1]

▪ χίλια ▫ <n> ▪ |chília| ▫ /ˈçiʎa/

million* ▪ *[num, 1]

▪ εκατομμύριο ▫ <n> ▪ |ekatommýrio| ▫ /e.ka.to.ˈmi.ri.o/

***billion* ▪ [num, 1]**

▪ δισεκατομμύριο ▫ <n> ▪ |disekatommýrio| ▫ /ði.se.ka.toˈmi.ri.o/

***trillion* ▪ [num, 1]**

▪ τρισεκατομμύριο ▫ <n> ▪ |trisekatommýrio|

***two hundred* ▪ [num, 4]**

▪ διακόσια ▪ |diakósia|

***three hundred* ▪ [num, 4]**

▪ τριακόσια ▪ |triakósia|

***four hundred* ▪ [num, 4]**

▪ τετρακόσια ▪ |tetrakósia|

***five hundred* ▪ [num, 4]**

▪ πεντακόσια ▪ |pentakósia|

***seven hundred* ▪ [num, 4]**

▪ επτακόσια ▪ |eptakósia|

***nine hundred* ▪ [num, 4]**

▪ εννιακόσια ▪ |enniakósia|

***two thousand* ▪ [num, 4]**

▪ δύο χιλιάδες ▪ |dýo chiliádes|

***milliard* ▪ [num, 3]**

▪ δισεκατομμύριο ▫ <n> ▪ |disekatommýrio| ▫ /ði.se.ka.toˈmi.ri.o/

CALCULATING, MATHEMATICS [016]

***algebra* ▪ [n, 3]**

▪ άλγεβρα ▫ <f> ▪ |álgevra|

***problem* ▪ [n, 3]**

▪ πρόβλημα ▫ <n> ▪ |próvlima| ▫ /ˈprɔvlima/

***table* ▪ [n, 3]**

▪ πίνακας ▫ <m> ▪ |pínakas|

***operation* ▪ [n, 4]**

▪ πράξη ▫ <f> ▪ |práxi|

solution ▪ [n, 2]

▪ λύση ▫ <f> ▪ |lýsi| ▫ /ˈlisi/

answer ▪ [n, 3]

▪ λύση ▫ <f> ▪ |lýsi| ▫ /ˈlisi/

***addition* ▪ [n, 4]**

▪ πρόσθεση ▫ <f> ▪ |prósthesi|

***total* ▪ [n, 3]**

▪ άθροισμα ▫ <n> ▪ |áthroisma|

add* ▪ *[v, 4]

▪ αθροίζω ▪ |athroízo|

plus* ▪ *[cnj, 4]

▪ συν ▪ |syn|

subtraction ▪ [n, 4]

▪ αφαίρεση ▫ <f> ▪ |afaíresi|

subtract ▪ [v, 4]

▪ αφαιρώ ▪ |afairó|

minus ▪ [cnj, 4]

▪ πλην ▪ |plin|

double* ▪ *[v, 4]

▪ διπλασιάζω ▪ |diplasiázo|

formula ▪ [n, 2]

▪ τύπος ▫ <m> ▪ |týpos|

equation ▪ [n, 3]

▪ εξίσωση ▫ <f> ▪ |exísosi|

function ▪ [n, 4]

▪ συνάρτηση ▫ <f> ▪ |synártisi|

variable ▪ [n, 4]

▪ μεταβλητή ▫ <f> ▪ |metavlití|

be ▪ [v, 2]

▪ ίσον ▪ |íson|

equal* ▪ *[adj, 2]

▪ ίσος ▪ |ísos|

mean ▪ [adj, 4]

▪ μέσος ▪ |mésos|

abacus* ▪ *[n, 2]

▪ άβακας ▫ <m> ▪ |ávakas|

calculator* ▪ *[n, 2]

▪ αριθμομηχανή ▫ <f> ▪ |arithmomichaní|

geometry ▪ [n, 2]

▪ γεωμετρία ▫ <f> ▪ |geometría|

mathematics ▪ [n, 2]

▪ μαθηματικά ▫ <n pl> ▪ |mathimatiká|

arithmetic ▪ [adj, 4]

▪ αριθμητικός ▪ |arithmitikós|

INTEGRITY, PARTS, GROUPS, UNIFICATING [07]
INTEGRITY, CONTENT, PARTS, FILLING [017]

complete* ▪ *[adj, 1]
▪ πλήρης ▫ <m/f> ▪ |plíris| ▫ [ˈpliris]
general* ▪ *[adj, 1]* ▪ *involving all
▪ γενικός ▪ |genikós|
general* ▪ *[adj, 4]* ▪ *applicable to all
▪ γενικός ▪ |genikós|
well* ▪ *[adv, 2]
▪ εντελώς ▪ |entelós|
partial ▪ [adj, 4]
▪ μερικός ▪ |merikós|
of* ▪ *[prp, 2]
▪ {ποτήρι νέρο |potíri néro| - glass of water} ▪
only ▪ [adj, 1]
▪ μοναδικός ▪ |monadikós|
sole ▪ [adj, 4]
▪ μόνος ▪ |mónos|
only ▪ [adv, 1]
▪ μόνο ▪ |móno|
plural* ▪ *[adj, 3]
▪ πληθυντικός ▪ |plithyntikós| ▫ /pliθindikˈɔs/
include ▪ [v, 3] ▪ to bring into
▪ συμπεριλαμβάνω ▪ |symperilamváno|
with ▪ [prp, 1]
▪ με ▪ |me| ▫ [mȩ]
except* ▪ *[v, 3]
▪ εξαιρώ ▪ |exairó|
but* ▪ *[cnj, 3]
▪ εκτός ▪ |ektós|
except* ▪ *[prp, 1]
▪ εκτός ▪ |ektós|
without* ▪ *[prp, 1]
▪ χωρίς ▪ |chorís| ▫ /xɔ.ˈris/
besides* ▪ *[prp, 3]
▪ εκτός ▪ |ektós|
simple ▪ [adj, 2]
▪ απλός ▪ |aplós| ▫ [aˈplɔs]
complicated* ▪ *[adj, 2]
▪ πολύπλοκος ▪ |polýplokos|
part ▪ [n, 1]

▪ μέρος ▫ <n> ▪ |méros| ▫ /'meros/

piece ▪ [n, 1]

▪ κομμάτι ▫ <n> ▪ |kommáti|

percent ▪ [n, 2]

▪ τοις εκατό ▪ |tois ekató|

some ▪ [prn, 4]

▪ λίγο ▪ |lígo|

some ▪ [det, 4] ▪ certain proportion

▪ μερικοί ▫ <m pl> ▪ |merikoí|

majority ▪ [n, 4]

▪ πλειονότητα ▫ <f> ▪ |pleionótita|

minority ▪ [n, 4]

▪ μειονότητα ▫ <f> ▪ |meionótita|

half ▪ [n, 2]

▪ μισό ▫ <n> ▪ |misó|

third ▪ [n, 2]

▪ τρίτο ▫ <n> ▪ |tríto|

quarter ▪ [n, 2]

▪ τέταρτο ▫ <n> ▪ |tétarto|

fifth ▪ [n, 2]

▪ πέμπτο ▫ <n> ▪ |pémpto|

full ▪ [adj, 1] ▪ containing maximum

▪ πλήρης ▪ |plíris| ▫ ['pliris]

empty ▪ [adj, 1]

▪ άδειος ▪ |ádeios|

fill ▪ [v, 2] ▪ to add

▪ γεμίζω ▪ |gemízo|

empty ▪ [v, 2]

▪ αδειάζω ▪ |adeiázo| ▫ /a'ðʝa.zo/

hold ▪ [v, 3]

▪ περιέχω ▪ |periécho|

package ▪ [n, 3]

▪ πακέτο ▫ <n> ▪ |pakéto| ▫ /pa'ceto/

packet ▪ [n, 3]

▪ πακέτο ▫ <n> ▪ |pakéto| ▫ /pa'ceto/

GROUPS, MEMBERSHIP, UNIFYING, ATTACHING [018]

group ▪ [n, 1]

▪ ομάδα ▫ <f> ▪ |omáda|

system ▪ [n, 1]

▪ σύστημα ▫ <n> ▪ |sýstima|

pair ▪ [n, 1]
▪ ζευγάρι ▫ <n> ▪ |zevgári| ▫ /zevˈɣa.ri/
set ▪ [n, 4] ▪ similar things
▪ σετ ▫ <n> ▪ |set|
collection ▪ [n, 3]
▪ συλλογή ▫ <f> ▪ |syllogí|
member ▪ [n, 1]
▪ μέλος ▫ <n> ▪ |mélos|
solitude ▪ [n, 3]
▪ μοναξιά ▫ <f> ▪ |monaxiá| ▫ /monaˈksça/
alone ▪ [adv, 1]
▪ μόνος ▪ |mónos|
union ▪ [n, 3]
▪ ένωση ▫ <f> ▪ |énosi|
connect ▪ [v, 3]
▪ συνδέω ▪ |syndéo| ▫ /sinˈðe.o/
together ▪ [adv, 3]
▪ μαζί ▪ |mazí|
mix ▪ [v, 1]
▪ αναμιγνύω ▪ |anamignýo|
fast ▪ [adj, 2]
▪ στερεός ▪ |stereós|
separate ▪ [v, 4] ▪ into parts
▪ χωρίζω ▪ |chorízo|
cut ▪ [n, 3]
▪ κόψιμο ▪ |kópsimo|
break ▪ [v, 1] ▪ <intr>
▪ σπάω ▪ |spáo|
bite ▪ [v, 1]
▪ δαγκώνω ▪ |dagkóno| ▫ /ðaŋˈgono/
cut ▪ [v, 2] ▪ to divide
▪ κόβω ▪ |kóvo| ▫ /ˈkɔvɔ/
tear ▪ [v, 4]
▪ σκίζω ▪ |skízo|
broken ▪ [adj, 2]
▪ σπασμένος ▪ |spasménos|
change ▪ [n, 3]
▪ αλλαγή ▫ <f> ▪ |allagí| ▫ /alaˈʝi/
change ▪ [v, 2]
▪ αλλάζω ▪ |allázo|
replace ▪ [v, 4]
▪ αντικαθιστώ ▪ |antikathistó|

remove* ▪ *[v, 2]

▪ βγάζω ▪ |vgázo| ▫ /ˈvɣazo/

take off* ▪ *[v, 4]

▪ βγάζω ▪ |vgázo| ▫ /ˈvɣazo/

leave ▪ [v, 1]

▪ αφήνω ▪ |afíno|

left* ▪ *[adj, 2]

▪ έμεινα ▪ |émeina|

SHAPE, DIMENSIONS, WEIGHT [08]
SHAPES, PARTS OF SHAPES, PROPERTIES OF SHAPES, SPECIFIC BODIES [019]

plane* ▪ *[n, 4]

▪ επίπεδο ▫ <n> ▪ |epípedo|

cross ▪ [n, 1]

▪ σταυρός ▫ <m> ▪ |stavrós| ▫ /stav'ros/

line ▪ [n, 1] ▪ mark

▪ γραμμή ▫ <f> ▪ |grammí|

angle ▪ [n, 2]

▪ γωνία ▫ <f> ▪ |gonía|

center ▪ [n, 2] ▪ of line

▪ κέντρο ▫ <n> ▪ |kéntro|

radius ▪ [n, 3]

▪ ακτίνα ▫ <f> ▪ |aktína|

spiral ▪ [n, 3]

▪ έλικα ▫ <f> ▪ |élika|

diagonal ▪ [adj, 3]

▪ διαγώνιος ▪ |diagṓnios|

shape* ▪ *[n, 1]

▪ μορφή ▫ <f> ▪ |morfí|

silhouette* ▪ *[n, 3]

▪ σιλουέτα ▫ <f> ▪ |silouéta|

form* ▪ *[n, 4]

▪ σχήμα ▫ <n> ▪ |schíma| ▫ ['sçima]

corner* ▪ *[n, 1]

▪ γωνία ▫ <f> ▪ |gonía|

edge ▪ [n, 3]

▪ άκρη ▫ <f> ▪ |ákri|

side ▪ [n, 3] ▪ edge

▪ πλευρό ▫ <n> ▪ |plevró|

bottom ▪ [n, 3]

▪ πάτος ▫ <m> ▪ |pátos|

top ▪ [n, 3]

▪ κορυφή ▫ <f> ▪ |koryfí|

beginning* ▪ *[n, 1]

▪ αρχή ▫ <f> ▪ |archí| ▫ /ar'çi/

end* ▪ *[n, 1]

▪ τέλος ▫ <n> ▪ |télos|

front* ▪ *[n, 3]

▪ πρόσοψη ▫ <f> ▪ |prósopsi|

front* ▪ *[adj, 3]

▪ εμπρόσθιος ▪ |emprósthios|

forward* ▪ *[adj, 3]

▪ εμπρόσθιος ▪ |emprósthios|

center ▪ [n, 1] ▪ of circle

▪ κέντρο ▫ <n> ▪ |kéntro|

axis ▪ [n, 2]

▪ άξονας ▫ <m> ▪ |áxonas|

center ▪ [n, 4] ▪ of sphere

▪ κέντρο ▫ <n> ▪ |kéntro|

center ▪ [n, 4] ▪ of figure

▪ κέντρο ▫ <n> ▪ |kéntro|

middle ▪ [n, 2]

▪ μέση ▫ <f> ▪ |mési|

periphery ▪ [n, 2]

▪ περιφέρεια ▫ <f> ▪ |periféreia|

heart ▪ [n, 4] ▪ centre

▪ καρδιά ▫ <f> ▪ |kardiá| ▫ /kar'ðʝa/

central ▪ [adj, 2]

▪ κεντρικός ▪ |kentrikós|

furrow ▪ [n, 3]

▪ αυλάκι ▫ <n> ▪ |avláki|

circle ▪ [n, 2] ▪ solid figure

▪ κύκλος ▫ <m> ▪ |kýklos|

square ▪ [n, 2]

▪ τετράγωνο ▫ <n> ▪ |tetrágono|

triangle ▪ [n, 2]

▪ τρίγωνο ▫ <n> ▪ |trígono|

circle ▪ [n, 1] ▪ outline figure

▪ κύκλος ▫ <m> ▪ |kýklos|

polygon ▪ [n, 2]

▪ πολύγωνο ▫ <n> ▪ |polýgono|

rectangle ▪ [n, 2]

▪ ορθογώνιο παραλληλόγραμμο ▪ |orthogónio parallilógrammo|

heart ▪ [n, 4] ▪ shape

▪ καρδιά ▫ <f> ▪ |kardiá| ▫ /kar'ðʝa/

hexagon ▪ [n, 4]

▪ εξάγωνο ▫ <m> ▪ |exágono|

oval ▪ [n, 4]

▪ ωόδης ▫ <m> ▪

rhombus ▪ [n, 4]

▪ ρόμβος ▫ <m> ▪ |rómvos|

round ▪ [adj, 2] ▪ circular
▪ στρογγυλός ▪ |strongylós|

square ▪ [adj, 2]
▪ τετράγωνος ▪ |tetrágonos|

ball ▪ [n, 3] ▪ sphere
▪ σφαίρα ▫ <f> ▪ |sfaíra|

cube ▪ [n, 3] ▪ figure
▪ κύβος ▫ <m> ▪ |kývos|

pyramid ▪ [n, 3]
▪ πυραμίδα ▫ <f> ▪ |pyramída|

cylinder ▪ [n, 3] ▪ surface
▪ κύλινδρος ▫ <m> ▪ |kýlindros|

sphere ▪ [n, 3]
▪ σφαίρα ▫ <f> ▪ |sfaíra|

cone ▪ [n, 4] ▪ surface
▪ κώνος ▫ <n> ▪ |kónos|

disk ▪ [n, 4]
▪ δίσκος ▫ <m> ▪ |dískos|

form ▪ [v, 2]
▪ σχηματίζω ▪ |schimatízo|

distort ▪ [v, 4]
▪ παραμορφώνω ▪ |paramorfóno|

fold ▪ [v, 4]
▪ διπλώνω ▪ |diplóno|

symmetry ▪ [n, 4]
▪ συμμετρία ▫ <f> ▪ |symmetría|

horizontal ▪ [adj, 3]
▪ οριζόντιος ▪ |orizóntios|

right ▪ [adj, 1] ▪ perpendicular
▪ ορθός ▪ |orthós|

concave ▪ [adj, 3]
▪ κοίλος ▪ |koílos|

convex ▪ [adj, 3]
▪ κυρτός ▪ |kyrtós|

stick ▪ [n, 1]
▪ ραβδί ▫ <n> ▪ |ravdí|

board ▪ [n, 2]
▪ σανίδα ▫ <f> ▪ |sanída|

brick ▪ [n, 2]
▪ τούβλο ▫ <n> ▪ |toúvlo| ▫ /ˈtuvlo/

rail ▪ [n, 3]
▪ ράγα ▫ <f> ▪ |rága|

card* ▪ *[n, 2]

▪ κάρτα ▫ <f> ▪ |kárta|

sheet* ▪ *[n, 2]* ▪ *paper

▪ φύλλο ▫ <n> ▪ |fýllo| ▫ ['filo̜]

film* ▪ *[n, 3]

▪ υμένιο ▫ <n> ▪ |yménio|

chain* ▪ *[n, 1]

▪ αλυσίδα ▫ <f> ▪ |alysída| ▫ /ali'siða/

ribbon* ▪ *[n, 2]

▪ ταινία ▫ <f> ▪ |tainía|

rope* ▪ *[n, 2]

▪ σκοινί ▫ <n> ▪ |skoiní| ▫ [sci'ni]

string* ▪ *[n, 2]

▪ σπάγγος ▫ <m> ▪ |spángos|

thread* ▪ *[n, 2]

▪ νήμα ▫ <n> ▪ |níma|

hook ▪ [n, 1]

▪ άγκιστρο ▫ <n> ▪ |ágkistro| ▫ /'aɲɟistro/

bubble ▪ [n, 2]

▪ φυσαλίδα ▫ <f> ▪ |fysalída|

icicle ▪ [n, 3]

▪ παγοκρύσταλλος ▫ <m> ▪ |pagokrýstallos|

DIMENSIONS, DIMENSIONS MEASURING, WEIGHT [020]

area* ▪ *[n, 2]

▪ εμβαδό ▫ <n> ▪ |emvadó|

size* ▪ *[n, 3]

▪ μέγεθος ▫ <n> ▪ |mégethos|

length ▪ [n, 2]

▪ μήκος ▫ <n> ▪ |míkos|

width ▪ [n, 2]

▪ πλάτος ▫ <n> ▪ |plátos|

height ▪ [n, 2] ▪ general sense

▪ ύψος ▫ <n> ▪ |ýpsos|

depth ▪ [n, 2]

▪ βάθος ▫ <n> ▪ |váthos|

big* ▪ *[adj, 1]

▪ μεγάλος ▪ |megálos| ▫ /me'ɣalos/

great* ▪ *[adj, 1]

▪ μεγάλος ▪ |megálos| ▫ /me'ɣalos/

large* ▪ *[adj, 1]

▪ μεγάλος ▪ |megálos| ▫ /meˈɣalos/

huge* ▪ *[adj, 4]

▪ τεράστιος ▪ |terástios|

small ▪ [adj, 1]

▪ μικρός ▪ |mikrós| ▫ [miˈkro̞s]

little ▪ [adj, 1]

▪ μικρός ▪ |mikrós| ▫ [miˈkro̞s]

tiny ▪ [adj, 4]

▪ μικροσκοπικός ▪ |mikroskopikós|

long* ▪ *[adj, 1]

▪ μακρύς ▪ |makrýs|

low ▪ [adj, 1]

▪ κοντός ▪ |kontós| ▫ [ko̞ˈdo̞s]

wide* ▪ *[adj, 1]

▪ ευρύς ▪ |evrýs|

thick* ▪ *[adj, 1]

▪ παχής ▪ |pachís|

fat* ▪ *[adj, 2]

▪ χοντρός ▪ |chontrós| ▫ /xonˈdros/

narrow ▪ [adj, 1]

▪ στενός ▪ |stenós|

thin ▪ [adj, 1] ▪ between surfaces

▪ λεπτός ▪ |leptós|

thin ▪ [adj, 3] ▪ in diameters

▪ λεπτός ▪ |leptós|

deep* ▪ *[adj, 3]* ▪ *having far bottom

▪ βαθύς ▪ |vathýs|

shallow ▪ [adj, 3]

▪ ρηχός ▪ |richós|

increase* ▪ *[v, 3]* ▪ *<intr>

▪ αυξάνω ▪ |afxáno|

increase* ▪ *[v, 2]* ▪ *<tr>

▪ αυξάνω ▪ |afxáno|

grow* ▪ *[v, 1]* ▪ *<intr>

▪ μεγαλώνω ▪ |megalóno|

decrease ▪ [v, 3] ▪ <intr>

▪ μειώνομαι ▪ |meiónomai|

decrease ▪ [v, 2] ▪ <tr>

▪ μειώνω ▪ |meióno|

ruler* ▪ *[n, 1]

▪ χάρακας ▫ <m> ▪ |chárakas|

measure* ▪ *[n, 4]* ▪ *size

▪ μέτρο ▫ <n> ▪ |métro|

micrometer ▪ [n, 2]

▪ μικρόμετρο ▫ <n> ▪ |mikrómetro|

millimetre ▪ [n, 2]

▪ χιλιοστόμετρο ▫ <n> ▪ |chiliostómetro|

centimetre ▪ [n, 2]

▪ εκατοστόμετρο ▪ |ekatostómetro|

metre ▪ [n, 2]

▪ μέτρο ▫ <n> ▪ |métro|

kilometre ▪ [n, 2]

▪ χιλιόμετρο ▫ <n> ▪ |chiliómetro|

inch ▪ [n, 2]

▪ ίντσα ▫ <f> ▪ |íntsa| ▫ /ˈint͡sa/

foot ▪ [n, 2]

▪ πόδι ▫ <n> ▪ |pódi| ▫ /ˈpoði/

yard ▪ [n, 2]

▪ γιάρδα ▫ <f> ▪ |giárda| ▫ /ˈʝar.ða/

mile ▪ [n, 2]

▪ μίλι ▫ <n> ▪ |míli|

light year ▪ [n, 2]

▪ έτος φωτός ▫ <n> ▪ |étos fotós|

astronomical unit ▪ [n, 3]

▪ αστρονομική μονάδα ▫ <f> ▪ |astronomikí monáda|

litre ▪ [n, 2]

▪ λίτρο ▫ <n> ▪ |lítro|

millilitre ▪ [n, 2]

▪ χιλιοστόλιτρο ▫ <n> ▪ |chiliostólitro|

protractor ▪ [n, 3]

▪ μοιρογνωμόνιο ▫ <n> ▪ |moirognomónio|

degree ▪ [n, 3]

▪ μοίρα ▫ <f> ▪ |moíra| ▫ /ˈmira/

minute ▪ [n, 3]

▪ λεπτό ▫ <n> ▪ |leptó| ▫ /leˈpto/

second ▪ [n, 3]

▪ δευτερόλεπτο ▫ <n> ▪ |defterólepto|

weight ▪ [n, 1] ▪ force

▪ βάρος ▫ <n> ▪ |város|

heavy ▪ [adj, 1]

▪ βαρύς ▪ |varýs|

weight ▪ [n, 4] ▪ heavy object

▪ βάρος ▫ <n> ▪ |város|

unit ▪ [n, 3]

▪ μονάδα ▫ <f> ▪ |monáda|

measurement ▪ [n, 4]

▪ καταμέτρηση ▫ <f> ▪ |katamétrisi|

measure ▪ [v, 3]

▪ μετρώ ▪ |metró|

scales ▪ [n, 1]

▪ ζυγαριά ▫ <f> ▪ |zygariá|

weigh ▪ [v, 4] ▪ to determine

▪ ζυγίζω ▪ |zygízo|

milligram ▪ [n, 2]

▪ χιλιοστόγραμμο ▫ <n> ▪ |chiliostógrammo|

gram ▪ [n, 2]

▪ γραμμάριο ▫ <n> ▪ |grammário|

kilogram ▪ [n, 2]

▪ χιλιόγραμμο ▫ <n> ▪ |chiliógrammo|

ton ▪ [n, 1]

▪ τόνος ▫ <m> ▪ |tónos| ▫ /ˈtonos/

pound ▪ [n, 3]

▪ λίβρα ▫ <f> ▪ |lívra|

PERCEIVED PROPERTIES [09]
LIGHTING, VISUAL PROPERTIES [021]

light ▪ [n, 1] ▪ waves
▪ φως ▫ <n> ▪ |fos|
ray ▪ [n, 1]
▪ ακτίνα ▫ <f> ▪ |aktína|
sun ▪ [n, 4]
▪ ήλιος ▫ <m> ▪ |ílios| ▫ [ˈi.ʎo̯s̠]
light ▪ [n, 2] ▪ source
▪ φως ▫ <n> ▪ |fos|
light ▪ [v, 1]
▪ φωτίζω ▪ |fotízo|
shine ▪ [v, 1] ▪ to emit
▪ ακτινοβολώ ▪ |aktinovoló|
bright ▪ [adj, 3] ▪ of light
▪ φωτεινός ▪ |foteinós|
light ▪ [adj, 1] ▪ having light
▪ φωτεινός ▪ |foteinós|
darkness ▪ [n, 1]
▪ σκοτάδι ▫ <n> ▪ |skotádi|
twilight ▪ [n, 4]
▪ λυκόφως ▫ <n> ▪ |lykófos|
dark ▪ [adj, 1] ▪ without light
▪ σκοτεινός ▪ |skoteinós|
black ▪ [adj, 2] ▪ without light
▪ σκοτεινός ▪ |skoteinós|
shadow ▪ [n, 2]
▪ σκιά ▫ <f> ▪ |skiá|
visible ▪ [adj, 4]
▪ ορατός ▪ |oratós|
invisible ▪ [adj, 4]
▪ αόρατος ▪ |aóratos|
opaque ▪ [adj, 4]
▪ αδιαφανής ▪ |adiafanís|
color ▪ [n, 1] ▪ quality of object
▪ χρώμα ▫ <n> ▪ |chróma| ▫ /ˈxrɔma/
colourless ▪ [adj, 3]
▪ άχρωμος ▪ |áchromos|
light ▪ [adj, 2] ▪ of color
▪ αχνός ▪ |achnós|
pale ▪ [adj, 1]

▪ χλωμός ▪ |chlomós|

fair ▪ [adj, 2]

▪ ξανθός ▪ |hair|

dim ▪ [adj, 4]

▪ σκοτεινός ▪ |skoteinós|

white ▪ [n, 1]

▪ άσπρο ▫ <n> ▪ |áspro|

grey ▪ [n, 1]

▪ γκρι ▫ <n> ▪ |gkri|

black ▪ [n, 1]

▪ μαύρο ▫ <n> ▪ |mávro|

gray ▪ [n, 3]

▪ γκρι ▫ <n> ▪ |gkri|

white ▪ [adj, 1]

▪ άσπρος ▪ |áspros| ▫ [ˈasprο̞s]

grey ▪ [adj, 1]

▪ γκρίζος ▪ |gkrízos| ▫ /ˈgrizɔs/

black ▪ [adj, 1] ▪ of color

▪ μαύρος ▪ |mávros| ▫ [ˈmavros]

gray ▪ [adj, 1]

▪ γκρίζος ▪ |gkrízos| ▫ /ˈgrizɔs/

snow-white ▪ [adj, 4]

▪ χιονόλευκος ▪ |chionólefkos|

red ▪ [n, 1]

▪ κόκκινο ▫ <n> ▪ |kókkino| ▫ /ˈkocino/

orange ▪ [n, 1]

▪ πορτοκαλί ▫ <n> ▪ |portokalí|

yellow ▪ [n, 1]

▪ κίτρινο ▫ <n> ▪ |kítrino|

green ▪ [n, 1]

▪ πράσινο ▫ <n> ▪ |prásino|

blue ▪ [n, 1]

▪ μπλε ▫ <n> ▪ |ble|

purple ▪ [n, 1]

▪ βιολετί ▫ <n> ▪ |violetí|

red ▪ [adj, 1]

▪ κόκκινος ▪ |kókkinos| ▫ /ˈkocinos/

orange ▪ [adj, 1]

▪ πορτοκαλής ▫ <n> ▪ |portokalís|

yellow ▪ [adj, 1]

▪ κίτρινος ▪ |kítrinos|

green ▪ [adj, 1]

	▪ πράσινος ▪ |prásinos| ▫ /ˈprasinos/
blue ▪ *[adj, 1]*	
	▪ μπλε ▪ |ble|
purple ▪ *[adj, 1]*	
	▪ βιολετής ▪ |violetís|
brown ▪ **[n, 1]**	
	▪ καστανό ▫ <n> ▪ |kastanó|
pink ▪ **[n, 2]**	
	▪ ροζ ▫ <n> ▫ {the n noun χρώμα is implied} ▪ |roz|
beige ▪ **[n, 3]**	
	▪ μπεζ ▫ <n> ▪ |bez|
gold ▪ **[adj, 2]**	
	▪ χρυσός ▪ |chrysós|
brown ▪ **[adj, 1]**	
	▪ καστανός ▪ |kastanós|
pink ▪ **[adj, 1]**	
	▪ ροζ ▪ |roz|
golden ▪ **[adj, 2]**	
	▪ χρυσός ▪ |chrysós|
blond ▪ **[adj, 3]**	
	▪ ξανθός ▪ |xanthós|
cream ▪ **[adj, 3]**	
	▪ κρεμ ▪ |krem|
milky ▪ **[adj, 4]**	
	▪ γαλακτώδης ▪ |galaktódis|
color ▪ *[v, 2]*	
	▪ χρωματίζω ▪ |chromatízo|
dye ▪ *[v, 3]*	
	▪ βάφω ▪ |váfo|
colorful ▪ **[adj, 3]**	
	▪ πολύχρωμος ▪ |polýchromos|

SOUNDS, AUDIBLE PROPERTIES [022]

sound ▪ **[n, 1]** ▪ **sensation**
> ▪ ήχος ▫ <m> ▪ \|íchos\|

audio ▪ **[adj, 4]**
> ▪ ήχου ▪ \|íchou\|

loud ▪ *[adj, 3]* ▪ *sound*
> ▪ ηχηρός ▪ \|ichirós\|

loud ▪ *[adj, 2]* ▪ *source*
> ▪ θορυβώδης ▪ \|thoryvódis\|

41

quiet ▪ [adj, 2]
▪ ήρεμος ▪ |íremos|
quietly ▪ [adv, 3]
▪ αθόρυβα ▪ |athóryva|
ring ▪ [v, 3] ▪ <tr>
▪ χτυπάω ▪ |chtypáo|
knock ▪ [v, 2]
▪ χτυπάω ▪ |chtypáo|
whistle ▪ [v, 3]
▪ σφυρίζω ▪ |sfyrízo| ▫ /sfiˈri.zo/
noise ▪ [n, 1]
▪ θόρυβος ▫ <m> ▪ |thóryvos|
echo ▪ [n, 2]
▪ ηχώ ▫ <f> ▪ |ichó|
silence ▪ [n, 1]
▪ σιωπή ▫ <f> ▪ |siopí|
silent ▪ [adj, 1]
▪ αθόρυβος ▪ |athóryvos|

TEMPERATURE, TACTILE, TASTE AND OLFACTORY PROPERTIES [023]

temperature ▪ [n, 1]
▪ θερμοκρασία ▫ <f> ▪ |thermokrasía| ▫ /θɛrmɔkraˈsia/
absolute zero ▪ [n, 3]
▪ απόλυτο μηδέν ▫ <n> ▪ |apólyto midén|
warm ▪ [adj, 1] ▪ having
▪ ζεστός ▪ |zestós| ▫ [zḙˈstο̞s]
hot ▪ [adj, 1] ▪ temperature
▪ ζεστός ▪ |zestós| ▫ [zḙˈstο̞s]
lukewarm ▪ [adj, 2]
▪ χλιαρός ▪ |chliarós|
cold ▪ [n, 3]
▪ κρύο ▫ <n> ▪ |krýo|
cold ▪ [adj, 1]
▪ κρύος ▪ |krýos|
fresh ▪ [adj, 2]
▪ δροσερός ▪ |droserós|
degree ▪ [n, 1]
▪ βαθμός ▫ <m> ▪ |vathmós|
thermometer ▪ [n, 2]

- θερμόμετρο ▫ <m> ▪ |thermómetro|

hygrometer ▪ **[n, 3]**

- υγρόμετρο ▫ <n> ▪ |ygrómetro|

humidity ▪ **[n, 4]**

- υγρασία ▫ <f> ▪ |ygrasía|

dry ▪ *[adj, 2]*

- στεγνός ▪ |stegnós|

humid ▪ **[adj, 2]**

- υγρός ▪ |ygrós|

wet ▪ **[adj, 2]**

- υγρός ▪ |ygrós|

smooth ▪ **[adj, 2]**

- λείος ▪ |leíos|

harsh ▪ *[adj, 4]*

- τραχύς ▪ |trachýs|

sharp ▪ **[adj, 2]** ▪ **cutting**

- κοφτερός ▪ |kofterós| ▫ /kofte'ros/

sharp ▪ **[adj, 3]** ▪ **piercing**

- αιχμηρός ▪ |aichmirós|

blunt ▪ *[adj, 2]*

- αμβλύς ▪ |amvlýs|

flat ▪ **[adj, 1]**

- επίπεδος ▪ |epípedos|

plane ▪ **[adj, 2]**

- επίπεδος ▪ |epípedos|

even ▪ **[adj, 3]**

- επίπεδος ▪ |epípedos|

level ▪ **[adj, 4]**

- επίπεδο ▫ <n> ▪ |epípedo|

thin ▪ **[adj, 2]**

- αραιός ▪ |araiós|

durable ▪ *[adj, 4]*

- ανθεκτικός ▫ <m> ▪ |anthektikós|

fragile ▪ **[adj, 2]**

- εύθραυστος ▪ |éfthrafstos|

mild ▪ *[adj, 4]*

- ήπιος ▪ |ípios|

taste ▪ **[n, 1]**

- γεύση ▫ <f> ▪ |géfsi|

tasteless ▪ *[adj, 3]*

- άγευστος ▪ |ágefstos|

delicious ▪ **[adj, 1]**

▪ εύγευστος ▪ |évgefstos|

sweet ▪ [adj, 1] ▪ tasty

▪ γλυκός ▪ |glykós|

acid ▪ [n, 4]

▪ οξύ ▫ <n> ▪ |oxý|

bitter ▪ [adj, 1]

▪ πικρός ▪ |pikrós|

sour ▪ [adj, 1]

▪ ξινός ▪ |xinós|

sweet ▪ [adj, 1] ▪ with taste of sugar

▪ γλυκός ▪ |glykós|

salty ▪ [adj, 1]

▪ αλμυρός ▪ |almyrós|

hot ▪ [adj, 1] ▪ spicy sense

▪ πικάντικος ▪ |pikántikos|

acid ▪ [adj, 2]

▪ οξύς ▪ |oxýs|

sharp ▪ [adj, 3] ▪ of flavor

▪ αψύς ▪ |apsýs|

spicy ▪ [adj, 4]

▪ αψύς ▪ |apsýs|

smell ▪ [n, 1]

▪ μυρωδιά ▫ <f> ▪ |myrodiá| ▫ /miroˈðʝa/

odour ▪ [n, 4]

▪ οσμή ▫ <f> ▪ |osmí|

perfume ▪ [n, 4]

▪ άρωμα ▫ <n> ▪ |ároma|

fragrant ▪ [adj, 4]

▪ αρωματικός ▪ |aromatikós|

sweet ▪ [adj, 2] ▪ of smell

▪ ευωδιαστός ▪ |evodiastós|

FORMS OF MATTER, FORCES, CHEMISTRY, SUBSTANCES [10]
SUBPARTICLES, FORMS OF MATTER, FIRE, FORCES [024]

vacuum ▪ [n, 3]

• κενό ▫ <n> ▪ |kenó|

atom ▪ *[n, 2]*

• άτομο ▫ <n> ▪ |átomo|

molecule ▪ *[n, 2]*

• μόριο ▫ <n> ▪ |mório|

crystal ▪ *[n, 2]*

• κρύσταλλος ▫ <m> ▪ |krýstallos| ▫ /'kri.sta.los/

electron ▪ [n, 3]

• ηλεκτρόνιο ▫ <n> ▪ |ilektrónio|

neutrino ▪ [n, 4]

• νετρίνο ▫ <n> ▪ |netríno|

neutron ▪ [n, 4]

• νετρόνιο ▫ <n> ▪ |netrónio|

particle ▪ [n, 4]

• μόριο ▫ <n> ▪ |mório|

positron ▪ [n, 4]

• ποζιτρόνιο ▫ <n> ▪ |pozitrónio|

proton ▪ [n, 4]

• πρωτόνιο ▫ <n> ▪ |protónio|

quark ▪ [n, 4]

• κουάρκ ▪ |kouárk|

gas ▪ *[n, 2]*

• αέριο ▫ <n> ▪ |aério|

liquid ▪ *[n, 2]*

• υγρό ▫ <n> ▪ |ygró|

solid ▪ *[n, 2]*

• στερεό ▫ <n> ▪ |stereó|

liquid ▪ *[adj, 4]*

• υγρός ▪ |ygrós|

solid ▪ *[adj, 4]*

• στερεός ▫ <m> ▪ |stereós|

boil ▪ [v, 2] ▪ <intr>

• βράζω ▪ |vrázo| ▫ /'vrazo/

boil ▪ [v, 2] ▪ <tr>

• βράζω ▪ |vrázo| ▫ /'vrazo/

set ▪ [v, 2]

• πήζω ▪ |pízo|

dust ▪ *[n, 1]*

▪ σκόνη ▫ <f> ▪ |skóni|

powder* ▪ *[n, 2]

▪ σκόνη ▫ <f> ▪ |skóni|

foam ▪ [n, 2]

▪ αφρός ▫ <m> ▪ |afrós|

solution ▪ [n, 4]

▪ διάλυμα ▫ <n> ▪ |diályma|

fire* ▪ *[n, 2]* ▪ *phenomenon

▪ φωτιά ▫ <f> ▪ |fotiá| ▫ [foˈtça]

flame* ▪ *[n, 3]

▪ φλόγα ▫ <f> ▪ |flóga| ▫ [ˈflɔɣa]

spark* ▪ *[n, 4]

▪ σπινθήρας ▫ <m> ▪ |spinthíras|

lighter ▪ [n, 1]

▪ αναπτήρας ▫ <m> ▪ |anaptíras|

match ▪ [n, 1]

▪ σπίρτο ▫ <n> ▪ |spírto|

ember ▪ [n, 3]

▪ θράκα ▫ <f> ▪ |thráka|

fire ▪ [n, 3] ▪ thing capable to burn

▪ φωτιά ▪ |fotiá| ▫ [foˈtça]

light ▪ [v, 1]

▪ ανάβω ▪ |anávo|

firewood* ▪ *[n, 2]

▪ καυσόξυλα ▫ <n pl> ▪ |kafsóxyla|

fireproof* ▪ *[adj, 4]

▪ πυρίμαχος ▪ |pyrímachos|

flammable* ▪ *[adj, 4]

▪ εύφλεκτος ▪ |éfflektos|

burn ▪ [v, 1] ▪ <tr>

▪ καίω ▪ |kaío|

burn ▪ [v, 1] ▪ <intr>

▪ καίγομαι ▪ |kaígomai|

smoke* ▪ *[n, 1]

▪ καπνός ▫ <m> ▪ |kapnós| ▫ /kaˈpnọs/

ash* ▪ *[n, 2]

▪ στάχτη ▫ <f> ▪ |stáchti|

smoke* ▪ *[v, 2]

▪ καπνίζω ▪ |kapnízo|

explosion ▪ [n, 1]

▪ έκρηξη ▪ |ékrixi| ▫ /ˈɛkriksi/

wave* ▪ *[n, 1]

▪ κύμα ▫ <n> ▪ |kýma|

force* ▪ *[n, 2]

▪ δύναμη ▫ <f> ▪ |dýnami| ▫ /ðinami/

power* ▪ *[n, 4]* ▪ *measure

▪ ισχύς ▫ <f> ▪ |ischýs|

joule ▪ [n, 3]

▪ τζάουλ ▫ <n> ▪ |tzáoul|

electricity* ▪ *[n, 1]

▪ ηλεκτρισμός ▫ <m> ▪ |ilektrismós|

event horizon* ▪ *[n, 3]

▪ ορίζοντας γεγονότων ▫ <m> ▪ |orízontas gegonóton|

heat* ▪ *[n, 3]

▪ θερμότητα ▫ <f> ▪ |thermótita|

power* ▪ *[n, 3]* ▪ *in electricity

▪ ρεύμα ▫ <f> ▪ |révma|

electrical* ▪ *[adj, 3]

▪ ηλεκτρικός ▪ |ilektrikós|

magnetic* ▪ *[adj, 4]

▪ μαγνητικός ▪ |magnitikós|

current* ▪ *[n, 3]

▪ εντάση ▫ <f> ▪ |entási|

ampere ▪ [n, 4]

▪ αμπέρ ▫ <n> ▪ |ampér|

volt ▪ [n, 4]

▪ βολτ ▫ <n> ▪ |volt|

barometer* ▪ *[n, 3]

▪ βαρόμετρο ▫ <n> ▪ |varómetro|

CHEMISTRY, CHEMICAL ELEMENTS, SUBSTANCES [025]

pure* ▪ *[adj, 1]

▪ καθαρός ▪ |katharós|

hydrate ▪ [n, 3]

▪ ένυδρο άλας ▪ |énydro álas|

metal* ▪ *[n, 1]

▪ μέταλλο ▫ <n> ▪ |métallo|

periodic table* ▪ *[n, 3]

▪ περιοδικός πίνακας ▫ <m> ▪ |periodikós pínakas|

gold ▪ [n, 1]

▪ χρυσός ▫ <m> ▪ |chrysós|

silver ▪ [n, 1]

▪ άργυρος ▫ <m> ▪ |árgyros| ▫ [ˈarʝiros]

calcium ▪ [n, 1]

▪ ασβέστιο ▫ <n> ▪ |asvéstio|

iron ▪ [n, 1]

▪ σίδηρος ▫ <m> ▪ |sídiros|

aluminium ▪ [n, 2]

▪ αργίλιο ▪ |argílio|

beryllium ▪ [n, 2]

▪ βηρύλλιο ▫ <n> ▪ |virýllio|

caesium ▪ [n, 2]

▪ καίσιο ▫ <n> ▪ |kaísio|

chromium ▪ [n, 2]

▪ χρώμιο ▫ <n> ▪ |chrómio|

cobalt ▪ [n, 2]

▪ κοβάλτιο ▫ <n> ▪ |kováltio|

copper ▪ [n, 2]

▪ χαλκός ▫ <m> ▪ |chalkós|

lead ▪ [n, 2]

▪ μόλυβδος ▫ <m> ▪ |mólyvdos|

lithium ▪ [n, 2]

▪ λίθιο ▫ <n> ▪ |líthio|

magnesium ▪ [n, 2]

▪ μαγνήσιο ▫ <n> ▪ |magnísio|

manganese ▪ [n, 2]

▪ μαγγάνιο ▫ <n> ▪ |mangánio|

mercury ▪ [n, 2]

▪ υδράργυρος ▫ <m> ▪ |ydrárgyros| ▫ /iðˈrarʝiros/

nickel ▪ [n, 2]

▪ νικέλιο ▫ <n> ▪ |nikélio|

platinum ▪ [n, 2]

▪ πλατίνα ▫ <m> ▪ |platína|

potassium ▪ [n, 2]

▪ κάλιο ▫ <n> ▪ |kálio|

sodium ▪ [n, 2]

▪ νάτριο ▫ <n> ▪ |nátrio|

tin ▪ [n, 2]

▪ κασσίτερος ▫ <m> ▪ |kassíteros|

titanium ▪ [n, 2]

▪ τιτάνιο ▫ <n> ▪ |titánio|

tungsten ▪ [n, 2]

▪ βολφράμιο ▫ <n> ▪ |volfrámio|

zinc ▪ [n, 2]

▪ ψευδάργυρος ▫ <m> ▪ |psevdárgyros|

gallium ▪ [n, 3]

▪ γάλλιο ▫ <n> ▪ |gállio|

indium ▪ [n, 3]

▪ ίνδιο ▫ <n> ▪ |índio|

ruthenium ▪ [n, 3]

▪ ρουθήνιο ▫ <n> ▪ |routhínio|

cadmium ▪ [n, 4]

▪ κάδμιο ▫ <n> ▪ |kádmio|

iridium ▪ [n, 4]

▪ ιρίδιο ▫ <n> ▪ |irídio|

osmium ▪ [n, 4]

▪ όσμιο ▫ <n> ▪ |ósmio|

gold ▪ [adj, 2]

▪ χρυσός ▪ |chrysós|

golden ▪ [adj, 2]

▪ χρυσός ▪ |chrysós|

magnet ▪ [n, 2]

▪ μαγνήτης ▫ <m> ▪ |magnítis|

steel ▪ [n, 2]

▪ χάλυβας ▫ <m> ▪ |chályvas| ▫ /ˈxa.li.vas/

bronze ▪ [n, 3]

▪ ορείχαλκος ▫ <m> ▪ |oreíchalkos|

rust ▪ [n, 4]

▪ σκουριά ▫ <f> ▪ |skouriá|

neon ▪ [n, 1]

▪ νέον ▫ <n> ▪ |néon|

silicon ▪ [n, 1]

▪ πυρίτιο ▫ <n> ▪ |pyrítio|

antimony ▪ [n, 2]

▪ αντιμόνιο ▫ <n> ▪ |antimónio|

argon ▪ [n, 2]

▪ αργό ▫ <n> ▪ |argó|

arsenic ▪ [n, 2]

▪ αρσενικό ▫ <n> ▪ |arsenikó|

astatine ▪ [n, 2]

▪ άστατο ▫ <n> ▪ |ástato|

boron ▪ [n, 2]

▪ βόριο ▫ <n> ▪ |vório|

bromine ▪ [n, 2]

▪ βρόμιο ▫ <n> ▪ |vrómio|

carbon ▪ [n, 2]

▪ άνθρακας ▫ <m> ▪ |ánthrakas|

chlorine ▪ [n, 2]

▪ χλώριο ▫ <n> ▪ |chlório|

fluorine ▪ [n, 2]

▪ φθόριο ▫ <n> ▪ |fthório|

helium ▪ [n, 2]

▪ ήλιο ▫ <n> ▪ |ílio| ▫ [ˈilio \ ˈiʎo] ▫ {one may be incorrect}

hydrogen ▪ [n, 2]

▪ υδρογόνο ▫ <n> ▪ |ydrogóno| ▫ /iðroˈɣono/

iodine ▪ [n, 2]

▪ ιώδιο ▫ <n> ▪ |iódio|

krypton ▪ [n, 2]

▪ κρυπτό ▫ <n> ▪ |kryptó|

nitrogen ▪ [n, 2]

▪ άζωτο ▫ <n> ▪ |ázoto|

oxygen ▪ [n, 2]

▪ οξυγόνο ▫ <n> ▪ |oxygóno|

phosphorus ▪ [n, 2]

▪ φώσφορος ▫ <m> ▪ |fósforos| ▫ /ˈfo.sfo.ros/

sulfur ▪ [n, 2]

▪ θείο ▫ <n> ▪ |theío|

xenon ▪ [n, 2]

▪ ξένο ▫ <n> ▪ |xéno|

radon ▪ [n, 3]

▪ ραδόνιο ▫ <n> ▪ |radónio|

uranium ▪ [n, 1]

▪ ουράνιο ▫ <n> ▪ |ouránio|

actinium ▪ [n, 2]

▪ ακτίνιο ▫ <n> ▪ |aktínio|

europium ▪ [n, 2]

▪ ευρώπιο ▫ <n> ▪ |evrópio|

lanthanum ▪ [n, 2]

▪ λανθάνιο ▫ <n> ▪ |lanthánio|

ytterbium ▪ [n, 2]

▪ υττέρβιο ▫ <n> ▪ |yttérvio|

yttrium ▪ [n, 2]

▪ ύττριο ▫ <n> ▪ |ýttrio|

berkelium ▪ [n, 3]

▪ μπερκέλιο ▫ <n> ▪ |berkélio|

curium ▪ [n, 3]

▪ κιούριο ▫ <n> ▪ |kioúrio|

dubnium* ▪ *[n, 3]
▪ ντούμπνιο ▫ <n> ▪ |doúmpnio|
einsteinium* ▪ *[n, 3]
▪ αϊνστάνιο ▫ <n> ▪ |aïnstánio|
fermium* ▪ *[n, 3]
▪ φέρμιο ▫ <n> ▪ |férmio|
lutetium* ▪ *[n, 3]
▪ λουτέτσιο ▫ <n> ▪ |loutétsio|
mendelevium* ▪ *[n, 3]
▪ μεντελέβιο ▫ <n> ▪ |mentelévio|
neptunium* ▪ *[n, 3]
▪ ποσειδώνιο ▫ <n> ▪ |poseidónio|
niobium* ▪ *[n, 3]
▪ νιόβιο ▫ <n> ▪ |nióvio|
nobelium* ▪ *[n, 3]
▪ νομπέλιο ▫ <n> ▪ |nompélio|
samarium* ▪ *[n, 3]
▪ σαμάριο ▫ <n> ▪ |samário|
scandium* ▪ *[n, 3]
▪ σκάνdιο ▫ <n> ▪ |skándio|
technetium* ▪ *[n, 3]
▪ τεχνήτιο ▫ <n> ▪ |technítio|
terbium* ▪ *[n, 3]
▪ τέρβιο ▫ <n> ▪ |térvio|
americium* ▪ *[n, 4]
▪ αμερίκιο ▫ <n> ▪ |ameríkio|
bohrium* ▪ *[n, 4]
▪ μπόριο ▫ <n> ▪ |bório|
cerium* ▪ *[n, 4]
▪ δημήτριο ▫ <n> ▪ |dimítrio|
francium* ▪ *[n, 4]
▪ φράγκιο ▫ <n> ▪ |frágkio|
hassium* ▪ *[n, 4]
▪ χάσιο ▫ <n> ▪ |chásio|
meitnerium* ▪ *[n, 4]
▪ μαϊτνέριο ▫ <n> ▪ |maïtnério|
plutonium* ▪ *[n, 4]
▪ πλουτώνιο ▫ <n> ▪ |ploutónio|
polonium* ▪ *[n, 4]
▪ πολώνιο ▫ <n> ▪ |polónio|
promethium* ▪ *[n, 4]
▪ προμήθιο ▫ <n> ▪ |promíthio|

protactinium* ▪ *[n, 4]
▪ πρωτακτίνιο ▫ <n> ▪ |protaktínio|
rutherfordium* ▪ *[n, 4]
▪ ραδερφόρντιο ▫ <n> ▪ |raderfórntio|
seaborgium* ▪ *[n, 4]
▪ σιμπόργκιο ▫ <n> ▪ |simpórgkio|
water ▪ [n, 1]
▪ νερό ▪ |neró| ▫ /neˈro/
ice* ▪ *[n, 1]
▪ πάγος ▫ <m> ▪ |págos| ▫ /ˈpaɣos/
steam* ▪ *[n, 2]
▪ υδρατμός ▫ <m> ▪ |ydratmós|
vapor* ▪ *[n, 2]
▪ ατμός ▫ <m> ▪ |atmós| ▫ /atˈmos/
air ▪ [n, 1]
▪ αέρας ▫ <m> ▪ |aéras|
carbon dioxide* ▪ *[n, 4]
▪ διοξείδιο του άνθρακα ▪ |dioxeídio tou ánthraka|
ozone* ▪ *[n, 4]
▪ όζον ▫ <n> ▪ |ózon|
sand ▪ [n, 1]
▪ άμμος ▫ <f> ▪ |ámmos|
stone ▪ [n, 1] ▪ piece
▪ πέτρα ▫ <f> ▪ |pétra|
lava* ▪ *[n, 4]
▪ λάβα ▫ <f> ▪ |láva|
magma* ▪ *[n, 4]
▪ μάγμα ▫ <n> ▪ |mágma|
metamorphic rock ▪ [n, 3]
▪ μεταμορφωσιγενές πέτρωμα ▪ |metamorfosigenés pétroma|
sedimentary rock ▪ [n, 3]
▪ ιζηματογενές πέτρωμα ▪ |izimatogenés pétroma|
stone ▪ [n, 1] ▪ substance
▪ λίθος ▫ <m> ▪ |líthos|
ore ▪ [n, 3]
▪ μετάλλευμα ▫ <n> ▪ |metállevma|
rock ▪ [n, 4]
▪ πέτρα ▫ <f> ▪ |pétra|
chalk* ▪ *[n, 4]
▪ κρητίδα ▫ <f> ▪ |kritída|
pumice* ▪ *[n, 4]

▪ ελαφρόπετρα ▫ <f> ▪ |elafrópetra|

diamond ▪ [n, 1] ▪ mineral

▪ διαμάντι ▫ <n> ▪ |diamánti| ▫ [ðia'mandi]

diamond ▪ [n, 1] ▪ gemstone

▪ διαμάντι ▫ <n> ▪ |diamánti| ▫ [ðia'mandi]

emerald ▪ [n, 2]

▪ σμαράγδι ▫ <n> ▪ |smarágdi|

ruby ▪ [n, 2]

▪ ρουμπίνι ▫ <n> ▪ |roumpíni|

jade ▪ [n, 3]

▪ νεφρίτης ▫ <m> ▪ |nefrítis|

sapphire ▪ [n, 3]

▪ ζαφείρι ▫ <n> ▪ |zafeíri| ▫ [za'firi]

turquoise ▪ [n, 3]

▪ τυρκουάζ ▫ <n> ▪ |tyrkouáz|

crystal ▪ [n, 4] ▪ mineral

▪ κρύσταλλο ▫ <n> ▪ |krýstallo|

earth ▪ [n, 1] ▪ soil

▪ χώμα ▫ <n> ▪ |chóma|

clay ▪ [n, 2]

▪ άργιλος ▫ <m> ▪ |árgilos| ▫ ['arɟilos]

mud ▪ [n, 2]

▪ λάσπη ▫ <f> ▪ |láspi|

earth ▪ [n, 3] ▪ any rock-based material

▪ χώμα ▫ <n> ▪ |chóma|

cement ▪ [n, 3]

▪ τσιμέντο ▫ <n> ▪ |tsiménto|

concrete ▪ [n, 3]

▪ σκυρόδεμα ▫ <n> ▪ |skyródema|

glass ▪ [n, 1]

▪ γυαλί ▫ <n> ▪ |gyalí|

porcelain ▪ [n, 3] ▪ material

▪ πορσελάνη ▫ <f> ▪ |porseláni|

paint ▪ [n, 1]

▪ βαφή ▫ <f> ▪ |vafí|

wood ▪ [n, 1] ▪ general sense

▪ ξύλο ▫ <n> ▪ |xýlo| ▫ /'ksilo/

wooden ▪ [adj, 1]

▪ ξύλινος ▪ |xýlinos| ▫ /'ksi.li.nos/

paper ▪ [n, 1]

▪ χαρτί ▫ <n> ▪ |chartí| ▫ /xar'ti/

cardboard ▪ [n, 4]

▪ χαρτόνι ▪ |chartóni|

paper* ▪ *[adj, 1]

▪ χάρτινος ▪ |chártinos|

fabric ▪ [n, 2]

▪ ύφασμα ▫ <n> ▪ |ýfasma|

cloth ▪ [n, 3]

▪ ύφασμα ▫ <n> ▪ |ýfasma|

yarn ▪ [n, 3]

▪ νήμα πλεκτικής ▪ |níma|

net ▪ [n, 4]

▪ δίχτυ ▫ <n> ▪ |díchty|

silk ▪ [n, 1] ▪ fabric

▪ μετάξι ▫ <n> ▪ |metáxi|

silk ▪ [n, 2] ▪ fiber

▪ μέταξα ▫ <f> ▪ |métaxa|

wool ▪ [n, 2]

▪ μαλλί ▫ <n> ▪ |mallí|

cotton ▪ [n, 3] ▪ fiber

▪ βαμβάκι ▪ |vamváki|

cotton ▪ [n, 3] ▪ fabric

▪ βαμβάκι ▪ |vamváki|

velvet ▪ [n, 4]

▪ βελούδο ▫ <n> ▪ |veloúdo|

leather ▪ [n, 1]

▪ δέρμα ▫ <n> ▪ |dérma| ▫ [ˈðɛrma]

amber ▪ [n, 2]

▪ κεχριμπάρι ▫ <n> ▪ |kechrimpári|

bone ▪ [n, 2]

▪ κόκαλο ▫ <m> ▪ |kókalo| ▫ [ˈko̞kaˌlo̞]

coral ▪ [n, 2]

▪ κοράλλι ▫ <n> ▪ |korálli|

pearl ▪ [n, 2]

▪ μαργαριτάρι ▫ <n> ▪ |margaritári|

mother-of-pearl ▪ [n, 4]

▪ φίλντισι ▫ <n> ▪ |fílntisi|

wax ▪ [n, 2]

▪ κερί ▫ <n> ▪ |kerí| ▫ /cerˈri/

tar ▪ [n, 3]

▪ πίσσα ▫ <f> ▪ |píssa|

gasoline ▪ [n, 1]

▪ βενζίνη ▫ <f> ▪ |venzíni|

oil ▪ [n, 1]

▪ πετρέλαιο ▫ <n> ▪ |petrélaio|

coal* ▪ *[n, 2]

▪ γαιάνθρακας ▫ <m> ▪ |gaiánthrakas|

fuel* ▪ *[n, 3]

▪ καύσιμο ▫ <n> ▪ |káfsimo|

gas* ▪ *[n, 3]

▪ βενζίνη ▫ <f> ▪ |venzíni|

charcoal* ▪ *[n, 4]

▪ κάρβουνο ▫ <n> ▪ |kárvouno|

plastic ▪ [n, 1]

▪ πλαστικό ▫ <n> ▪ |plastikó|

rubber ▪ [n, 2]

▪ ελαστικό κόμμι ▫ <n> ▪ |elastikó kómmi|

gunpowder* ▪ *[n, 2]

▪ μπαρούτι ▪ |baroúti|

soap ▪ [n, 1]

▪ σαπούνι ▫ <n> ▪ |sapoúni| ▫ /sa'puni/

glue ▪ [n, 2]

▪ κόλλα ▫ <f> ▪ |kólla|

vitamin* ▪ *[n, 1]

▪ βιταμίνη ▫ <f> ▪ |vitamíni|

poison* ▪ *[n, 2]

▪ δηλητήριο ▫ <n> ▪ |dilitírio|

alcohol* ▪ *[n, 3]

▪ αλκοόλη ▫ <f> ▪ |alkoóli|

caffeine ▪ [n, 2]

▪ καφεΐνη ▪ |kafeïni|

sugar ▪ [n, 3] ▪ sucrose

▪ σάκχαρο ▫ <n> ▪ |sákcharo|

benzene ▪ [n, 4]

▪ βενζόλιο ▫ <n> ▪ |venzólio|

lactose ▪ [n, 4]

▪ λακτόζη ▫ <f> ▪ |laktózi|

SPACE, LOCATION, MOVING, INTERACTING [11]
SPACE, DISTANCE, DIRECTION [026]

room ▪ [n, 2]
▪ χώρος ▫ <m> ▪ |chóros|
spacious ▪ [adj, 2]
▪ ευρύχωρος ▪ |evrýchoros|
distance ▪ [n, 1]
▪ απόσταση ▫ <f> ▪ |apóstasi|
local ▪ [adj, 1]
▪ τοπικός ▪ |topikós|
next ▪ [adj, 2]
▪ διπλανός ▪ |diplanós| ▫ /ðiplaˈnos/
nearby ▪ [adv, 3]
▪ κοντά ▪ |kontá| ▫ [kǫnˈda]
near ▪ [prp, 1]
▪ κοντά ▪ |kontá|
beside ▪ [prp, 2]
▪ δίπλα ▪ |dípla|
next to ▪ [prp, 4]
▪ δίπλα σε ▪ |dípla se|
far ▪ [adj, 1]
▪ μακριά ▪ |makriá| ▫ [makriˈa] ▫ {of adverb}
distant ▪ [adj, 2]
▪ μακρινός ▪ |makrinós|
high ▪ [adj, 1]
▪ ψηλός ▪ |psilós|
low ▪ [adj, 1]
▪ χαμηλός ▪ |chamilós| ▫ /xa.miˈlos/
direction ▪ [n, 1]
▪ κατεύθυνση ▫ <f> ▪ |katéfthynsi|
whence ▪ [adv, 4]
▪ αφού ▪ |afoú|
elsewhere ▪ [adv, 4]
▪ άλλοθι ▪ |állothi|
here ▪ [adv, 1]
▪ εδώ ▪ |edó| ▫ [ẹˈðọ]
there ▪ [adv, 1]
▪ εκείσε ▪ |ekeíse|
thither ▪ [adv, 2]
▪ προς τα εκεί ▪ |pros ta ekeí|
up ▪ [adv, 1]

▪ πάνω ▪ |páno|

up ▪ [prp, 2]

▪ πάνω ▪ |páno|

down ▪ [adv, 1] ▪ direction

▪ κάτω ▪ |káto|

forward ▪ [adv, 3] ▪ on course

▪ εμπρός ▪ |emprós| ▫ /em'bros/

back ▪ [adv, 3] ▪ on course

▪ πίσω ▪ |píso| ▫ /'piso/

aback ▪ [adv, 4]

▪ προς τα πίσω ▪ |pros ta píso|

away ▪ [adv, 2] ▪ from

▪ μακριά ▪ |makriá| ▫ [makri'a]

to ▪ [prp, 1]

▪ προς ▪ |pros|

at ▪ [prp, 2]

▪ στον m ▪ |ston|

for ▪ [prp, 2]

▪ για ▪ |gia| ▫ [ʝa]

toward ▪ [prp, 4]

▪ προς ▪ |pros|

left ▪ [adv, 2]

▪ αριστερά ▪ |aristerá|

right ▪ [adv, 2]

▪ προς τα δεξιά ▪ |pros ta dexiá|

into ▪ [prp, 4] ▪ into

▪ σε ▪ |se| ▫ [sɛ]

against ▪ [prp, 1]

▪ κόντρα ▪ |kóntra|

past ▪ [adv, 4]

▪ επέκεινα ▪ |epékeina|

across ▪ [prp, 4] ▪ perpendicularly

▪ καθέτως ▪ |kathétos|

across ▪ [prp, 4] ▪ from far side

▪ δια μέσου ▪ |dia mésou|

across ▪ [prp, 4] ▪ between sides

▪ κατά πλάτος ▪ |katá plátos|

clockwise ▪ [adv, 4]

▪ δεξιόστροφα ▪ |dexióstrofa|

anticlockwise ▪ [adv, 4]

▪ αριστερόστροφα ▪ |aristeróstrofa|

around ▪ [prp, 2] ▪ by circle

▪ περί ▪ |perí|

compass ▪ [n, 2]

▪ πυξίδα ▫ <f> ▪ |pyxída|

north ▪ [n, 1]

▪ βορράς ▪ |vorrás|

south ▪ [n, 1]

▪ νότος ▫ <m> ▪ |nótos|

west ▪ [n, 1]

▪ δύση ▫ <f> ▪ |dýsi|

east ▪ [n, 1]

▪ ανατολή ▫ <f> ▪ |anatolí|

northeast ▪ [n, 3]

▪ βορειοανατολικά ▫ <n pl> ▪ |voreioanatoliká|

southeast ▪ [n, 3]

▪ νοτιοανατολικά ▪ |notioanatoliká|

southwest ▪ [n, 3]

▪ νοτιοδυτικά ▪ |notiodytiká|

northwest ▪ [n, 3]

▪ βορειοδυτικά ▪ |voreiodytiká|

north ▪ [adj, 2]

▪ βόρειος ▪ |vóreios|

west ▪ [adj, 2]

▪ δυτικός ▪ |dytikós| ▫ /ðitiˈkos/

north ▪ [adv, 4]

▪ βόρεια ▪ |vóreia|

directly ▪ [adv, 2]

▪ κατευθείαν ▪ |kateftheían|

LOCATION, PLACING [027]

place ▪ [n, 1]

▪ τόπος ▪ |tópos|

situation ▪ [n, 3] ▪ surroundings

▪ κατάσταση ▫ <f> ▪ |katástasi|

position ▪ [n, 4]

▪ θέση ▫ <f> ▪ |thési|

be ▪ [v, 1]

▪ είμαι ▪ |eímai| ▫ /ˈimȩ/

at ▪ [prp, 1]

▪ στον m ▪ |ston|

lost ▪ [adj, 2]

▪ χαμένος ▪ |chaménos|

where ▪ [adv, 1] ▪ at / to / from
▪ πού ▪ |poú|
somewhere ▪ [adv, 1]
▪ κάπου ▪ |kápou|
anywhere ▪ [adv, 1]
▪ οπουδήποτε ▪ |opoudípote|
elsewhere ▪ [adv, 1]
▪ αλλού ▪ |alloú| ▫ /aˈlu/
nowhere ▪ [adv, 1]
▪ πουθενά ▪ |pouthená| ▫ [pu.θɛ.ˈna]
everywhere ▪ [adv, 1]
▪ όπου ▪ |ópou|
here ▪ [adv, 1]
▪ εδώ ▪ |edó| ▫ [e̞ˈðo̞]
there ▪ [adv, 1]
▪ εκεί ▪ |ekeí| ▫ [e̞ˈci]
above ▪ [adv, 2]
▪ πάνω ▪ |páno|
above ▪ [prp, 1]
▪ πάνω ▪ |páno|
on ▪ [prp, 1] ▪ on upper surface
▪ πάνω ▪ |páno|
below ▪ [adv, 2]
▪ κάτω ▪ |káto|
under ▪ [prp, 1] ▪ lower level
▪ υπό ▪ |ypó|
below ▪ [prp, 3]
▪ κάτω ▪ |káto|
submarine ▪ [adj, 4]
▪ υποβρύχιος ▪ |ypovrýchios|
before ▪ [prp, 3]
▪ μπροστά σε ▪ |brostá se|
behind ▪ [prp, 1]
▪ πίσω από ▪ |píso apó|
left ▪ [adj, 1]
▪ αριστερός ▪ |aristerós|
left ▪ [adv, 3]
▪ αριστερά ▪ |aristerá|
right ▪ [adj, 1]
▪ δεξιός ▪ |dexiós| ▫ /ðeksˈʝos/
right ▪ [adv, 3]
▪ δεξιά ▪ |dexiá|

in ▪ [prp, 1] ▪ contained by
▪ εν ▪ |en| ▫ [e̜n]
within ▪ [prp, 4]
▪ μέσα ▪ |mésa| ▫ /ˈme.sa/ ▫ {of adverb}
out ▪ [adv, 4]
▪ έξω ▪ |éxo|
among ▪ [prp, 1]
▪ ανάμεσα ▪ |anámesa|
between ▪ [prp, 1] ▪ in position
▪ ανάμεσα ▪ |anámesa|
about ▪ [prp, 4] ▪ on every side
▪ γύρω από ▪ |gýro apó|
opposite ▪ [adj, 2]
▪ απέναντι ▪ |apénanti|
against ▪ [prp, 1] ▪ in opposition
▪ κατά ▪ |katá| ▫ /kaˈta/
across ▪ [prp, 2]
▪ απέναντι ▪ |apénanti|
opposite ▪ [prp, 3]
▪ απέναντι ▪ |apénanti|
on ▪ [prp, 4] ▪ hanging
▪ πάνω ▪ |páno|
north ▪ [adj, 2]
▪ βόρειος ▪ |vóreios|
south ▪ [adj, 2]
▪ νότιος ▪ |nótios|
west ▪ [adj, 2]
▪ δυτικός ▪ |dytikós| ▫ /ðitiˈkos/
east ▪ [adj, 2]
▪ ανατολικός ▪ |anatolikós|
southern ▪ [adj, 4]
▪ νότιος ▪ |nótios|
put ▪ [v, 2]
▪ θέτω ▪ |théto|
set ▪ [v, 4]
▪ βάζω ▪ |vázo| ▫ /ˈvazo/
on ▪ [prp, 4] ▪ covering
▪ πάνω ▪ |páno|
surround ▪ [v, 3]
▪ περικλείω ▪ |perikleío| ▫ /periˈklio/

MOVING IN GENERAL, RELOCATING, TRAVELS [028]

movement ▪ [n, 2]
▪ κίνηση ▫ <f> ▪ |kínisi|
move ▪ [v, 2] ▪ <intr>
▪ κινώ ▪ |kinó|
stop ▪ [v, 1] ▪ to cease moving <intr>
▪ παύω ▪ |pávo|
quiet ▪ [adj, 2]
▪ ήσυχος ▪ |ísychos|
still ▪ [adj, 4]
▪ ακούνητος ▪ |akoúnitos|
stand ▪ [v, 2]
▪ στέκομαι ▪ |stékomai| ▫ /ˈstekome/
stay ▪ [v, 1]
▪ μένω ▪ |méno|
go ▪ [v, 1]
▪ πάω ▪ |páo|
pass ▪ [v, 3] ▪ to go from to
▪ περνάω ▪ |pernáo|
return ▪ [n, 3]
▪ επιστροφή ▫ <f> ▪ |epistrofí|
return ▪ [v, 1]
▪ γυρίζω ▪ |gyrízo|
come back ▪ [v, 3]
▪ ξανάρχομαι ▪ |xanárchomai|
departure ▪ [n, 4]
▪ αναχώρηση ▫ <f> ▪ |anachórisi|
depart ▪ [v, 1]
▪ αναχωρώ ▪ |anachoró|
go out ▪ [v, 1]
▪ βγαίνω ▪ |vgaíno| ▫ /ˈvʝe.no/
leave ▪ [v, 1]
▪ φεύγω ▪ |févgo|
arrival ▪ [n, 4]
▪ άφιξη ▫ <f> ▪ |áfixi|
arrive ▪ [v, 1] ▪ <intr>
▪ φτάνω ▪ |ftáno| ▫ /ˈftano/
enter ▪ [v, 1]
▪ μπαίνω ▪ |baíno|
arrive ▪ [v, 1] ▪ <tr>
▪ φτάνω ▪ |ftáno| ▫ /ˈftano/
come ▪ [v, 1]

▪ έρχομαι ▪ |érchomai| ▫ /ˈerxome/

chase* ▪ *[v, 1]

▪ κυνηγώ ▪ |kynigó|

follow* ▪ *[v, 1]

▪ ακολουθώ ▪ |akolouthó|

cross ▪ [v, 2]

▪ διασχίζω ▪ |diaschízo|

meet* ▪ *[v, 2]

▪ συναντιέμαι ▪ |synantiémai|

climb ▪ [v, 2] ▪ to mount

▪ ανεβαίνω ▪ |anevaíno| ▫ /aneˈveno/

lift ▪ [v, 4]

▪ ανυψώνω ▪ |anypsóno|

fall* ▪ *[v, 4]* ▪ *to descend

▪ πέφτω ▪ |péfto|

lower* ▪ *[v, 4]

▪ χαμηλώνω ▪ |chamilóno|

wind ▪ [v, 4]

▪ περιελίσσω ▪ |perielísso|

step* ▪ *[n, 2]* ▪ *pace

▪ βήμα ▫ <n> ▪ |víma|

walk* ▪ *[v, 1]* ▪ *to go on foot

▪ περπατώ ▪ |perpató|

step* ▪ *[v, 3]* ▪ *to make pace

▪ βηματίζω ▪ |vimatízo|

on foot* ▪ *[adv, 3]

▪ με τα πόδια ▪ |me ta pódia|

run ▪ [v, 1] ▪ by move on foot

▪ τρέχω ▪ |trécho|

crawl* ▪ *[v, 3]

▪ έρπω ▪ |érpo| ▫ /ˈerpo/

blow* ▪ *[v, 1]* ▪ *to produce air

▪ φυσώ ▪ |fysó|

pour ▪ [v, 3] ▪ <tr>

▪ χύνω ▪ |chýno| ▫ [ˈçino]

flow ▪ [v, 1]

▪ ρέω ▪ |réo|

run ▪ [v, 4] ▪ to flow

▪ τρέχω ▪ |trécho|

swim* ▪ *[n, 4]

▪ κολύμβηση ▫ <f> ▪ |kolýmvisi|

swim* ▪ *[v, 1]

▪ κολυμπάω ▪ |kolympáo|
sink ▪ [v, 3] ▪ <intr>
▪ βυθίζομαι ▪ |vythízomai|
sink ▪ [v, 3] ▪ <tr>
▪ βυθίζω ▪ |vythízo|
fall ▪ [v, 1] ▪ to move under gravity
▪ πέφτω ▪ |péfto|
jump ▪ [v, 1] ▪ upward
▪ πηδάω ▪ |pidáo| ▫ [pi'ðao]
jump ▪ [v, 1] ▪ downward
▪ πηδάω ▪ |pidáo| ▫ [pi'ðao]
spring ▪ [v, 2]
▪ αναπηδώ ▪ |anapidó| ▫ /a.na.pi.ˈðɔ/
flight ▪ [n, 4] ▪ act
▪ πτήση ▫ <f> ▪ |ptísi|
flight ▪ [n, 4] ▪ journey
▪ πτήση ▫ <f> ▪ |ptísi|
fly ▪ [v, 3] ▪ <intr>
▪ πετώ ▪ |petó|
take off ▪ [v, 3]
▪ απογειώνομαι ▪ |apogeiónomai|
land ▪ [v, 3] ▪ from air <intr>
▪ προσγειώνω ▪ |prosgeióno| ▫ /prozɟi'ono/
push ▪ [v, 2] ▪ <tr>
▪ σπρώχνω ▪ |spróchno|
throw ▪ [v, 1]
▪ ρίχνω ▪ |ríchno|
path ▪ [n, 3]
▪ δρόμος ▫ <m> ▪ |drómos| ▫ /ˈðromos/
journey ▪ [n, 1]
▪ ταξίδι ▫ <n> ▪ |taxídi|
travel ▪ [n, 1]
▪ ταξίδι ▪ |taxídi|
trip ▪ [n, 1]
▪ ταξίδι ▫ <n> ▪ |taxídi|
travel ▪ [v, 1] ▪ to be on journey
▪ ταξιδεύω ▪ |taxidévo|

POSTURES, ROTATING, BENDING [029]

stand ▪ [v, 1] ▪ to support
▪ στέκομαι ▪ |stékomai| ▫ /ˈstekome/

kneel ▪ [v, 3]

 ▪ γονατίζω ▪ |gonatízo|

stand up ▪ [v, 3]

 ▪ σηκώνομαι ▪ |sikónomai|

sit ▪ *[v, 1]* ▪ *to support*

 ▪ κάθομαι ▪ |káthomai| ▫ /ˈkaθome/

squat ▪ [v, 3]

 ▪ κάθομαι σταυροπόδι ▪ |káthomai stavropódi|

lie ▪ *[v, 1]*

 ▪ κείτομαι ▪ |keítomai|

slip ▪ *[v, 3]*

 ▪ γλιστρώ ▪ |glistró|

turn ▪ *[v, 3]*

 ▪ γυρίζω ▪ |gyrízo|

shake ▪ *[v, 1]*

 ▪ τραντάζω ▪ |trantázo|

quiver ▪ *[v, 3]*

 ▪ ριγώ ▪ |rigó|

INTERACTING, STRENGTH [030]

touch ▪ [v, 1]

 ▪ αγγίζω ▪ |angízo|

hit ▪ *[v, 3]* ▪ *<tr>*

 ▪ χτυπώ ▪ |chtypó|

strike ▪ *[v, 2]*

 ▪ χτυπώ ▪ |chtypó|

wring ▪ *[v, 4]*

 ▪ στείβω ▪ |steívo| ▫ /ˈstivo/

support ▪ *[v, 3]*

 ▪ ενισχύω ▪ |enischýo| ▫ [ε.nis.ˈçi.ɔ]

strength ▪ [n, 4]

 ▪ δύναμη ▫ <f> ▪ |dýnami| ▫ /ðinami/

power ▪ *[n, 3]*

 ▪ δύναμη ▫ <f> ▪ |dýnami| ▫ /ðinami/

weakness ▪ *[n, 4]*

 ▪ αδυναμία ▫ <f> ▪ |adynamía|

weak ▪ *[adj, 1]*

 ▪ αδύναμος ▪ |adýnamos|

reinforce ▪ [v, 4]

 ▪ ενισχύω ▪ |enischýo| ▫ /e.niˈsçi.o/

RECEIVING, POSSESSING, USING, PROTECTING [12]
RECEIVING, GIVING, TRANSMITTING [031]

accept • *[v, 1]*
- δέχομαι • |déchomai|

get • *[v, 1]* • *to receive*
- παίρνω • |paírno|

receive • *[v, 1]* • *to get*
- λαμβάνω • |lamváno|

take • *[v, 2]* • *to get possession*
- παίρνω • |paírno|

confiscate • [v, 3]
- κατάσχω • |katáscho|

take • *[v, 1]* • *to grab*
- παίρνω • |paírno|

bite • *[v, 2]*
- δαγκώνω • |dagkóno| ▫ /ðaŋˈgono/

grasp • *[v, 3]*
- αδράχνω • |adráchno|

take • *[v, 3]* • *to move to oneself*
- παίρνω • |paírno|

collect • [v, 1] • to gather together
- προσχωρήσουν • |proschorísoun|

gather • [v, 1]
- μαζεύω • |mazévo| ▫ /maˈze.vo/

lend • *[v, 2]*
- δανείζω • |daneízo|

give • [v, 1]
- δίνω • |díno|

hand • [v, 4]
- δίνω • |díno|

return • [v, 3]
- επιστρέφω • |epistréfo|

provide • *[v, 2]*
- παρέχω • |parécho|

supply • *[v, 4]*
- εφοδιάζω • |efodiázo|

gift • [n, 1]
- δώρο ▫ <n> • |dóro|

carry • [v, 1]
- κουβαλώ • |kouvaló|

bring • *[v, 1]*

▪ φέρνω ▪ |férno|

send ▪ [v, 1]

▪ στέλνω ▪ |stélno| ▫ /ˈstelno/

POSSESSING, LOSING, STORING [032]

property ▪ [n, 3] ▪ object

▪ ιδιοκτησία ▫ <f> ▪ |idioktisía|

owner ▪ [n, 2]

▪ ιδιοκτήτης ▫ <m> ▪ |idioktítis|

have ▪ [v, 1]

▪ έχω ▪ |écho| ▫ /ˈexo/

lose ▪ [v, 1]

▪ χάνω ▪ |cháno|

keep ▪ [v, 2]

▪ κρατώ ▪ |krató|

save ▪ [v, 2]

▪ αποθηκεύω ▪ |apothikévo|

warehouse ▪ [n, 3]

▪ αποθήκη ▫ <f> ▪ |apothíki|

hold ▪ [v, 1]

▪ κρατώ ▪ |krató|

NECESSITY, SUFFICIENCY, EXCESSIVENESS [033]

necessary ▪ [adj, 2]

▪ απαραίτητος ▪ |aparaítitos| ▫ /apaˈretitos/

need ▪ [v, 1]

▪ χρειάζομαι ▪ |chreiázomai| ▫ [xriˈazɔmɛ]

require ▪ [v, 4]

▪ χρειάζομαι ▪ |chreiázomai| ▫ [xriˈazɔmɛ]

enough ▪ [prn, 4]

▪ αρκετά ▪ |arketá|

enough ▪ [det, 2]

▪ αρκετός ▪ |arketós|

enough ▪ [adv, 1]

▪ αρκετά ▪ |arketá|

unnecessary ▪ [adj, 2]

▪ περιττός ▪ |perittós|

too ▪ [adv, 2]

▪ υπερβολικά ▪ |ypervoliká|

RESOURCES, USING, FUNCTIONING [034]

use ▪ [n, 2] ▪ act
▪ χρήση ▫ <f> ▪ |chrísi|
user ▪ [n, 2]
▪ χρήστης ▫ <m> ▪ |chrístis|
economy ▪ [n, 3]
▪ οικονομία ▫ <f> ▪ |oikonomía|
use ▪ [v, 1]
▪ χρησιμοποιώ ▪ |chrisimopoió|
through ▪ [prp, 2]
▪ μέσω ▪ |méso| ▫ /ˈmeso/
with ▪ [prp, 2]
▪ με ▪ |me| ▫ [mȩ]
eat ▪ [v, 1]
▪ τρώω ▪ |tróo| ▫ [ˈtrǫǫ]
used ▪ [adj, 3]
▪ μεταχειρισμένος ▪ |metacheirisménos|
function ▪ [n, 3]
▪ λειτουργία ▫ <f> ▪ |leitourgía|
use ▪ [n, 3] ▪ function
▪ χρήση ▫ <f> ▪ |chrísi|
prepare ▪ [v, 2] ▪ <tr>
▪ προετοιμάζω ▪ |proetoimázo|
set ▪ [v, 2]
▪ ρυθμίζω ▪ |rythmízo|
ready ▪ [adj, 1] ▪ of thing
▪ έτοιμος ▪ |étoimos|
set ▪ [adj, 4]
▪ έτοιμος ▪ |étoimos|
function ▪ [v, 2]
▪ λειτουργώ ▪ |leitourgó|
work ▪ [v, 2]
▪ λειτουργώ ▪ |leitourgó|

DAMAGING, REPAIRING, DIRTYING, CLEANING [035]

damage ▪ [n, 3]
▪ ζημιά ▫ <f> ▪ |zimiá|
harm ▪ [n, 4]
▪ βλάβη ▫ <f> ▪ |vlávi|
destroy ▪ [v, 2]

▪ καταστρέφω ▪ |katastréfo|

spoil ▪ [v, 4]

▪ καταστρέφω ▪ |katastréfo|

wrinkle ▪ [v, 4]

▪ ζαρώνω ▪ |zaróno|

bad ▪ [adj, 2]

▪ κακός ▪ |kakós| ▫ /kaˈkos/

broken ▪ [adj, 3]

▪ χαλασμένος ▪ |chalasménos|

break ▪ [v, 2] ▪ <intr>

▪ χαλάω ▪ |chaláo| ▫ /xaˈlao/

break ▪ [v, 2] ▪ <tr>

▪ χαλάω ▪ |chaláo| ▫ /xaˈlao/

rot ▪ [v, 2]

▪ σαπίζω ▪ |sapízo|

fix ▪ [v, 2]

▪ διορθώνω ▪ |diorthóno|

repair ▪ [v, 3]

▪ επιδιορθώνω ▪ |epidiorthóno|

clean ▪ [adj, 1]

▪ καθαρός ▪ |katharós|

dot ▪ [n, 4]

▪ κουκίδα ▫ <f> ▪ |koukída|

stain ▪ [n, 4]

▪ κηλίδα ▫ <f> ▪ |kilída| ▫ [ciˈliða]

dirty ▪ [adj, 1] ▪ covered with

▪ βρώμικος ▪ |vrómikos|

dirty ▪ [adj, 4] ▪ making

▪ βρωμιά ▫ <f> ▪ |vromiá|

clean ▪ [v, 1] ▪ to remove dirt

▪ καθαρίζω ▪ |katharízo|

brush ▪ [v, 2]

▪ βουρτσίζω ▪ |vourtsízo|

wipe ▪ [v, 3]

▪ σκουπίζω ▪ |skoupízo|

sweep ▪ [v, 3]

▪ σκουπίζω ▪ |skoupízo|

wash ▪ [v, 1]

▪ πλένω ▪ |pléno|

rinse ▪ [v, 3]

▪ ξεπλένω ▪ |xepléno|

iron ▪ [v, 2]

▪ σιδερώνω ▪ |siderónο|

brush* ▪ *[n, 1]

▪ βούρτσα ▫ <f> ▪ |voúrtsa|

towel* ▪ *[n, 1]

▪ πετσέτα ▪ |petséta|

broom* ▪ *[n, 2]

▪ σκούπα ▫ <f> ▪ |skoúpa|

rag* ▪ *[n, 3]

▪ κουρέλι ▫ <n> ▪ |kouréli|

sponge* ▪ *[n, 4]

▪ σφουγγάρι ▫ <n> ▪ |sfoungári|

garbage ▪ [n, 2]

▪ απορρίματα ▫ <n pl> ▪ |aporrímata|

PROTECTING, PREVENTING, RESCUING [036]

defense* ▪ *[n, 1]

▪ άμυνα ▫ <f> ▪ |ámyna|

defend* ▪ *[v, 1]

▪ υπερασπίζομαι ▪ |yperaspízomai|

protect* ▪ *[v, 1]

▪ προστατεύω ▪ |prostatévo|

watch* ▪ *[v, 4]

▪ προσέχω ▪ |prosécho|

save ▪ [v, 1]

▪ σώζω ▪ |sózo| ▫ /'sozo/

rescue ▪ [v, 3]

▪ σώζω ▪ |sózo| ▫ /'sozo/

fire extinguisher* ▪ *[n, 2]

▪ πυροσβεστήρας ▫ <m> ▪ |pyrosvestíras|

firefighter* ▪ *[n, 3]

▪ πυροσβέστης ▫ <m> ▪ |pyrosvéstis|

prevent ▪ [v, 2]

▪ αποτρέπω ▪ |apotrépo|

TIME, TIME PERIODS, EVENTS, SEQUENCE [13]
TIME IN GENERAL, TIME PERIODS, TIME MEASURING [037]

time ▪ [n, 2] ▪ passing of events
▪ χρόνος ▫ <m> ▪ |chrónos| ▫ /ˈxronos/
when ▪ [adv, 1] ▪ direct question
▪ πότε ▪ |póte| ▫ /ˈpote/
when ▪ [adv, 2] ▪ indirect question
▪ πότε ▪ |póte| ▫ /ˈpote/
when ▪ [prn, 2]
▪ πότε ▪ |póte| ▫ /ˈpote/
then ▪ [adv, 1]
▪ τότε ▪ |tóte|
till ▪ [cnj, 2]
▪ μέχρι ▪ |méchri|
when ▪ [cnj, 1]
▪ όταν ▪ |ótan|
as ▪ [cnj, 2] ▪ at same instant
▪ όπως ▪ |ópos|
as ▪ [cnj, 2] ▪ to same proportion
▪ καθώς ▪ |kathós|
while ▪ [cnj, 2]
▪ καθώς ▪ |kathós|
as ▪ [cnj, 3] ▪ at same time
▪ καθώς ▪ |kathós|
at ▪ [prp, 2]
▪ στον m ▪ |ston|
during ▪ [prp, 2] ▪ for all period
▪ κατά τη διάρκεια ▪ |katá ti diárkeia|
during ▪ [prp, 3] ▪ at any time in period
▪ κατά τη διάρκεια ▪ |katá ti diárkeia|
since ▪ [adv, 4]
▪ από τότε ▪ |apó tóte|
since ▪ [cnj, 2]
▪ από τότε που ▪ |apó tóte pou|
since ▪ [prp, 1]
▪ από ▪ |apó|
until ▪ [prp, 1]
▪ μέχρι ▪ |méchri|
period ▪ [n, 3] ▪ of time
▪ περίοδος ▫ <f> ▪ |períodos| ▫ /peˈri.o.ðos/
early ▪ [adj, 2]

▪ πρώιμος ▪ |próimos|

late ▪ [adj, 2] ▪ of any period

▪ αργά ▪ |argá|

hour ▪ [n, 1]

▪ ώρα ▫ <f> ▪ |óra| ▫ /ˈora/

minute ▪ [n, 1] ▪ unit of time

▪ λεπτό ▫ <n> ▪ |leptó| ▫ /leˈpto/

second ▪ [n, 1] ▪ unit of time

▪ δευτερόλεπτο ▫ <n> ▪ |defterólepto|

day ▪ [n, 1] ▪ 24 hours

▪ ημέρα ▫ <f> ▪ |iméra|

day ▪ [n, 1] ▪ between midnights

▪ ημέρα ▫ <f> ▪ |iméra|

day ▪ [n, 4] ▪ rotation of planet

▪ ημέρα ▫ <f> ▪ |iméra|

morning ▪ [n, 1] ▪ between dawn and midday

▪ πρωί ▫ <n> ▪ |proí|

afternoon ▪ [n, 1]

▪ απόγευμα ▫ <n> ▪ |apógevma|

evening ▪ [n, 1] ▪ between dusk and midnight

▪ εσπέρα ▫ <f> ▪ |espéra|

day ▪ [n, 1] ▪ light period

▪ ημέρα ▫ <f> ▪ |iméra|

night ▪ [n, 1] ▪ between sunset and sunright

▪ νύχτα ▫ <f> ▪ |nýchta| ▫ [ˈnixta]

morning ▪ [n, 2] ▪ between midnight and midday

▪ πρωί ▫ <n> ▪ |proí|

late ▪ [adj, 4] ▪ of day

▪ αργά ▪ |argá|

a.m. ▪ [adv, 4]

▪ π.μ. ▪ |p.m.|

p.m. ▪ [adv, 4]

▪ μ.μ. ▫ {abbr - m.m.} ▪

midnight ▪ [n, 1]

▪ μεσάνυχτα ▫ <n pl> ▪ |mesánychta|

noon ▪ [n, 1]

▪ μεσημέρι ▫ <n> ▪ |mesiméri|

sunrise ▪ [n, 3]

▪ ανατολή ▫ <f> ▪ |anatolí|

sunset ▪ [n, 3]

▪ δύση ▫ <f> ▪ |dýsi|

dawn ▪ [n, 4]

▪ αυγή ▫ <f> ▪ |avgí|

week ▪ [n, 1]

▪ εβδομάδα ▫ <f> ▪ |evdomáda| ▫ /evðoˈmaða/

weekday ▪ [n, 3]

▪ καθημερινή ▫ <f> ▪ |kathimeriní|

weekend ▪ [n, 3]

▪ σαββατοκύριακο ▫ <n> ▪ |savvatokýriako| ▫ /savatɔˈcirʝakɔ/

Sunday ▪ [n, 1]

▪ Κυριακή ▫ <f> ▪ |Kyriakí| ▫ /cirʝaˈci/

Monday ▪ [n, 1]

▪ Δευτέρα ▫ <f> ▪ |Deftéra|

Tuesday ▪ [n, 1]

▪ Τρίτη ▫ <f> ▪ |Tríti|

Wednesday ▪ [n, 1]

▪ Τετάρτη ▫ <f> ▪ |Tetárti|

Thursday ▪ [n, 1]

▪ Πέμπτη ▫ <f> ▪ |Pémpti|

Friday ▪ [n, 1]

▪ Παρασκευή ▫ <f> ▪ |Paraskeví|

Saturday ▪ [n, 1]

▪ Σάββατο ▫ <n> ▪ |Sávvato|

year ▪ [n, 1] ▪ Earth revolution

▪ χρόνος ▫ <m> ▪ |chrónos| ▫ /ˈxronos/

leap year ▪ [n, 4]

▪ δίσεκτο έτος ▫ <n> ▪ |dísekto étos|

year ▪ [n, 4] ▪ between set dates

▪ χρόνος ▫ <m> ▪ |chrónos| ▫ /ˈxronos/

month ▪ [n, 1]

▪ μήνας ▫ <m> ▪ |mínas|

season ▪ [n, 1] ▪ quarter of year

▪ εποχή ▫ <f> ▪ |epochí|

moon ▪ [n, 4]

▪ σεληνιακός μήνας ▫ <m> ▪ |seliniakós mínas|

January ▪ [n, 1]

▪ Ιανουάριος ▫ <m> ▪ |Ianouários|

February ▪ [n, 1]

▪ Φεβρουάριος ▫ <m> ▪ |Fevrouários|

March ▪ [n, 1]

▪ Μάρτιος ▫ <m> ▪ |Mártios|

April ▪ [n, 1]

▪ Απρίλιος ▫ <m> ▪ |Aprílios| ▫ [aprˈilios]

May ▪ [n, 1]
▪ Μάιος ▫ <m> ▪ |Máios|
June ▪ [n, 1]
▪ Ιούνιος ▫ <m> ▪ |Ioúnios|
July ▪ [n, 1]
▪ Ιούλιος ▫ <m> ▪ |Ioúlios|
August ▪ [n, 1]
▪ Αύγουστος ▫ <m> ▪ |Ávgoustos|
September ▪ [n, 1]
▪ Σεπτέμβριος ▫ <m> ▪ |Septémvrios|
October ▪ [n, 1]
▪ Οκτώβριος ▫ <m> ▪ |Októvrios|
November ▪ [n, 1]
▪ Νοέμβριος ▫ <m> ▪ |Noémvrios|
December ▪ [n, 1]
▪ Δεκέμβριος ▫ <m> ▪ |Dekémvrios|
drought ▪ [n, 3]
▪ ξηρασία ▪ |xirasía|
spring ▪ [n, 1]
▪ άνοιξη ▫ <f> ▪ |ánoixi| ▫ /ˈaniksi/
summer ▪ [n, 1]
▪ καλοκαίρι ▫ <n> ▪ |kalokaíri| ▫ /kaloˈceri/
autumn ▪ [n, 1]
▪ φθινόπωρο ▫ <n> ▪ |fthinóporo| ▫ [fθiˈnopo̞ro̞]
winter ▪ [n, 1]
▪ χειμώνας ▫ <m> ▪ |cheimónas| ▫ [çiˈmo̞nas]
decade ▪ [n, 2]
▪ δεκαετία ▫ <f> ▪ |dekaetía|
century ▪ [n, 2]
▪ αιώνας ▫ <m> ▪ |aiónas|
age ▪ [n, 3] ▪ geological
▪ εποχή ▫ <f> ▪ |epochí|
eternity ▪ [n, 3]
▪ αιωνιότης ▫ <f> ▪ |aioniótis|
moment ▪ [n, 1]
▪ στιγμή ▫ <f> ▪ |stigmí|
minute ▪ [n, 3] ▪ unspecified period
▪ στιγμή ▫ <f> ▪ |stigmí|
second ▪ [n, 3] ▪ unspecified period
▪ λεπτό ▫ <n> ▪ |leptó| ▫ /leˈpto/
day ▪ [n, 2] ▪ of particular activity
▪ ημέρα ▫ <f> ▪ |iméra|

term ▪ [n, 3]

▪ τρίμηνο ▫ <n> ▪ |trímino|

holiday ▪ [n, 1] ▪ for leisure

▪ διακοπές ▫ <f pl> ▪ |diakopés|

holiday ▪ [n, 4] ▪ in school

▪ διακοπές ▫ <f pl> ▪ |diakopés|

holiday ▪ [n, 4] ▪ for travel

▪ διακοπές ▫ <f pl> ▪ |diakopés|

honeymoon ▪ [n, 3]

▪ μήνας του μέλιτος ▫ <m> ▪ |mínas tou mélitos|

fasting ▪ [n, 4]

▪ νηστεία ▫ <f> ▪ |nisteía|

age ▪ [n, 2] ▪ in history

▪ εποχή ▫ <f> ▪ |epochí|

period ▪ [n, 3] ▪ in history

▪ περίοδος ▫ <f> ▪ |períodos| ▫ /peˈri.o.ðos/

World War I ▪ [n, 4]

▪ Α΄ Παγκόσμιος Πόλεμος ▫ <m> ▪ |Α΄ Pagkósmios Pólemos|

World War II ▪ [n, 4]

▪ Β΄ Παγκόσμιος Πόλεμος ▫ <m> ▪ |V΄ Pagkósmios Pólemos|

Cold War ▪ [n, 2]

▪ ψυχρός πόλεμος ▫ <m> ▪ |psychrós pólemos|

AD ▪ [adv, 4]

▪ μ.Χ. ▫ {abbr - metá Christón} ▪ |m.Ch.|

BC ▪ [adv, 4]

▪ π. Χ. ▫ {abbr - προ Χριστού ▫ {pro Christoú}} ▪ |p. Ch.|

anno Domini ▪ [adv, 4]

▪ μετά Χριστόν ▪ |metá Christón|

age ▪ [n, 1] ▪ part of life

▪ ηλικία ▫ <f> ▪ |ilikía|

alarm clock ▪ [n, 1]

▪ ξυπνητήρι ▫ <n> ▪ |xypnitíri|

clock ▪ [n, 1]

▪ ρολόι ▫ <n> ▪ |rolói|

watch ▪ [n, 1]

▪ ρολόι ▫ <n> ▪ |rolói|

calendar ▪ [n, 2] ▪ means

▪ ημερολόγιο ▫ <n> ▪ |imerológio|

sundial ▪ [n, 2]

▪ ηλιακό ρολόι ▫ \<n\> ▪ |iliakó rolói|

calendar ▪ [n, 3] ▪ system

▪ ημερολόγιο ▫ \<n\> ▪ |imerológio|

Gregorian calendar ▪ [n, 4]

▪ Γρηγοριανό ημερολόγιο ▫ \<n\> ▪ |Grigorianó imerológio|

date ▪ [n, 3] ▪ determinated

▪ ημερομηνία ▫ \<f\> ▪ |imerominía|

time ▪ [n, 1] ▪ on clock

▪ ώρα ▫ \<f\> ▪ |óra| ▫ /'ora/

o'clock ▪ [adv, 1] ▪ indication of time

▪ μία η ώρα ▪ |mía i óra|

time ▪ [n, 4] ▪ measured quantity

▪ χρόνος ▫ \<m\> ▪ |chrónos| ▫ /'xronos/

PAST, PRESENT AND FUTURE, HISTORY [038]

past ▪ [n, 1]

▪ παρελθόν ▫ \<n\> ▪ |parelthón| ▫ /parel'θon/

old ▪ [adj, 1] ▪ former

▪ πρώην ▪ |próin|

past ▪ [adj, 1] ▪ of events

▪ περασμένος ▪ |perasménos|

ancient ▪ [adj, 3] ▪ existing long ago

▪ αρχαίος ▪ |archaíos|

yesterday ▪ [n, 1]

▪ χθες ▪ |chthes|

day before yesterday ▪ [n, 4]

▪ προχθές ▫ \<n\> ▪ |prochthés|

ago ▪ [adv, 1]

▪ πριν ▪ |prin|

once ▪ [adv, 2]

▪ άλλοτε ▪ |állote|

yesterday ▪ [adv, 1]

▪ χθές ▪ |chthés|

day before yesterday ▪ [adv, 2]

▪ προχθές ▪ |prochthés|

last year ▪ [adv, 3]

▪ πέρυσι ▪ |pérysi|

last ▪ [adj, 1]

▪ τελευταίος ▪ |teleftaíos| ▫ /tele'fteos/

recent ▪ [adj, 1]

▪ πρόσφατος ▪ |prósfatos|

just ▪ [adv, 2]

▪ μόλις ▪ |mólis|

recently ▪ [adv, 2]

▪ πρόσφατα ▪ |prósfata|

once upon a time ▪ [adv, 2]

▪ μια φορά κι έναν καιρό ▪ |mia forá ki énan kairó|

new ▪ [adj, 1] ▪ recently made

▪ νέος ▪ |néos| ▫ [ˈne̞o̞s]

fresh ▪ [adj, 1] ▪ new

▪ πρόσφατος ▪ |prósfatos|

new ▪ [adj, 2] ▪ recently discovered

▪ νέος ▪ |néos| ▫ [ˈne̞o̞s]

fresh ▪ [adj, 3] ▪ not from storage

▪ νωπός ▪ |nopós|

old ▪ [adj, 1] ▪ existing for long time

▪ παλιός ▪ |paliós|

ancient ▪ [adj, 1] ▪ existing for long time

▪ αρχαίος ▪ |archaíos|

present ▪ [n, 4]

▪ παρόν ▫ <n> ▪ |parón| ▫ /paˈron/

modern ▪ [adj, 1]

▪ μοντέρνος ▪ |montérnos|

today ▪ [n, 1]

▪ σήμερα ▪ |símera|

now ▪ [adv, 1]

▪ τώρα ▪ |tóra|

today ▪ [adv, 1] ▪ on current day

▪ σήμερα ▪ |símera|

today ▪ [adv, 1] ▪ nowadays

▪ σήμερα ▪ |símera|

at the moment ▪ [adv, 4]

▪ αυτή τη στιγμή ▪ |aftí ti stigmí|

tonight ▪ [n, 4]

▪ απόψε ▪ |apópse|

tonight ▪ [adv, 1] ▪ evening

▪ απόψε ▪ |apópse| ▫ [aˈpopse]

tonight ▪ [adv, 1] ▪ night

▪ απόψε ▪ |apópse| ▫ [aˈpopse]

future ▪ [n, 1] ▪ period

▪ μέλλον ▫ <n> ▪ |méllon|

future ▪ [adj, 3]

▪ μελλοντικός ▪ |mellontikós|

day after tomorrow* ▪ *[n, 3]

▪ μεθαύριο ▫ <n> ▪ |methávrio| ▫ /meˈθavrio/ ▫ {of adverb}

tomorrow* ▪ *[n, 3]

▪ αύριο ▪ |ávrio|

ever ▪ [adv, 2]

▪ ποτέ ▪ |poté| ▫ /poťe/

tomorrow ▪ [adv, 1]

▪ αύριο ▪ |ávrio|

day after tomorrow ▪ [adv, 2]

▪ μεθαύριο ▪ |methávrio| ▫ /meˈθavrio/

history* ▪ *[n, 1]

▪ ιστορία ▫ <f> ▪ |istoría| ▫ [istɔˈria]

historical* ▪ *[adj, 1]

▪ ιστορικός ▪ |istorikós|

EVENTS, HOLIDAYS [039]

event ▪ [n, 1]

▪ γεγονός ▫ <n> ▪ |gegonós| ▫ /ge.goˈnos/

holiday* ▪ *[n, 1]* ▪ *festival day

▪ γιορτή ▫ <f> ▪ |giortí|

holiday* ▪ *[n, 2]* ▪ *free from work

▪ αργία ▫ <f> ▪ |argía|

celebrate ▪ [v, 3]

▪ γιορτάζω ▪ |giortázo|

Christmas* ▪ *[n, 3]

▪ Χριστούγεννα ▫ <n pl> ▪ |Christoúgenna|

Easter* ▪ *[n, 2]

▪ Πάσχα ▫ <n> ▪ |Páscha|

Ramadan* ▪ *[n, 4]

▪ Ραμαζάνι ▪ |Ramazáni| ▫ /ɾamaˈzani/

New Year ▪ [n, 2]

▪ Πρωτοχρονιά ▫ <f> ▪ |Protochroniá| ▫ /protoxroˈɲa/

Halloween ▪ [n, 3]

▪ χάλοουιν ▪ |chálooouin|

Olympic Games* ▪ *[n, 2]

▪ Ολυμπιακοί Αγώνες ▫ <m pl> ▪ |Olympiakoí Agónes|

festival ▪ [n, 1]

▪ φεστιβάλ ▪ |festivál|

parade ▪ [n, 1]

▪ παρέλαση ▫ <f> ▪ |parélasi|

carnival ▪ [n, 4]

▪ καρναβάλι ▪ |karnaváli|

birthday ▪ [n, 1]

▪ γενέθλια ▪ |genéthlia|

anniversary ▪ [n, 3]

▪ επέτειος ▫ <f> ▪ |epéteios|

wedding ▪ [n, 1]

▪ γάμος ▫ <m> ▪ |gámos| ▫ /ˈɣamos/

marriage ▪ [n, 2]

▪ γάμος ▫ <m> ▪ |gámos| ▫ /ˈɣamos/

funeral ▪ [n, 1]

▪ κηδεία ▫ <f> ▪ |kideía| ▫ [ciˈðia]

PROBABILITY, PROPERTIES OF EVENTS [040]

possibility ▪ [n, 2]

▪ δυνατότητα ▫ <f> ▪ |dynatótita|

chance ▪ [n, 3] ▪ probability of happening

▪ πιθανότητα ▫ <f> ▪ |pithanótita| ▫ /piθaˈnotita/

may ▪ [sv, 2]

▪ ίσως ▪ |ísos|

possible ▪ [adj, 3]

▪ πιθανός ▪ |pithanós|

imminent ▪ [adj, 4]

▪ επικείμενος ▫ <m> ▪ |epikeímenos|

probably ▪ [adv, 1]

▪ πιθανώς ▪ |pithanós|

time ▪ [n, 2] ▪ instance

▪ φορά ▫ <f> ▪ |forá|

again ▪ [adv, 1]

▪ ξανά ▪ |xaná| ▫ [ksaˈna]

once again ▪ [adv, 1]

▪ ξανά ▪ |xaná| ▫ [ksaˈna]

once ▪ [adv, 2]

▪ μια φορά ▪ |mia forá|

anew ▪ [adv, 3]

▪ εκ νέου ▪ |ek néou|

twice ▪ [adv, 3]

▪ δις ▪ |dis| ▫ [ðis]

ever ▪ [adv, 1]

- πάντα - |pánta|
always - [adv, 1] - **every time**
- πάντα - |pánta|
frequent - *[adj, 2]*
- συχνός - |sychnós|
often - *[adv, 2]*
- συχνά - |sychná|
rare - [adj, 2]
- σπάνιος - |spánios|
seldom - [adv, 1]
- σπάνια - |spánia|
never - *[adv, 1]*
- ποτέ - |poté| ▫ /poťe/
annual - [adj, 2]
- ετήσιος - |etísios|
weekly - [adv, 2]
- εβδομαδιαίος - |evdomadiaíos|
regular - *[adj, 3]* - *regular*
- συχνός - |sychnós|
sometimes - [adv, 1]
- ενίοτε - |eníote|
unexpected - [adj, 4]
- αναπάντεχος - |anapántechos|
sudden - [adj, 4]
- ξαφνικός - |xafnikós|
suddenly - [adv, 1]
- ξαφνικά - |xafniká|
normal - *[adj, 3]* - *according to rules*
- φυσιολογικός - |fysiologikós|
formal - *[adj, 2]*
- επίσημος - |epísimos|
strange - [adj, 1]
- παράξενος - |paráxenos| ▫ /paraksenos/
ordinary - *[adj, 4]*
- κοινός - |koinós| ▫ /cïnos/
common - *[adj, 3]* - *usual*
- κοινός - |koinós| ▫ /cïnos/
normal - *[adj, 3]* - *usual*
- φυσιολογικός - |fysiologikós|
usually - *[adv, 1]*
- συνήθως - |syníthos| ▫ [sïniθos]
generally - *[adv, 2]*

▪ συνήθως ▪ |syníthos| ▫ [si'niθos]

special ▪ [adj, 1]

▪ έκτακτος ▪ |éktaktos|

new ▪ [adj, 3]

▪ νέος ▪ |néos| ▫ ['nęǫs]

brief ▪ [adj, 3]

▪ σύντομος ▪ |sýntomos|

fleeting ▪ [adj, 3]

▪ πρόσκαιρος ▪ |próskairos|

soon ▪ [adv, 2]

▪ σύντομα ▪ |sýntoma|

long ▪ [adj, 1]

▪ πολύς ▪ |polýs|

long ▪ [adv, 2]

▪ πολύ ▪ |polý| ▫ /po'li/

eternal ▪ [adj, 1]

▪ αιώνιος ▪ |aiónios|

always ▪ [adv, 1] ▪ all time

▪ πάντα ▪ |pánta|

forever ▪ [adv, 1]

▪ πάντα ▪ |pánta|

all ▪ [det, 3]

▪ όλο ▫ <m/n> ▪ |ólo|

acceleration ▪ [n, 2] ▪ in physics

▪ επιτάχυνση ▫ <f> ▪ |epitáchynsi|

speed ▪ [n, 3] ▪ rate of motion

▪ ταχύτητα ▫ <f> ▪ |tachýtita| ▫ /ta'çitita/

velocity ▪ [n, 3] ▪ vector rate

▪ ταχύτητα ▫ <f> ▪ |tachýtita| ▫ /ta'çitita/

speed ▪ [n, 3] ▪ rapidity

▪ ταχύτητα ▫ <f> ▪ |tachýtita| ▫ /ta'çitita/

fast ▪ [adj, 1] ▪ capable to move quickly

▪ γρήγορος ▪ |grígoros| ▫ /'ɣriɣoros/

quick ▪ [adj, 1] ▪ moving speedly

▪ γρήγορα ▫ <f> ▪ |grígora|

fast ▪ [adv, 1]

▪ γρήγορα ▪ |grígora|

quickly ▪ [adv, 1]

▪ γρήγορα ▪ |grígora|

slowness ▪ [n, 3]

▪ βραδύτητα ▫ <n> ▪ |vradýtita|

slow ▪ [adj, 1]

▪ αργός ▪ |argós|

slowly ▪ [adv, 1]

▪ σιγά ▪ |sigá| ▫ /si'ɣa/

time ▪ [n, 4] ▪ quantity of available time

▪ χρόνος ▫ <m> ▪ |chrónos| ▫ /'xronos/

early ▪ [adj, 2] ▪ before expected time

▪ πρόωρος ▪ |próoros|

early ▪ [adj, 1] ▪ before usual time

▪ πρώιμος ▪ |próimos|

early ▪ [adv, 1]

▪ νωρίς ▪ |norís|

late ▪ [adj, 2]

▪ αργά ▪ |argá|

late ▪ [adv, 1]

▪ αργά ▪ |argá|

immediately ▪ [adv, 1]

▪ αμέσως ▪ |amésos| ▫ [a.'mɛ.sɔs]

live ▪ [adv, 1]

▪ ζωντανά ▪ |zontaná|

as soon as possible ▪ [adv, 3]

▪ το συντομότερο δυνατόν ▪ |to syntomótero dynatón|

simultaneous ▪ [adj, 4]

▪ ταυτόχρονος ▫ <m> ▪ |taftóchronos|

meanwhile ▪ [adv, 3] ▪ at same time elsewhere

▪ εν τω μεταξύ ▪ |en to metaxý|

SEQUENCE, STAGES, COMPLETENESS [041]

follow ▪ [v, 3]

▪ επακολουθώ ▪ |epakolouthó|

turn ▪ [n, 3]

▪ σειρά ▫ <f> ▪ |seirá|

previous ▪ [adj, 1]

▪ προηγούμενος ▪ |proigoúmenos|

former ▪ [adj, 3]

▪ πρώην ▪ |próin|

previously ▪ [adv, 3]

▪ προηγουμένως ▪ |proigouménos| ▫ /pro.i.ɣu.'me.nos/

before ▪ [prp, 1] ▪ in time

▪ πριν ▪ |prin|

next* ▪ *[adj, 1]* ▪ *in sequence
▪ επόμενος ▪ |epómenos| ▫ /eˈpomenos/
next* ▪ *[adj, 2]* ▪ *in time / space
▪ επόμενος ▪ |epómenos| ▫ /eˈpomenos/
following* ▪ *[adj, 3]
▪ ακόλουθος ▪ |akólouthos|
later* ▪ *[adv, 3]
▪ αργότερα ▪ |argótera|
after* ▪ *[adv, 2]
▪ κατόπιν ▪ |katópin|
afterwards* ▪ *[adv, 1]
▪ ύστερα ▪ |ýstera|
after* ▪ *[prp, 1]
▪ μετά ▪ |metá| ▫ [me̜ˈta]
start ▪ [n, 2]
▪ αρχή ▫ <f> ▪ |archí| ▫ /arˈçi/
start ▪ [v, 2] ▪ to begin <tr>
▪ ξεκινώ ▪ |xekinó|
begin ▪ [v, 1]
▪ αρχίζω ▪ |archízo| ▫ /arˈçizo/
beginner* ▪ *[n, 4]
▪ πρωτάρης ▫ <m> ▪ |protáris|
original ▪ [adj, 3]
▪ αρχικός ▪ |archikós| ▫ /arçiˈkos/
first ▪ [adv, 1]
▪ πρώτα ▪ |próta|
middle ▪ [n, 4]
▪ μέση ▫ <f> ▪ |mési|
continue ▪ [v, 3] ▪ <intr>
▪ συνεχίζω ▪ |synechízo|
continue ▪ [v, 3] ▪ <tr>
▪ συνεχίζω ▪ |synechízo|
last ▪ [v, 1]
▪ διαρκώ ▪ |diarkó|
finish* ▪ *[n, 3]
▪ τέλος ▫ <n> ▪ |télos|
end* ▪ *[v, 1]* ▪ *<intr>
▪ τελειώνω ▪ |teleióno|
end* ▪ *[v, 1]* ▪ *<tr>
▪ τελειώνω ▪ |teleióno|
finish* ▪ *[v, 1]* ▪ *<intr>
▪ τελειώνω ▪ |teleióno|

finish* ▪ *[v, 1]* ▪ *<tr>
▪ τελειώνω ▪ |teleióno|
complete* ▪ *[v, 2]
▪ ολοκληρώνω ▪ |oloklиróno|
last ▪ [adj, 1]
▪ τελευταίος ▪ |teleftaíos| ▫ /teleˈfteos/
final ▪ [adj, 2]
▪ τελικός ▪ |telikós|
finally ▪ [adv, 2] ▪ ultimately
▪ τελικά ▪ |teliká|
finally ▪ [adv, 2] ▪ lastly
▪ τελικά ▪ |teliká|
last ▪ [adv, 4] ▪ in sequence
▪ τελικά ▪ |teliká|
already* ▪ *[adv, 1]
▪ ήδη ▪ |ídi| ▫ /ˈi.ði/
yet ▪ [adv, 1] ▪ continuously up to
▪ ακόμα ▪ |akóma|
not yet ▪ [adv, 1]
▪ όχι ακόμα ▪ |óchi akóma|
almost ▪ [adv, 1]
▪ σχεδόν ▪ |schedón|
nearly ▪ [adv, 1]
▪ σχεδόν ▪ |schedón|
yet ▪ [adv, 2] ▪ thus far
▪ ακόμα ▪ |akóma|

DELAYING, TERMINATING, RESUMING [042]

wait* ▪ *[v, 1]
▪ περιμένω ▪ |periméno| ▫ /periˈmeno/
delay ▪ [v, 2]
▪ αναβάλλω ▪ |anavállo|
abandon* ▪ *[v, 2]
▪ εγκαταλείπω ▪ |egkataleípo| ▫ /eŋgataˈlipo/
stop* ▪ *[v, 3]
▪ τελειώνω ▪ |teleióno|
resume ▪ [v, 4]
▪ ξαναρχίζω ▪ |xanarchízo|

SPACE BODIES, WEATHER, GEOGRAPHICAL OBJECTS, BUILDINGS [14]
SPACE BODIES, SKY [043]

space ▪ [n, 1]
▪ διάστημα ▫ <n> ▪ |diástima|

universe ▪ [n, 1]
▪ σύμπαν ▫ <n> ▪ |sýmpan|

cosmos ▪ [n, 3]
▪ κόσμος ▫ <m> ▪ |kósmos| ▫ /ˈko.zmos/

star ▪ [n, 1] ▪ any luminous body
▪ αστέρι ▫ <n> ▪ |astéri|

black hole ▪ [n, 2]
▪ μαύρη τρύπα ▫ <f> ▪ |mávri trýpa|

constellation ▪ [n, 2]
▪ αστερισμός ▫ <m> ▪ |asterismós|

galaxy ▪ [n, 2]
▪ γαλαξίας ▫ <m> ▪ |galaxías|

sun ▪ [n, 2] ▪ of any solar system
▪ ήλιος ▫ <m> ▪ |ílios| ▫ [ˈi.ʎo̞s̠]

nebula ▪ [n, 3]
▪ νεφέλωμα ▫ <n> ▪ |neféloma|

supernova ▪ [n, 4]
▪ υπερκαινοφανής ▫ <m> ▪ |yperkainofanís| ▫ /ipercenofaˈnis/

asteroid ▪ [n, 1]
▪ αστεροειδής ▫ <m> ▪ |asteroeidís|

planet ▪ [n, 1] ▪ of seven major
▪ πλανήτης ▫ <m> ▪ |planítis|

comet ▪ [n, 2]
▪ κομήτης ▫ <m> ▪ |komítis|

meteorite ▪ [n, 2]
▪ μετεωρίτης ▫ <m> ▪ |meteorítis|

crater ▪ [n, 3]
▪ κρατήρας ▫ <m> ▪ |kratíras|

planet ▪ [n, 3] ▪ of our solar system
▪ πλανήτης ▫ <m> ▪ |planítis|

planet ▪ [n, 3] ▪ any
▪ πλανήτης ▫ <m> ▪ |planítis|

dwarf planet ▪ [n, 4]
▪ πλανήτης νάνος ▫ <m> ▪ |planítis nános|

lithosphere ▪ [n, 4]

■ λιθόσφαιρα ▫ <f> ▪ |lithósfaira|

moon ▪ **[n, 4]** ▪ **any natural**

■ φεγγάρι ▫ <n> ▪ |fengári| ▫ [fęˈŋgęri]

equator ▪ *[n, 3]*

■ ισημερινός ▫ <m> ▪ |isimerinós|

Earth ▪ **[n, 1]**

■ Γη ▫ <f> ▪ |Gi| ▫ [ji]

Sun ▪ **[n, 1]**

■ Ήλιος ▫ <m> ▪ |Ílios|

Moon ▪ **[n, 1]**

■ σελήνη ▫ <f> ▪ |selíni|

Mercury ▪ **[n, 2]**

■ Ερμής ▫ <m> ▪ |Ermís|

Venus ▪ **[n, 2]**

■ Αφροδίτη ▫ <f> ▪ |Afrodíti|

Mars ▪ **[n, 2]**

■ Άρης ▫ <m> ▪ |Áris| ▫ [ˈaris]

Jupiter ▪ **[n, 2]**

■ Δίας ▪ |Días|

Saturn ▪ **[n, 2]**

■ Κρόνος ▫ <m> ▪ |Krónos|

Uranus ▪ **[n, 2]**

■ Ουρανός ▫ <m> ▪ |Ouranós| ▫ [u.raˈnos]

Pluto ▪ **[n, 2]**

■ Πλούτωνας ▪ |Ploútonas|

Solar System ▪ **[n, 1]**

■ ηλιακό σύστημα ▫ <n> ▪ |iliakó sýstima|

sun ▪ **[n, 1]** ▪ **of our solar system**

■ ήλιος ▫ <m> ▪ |ílios| ▫ [ˈi.ʎǫs̠]

Milky Way ▪ **[n, 2]**

■ Γαλαξίας ▫ <m> ▪ |Galaxías|

moon ▪ **[n, 2]** ▪ **natural of Earth**

■ σελήνη ▫ <f> ▪ |selíni|

eclipse ▪ **[n, 4]**

■ εκλείψη ▫ <f> ▪ |ekleípsi|

full moon ▪ **[n, 4]**

■ πανσέληνος ▫ <f> ▪ |pansélinos|

set ▪ **[v, 3]**

■ δύω ▪ |dýo| ▫ [ˈði.o]

atmosphere ▪ *[n, 1]*

■ ατμόσφαιρα ▫ <f> ▪ |atmósfaira|

sky ▪ **[n, 1]** ▪ **above this point**

▪ ουρανός ▫ <m> ▪ |ouranós|

horizon ▪ [n, 2]

▪ ορίζοντας ▫ <m> ▪ |orízontas|

meteor ▪ [n, 2]

▪ μετέωρο ▫ <n> ▪ |metéoro|

rainbow ▪ [n, 2]

▪ ουράνιο τόξο ▫ <n> ▪ |ouránio tóxo|

heaven ▪ [n, 4]

▪ ουρανός ▫ <m> ▪ |ouranós|

CLIMATE, WEATHER [044]

climate ▪ [n, 1]

▪ κλίμα ▫ <n> ▪ |klíma|

weather ▪ [n, 1]

▪ καιρός ▫ <m> ▪ |kairós|

be ▪ [v, 1]

▪ κάνει ▪ |kánei|

hot ▪ [adj, 2]

▪ κάνει ζέστη ▪ |kánei zésti|

cold ▪ [adj, 2]

▪ κάνει κρύο ▫ {it is cold, idiom in Greek, there is no translation for the adjective alone} ▪ |kánei krýo|

sunny ▪ [adj, 1]

▪ έχει λιακάδα ▪ |échei liakáda|

fine ▪ [adj, 4]

▪ αίθριος ▪ |aíthrios|

cloud ▪ [n, 1]

▪ σύννεφο ▫ <n> ▪ |sýnnefo| ▫ /ˈsinɛfɔ/

fog ▪ [n, 1]

▪ ομίχλη ▫ <f> ▪ |omíchli|

mist ▪ [n, 4]

▪ καταχνιά ▫ <f> ▪ |katachniá|

cloudy ▪ [adj, 1]

▪ συννεφιασμένος ▪ |synnefiasménos|

rain ▪ [n, 1] ▪ class of precipitation

▪ βροχή ▫ <f> ▪ |vrochí| ▫ [vɾoˈçi]

snow ▪ [n, 1] ▪ class of precipitation

▪ χιόνι ▫ <n> ▪ |chióni|

hail ▪ [n, 1]

▪ χαλάζι ▫ <n> ▪ |chalázi|

dew ▪ [n, 2]

▪ πάχνη ▫ <f> ▪ |páchni|

snowflake* ▪ *[n, 3]

▪ νιφάδα ▫ <f> ▪ |nifáda|

frost* ▪ *[n, 4]* ▪ *minute ice

▪ πάγος ▫ <m> ▪ |págos| ▫ /'paɣos/

rainy* ▪ *[adj, 4]

▪ βροχερός ▪ |vrocherós|

rain* ▪ *[v, 1]

▪ βρέχω ▪ |vrécho| ▫ /'vre.xo/

snow* ▪ *[v, 1]

▪ χιονίζω ▪ |chionízo|

lightning ▪ [n, 2]

▪ αστραπή ▫ <f> ▪ |astrapí|

thunder ▪ [n, 2]

▪ βροντή ▫ <f> ▪ |vrontí|

wind* ▪ *[n, 3]

▪ άνεμος ▫ <m> ▪ |ánemos|

storm* ▪ *[n, 1]

▪ καταιγίδα ▫ <f> ▪ |kataigída| ▫ /kate'ɟiða/

hurricane* ▪ *[n, 2]* ▪ *state of weather

▪ ανεμοστρόβιλος ▫ <m> ▪ |anemostróvilos|

typhoon* ▪ *[n, 2]

▪ τυφώνας ▫ <m> ▪ |tyfónas|

blizzard* ▪ *[n, 3]

▪ χιονοθύελλα ▫ <f> ▪ |chionothýella|

breeze* ▪ *[n, 3]

▪ αεράκι ▫ <n> ▪ |aeráki|

thunderstorm* ▪ *[n, 3]

▪ καταιγίδα ▫ <f> ▪ |kataigída| ▫ /kate'ɟiða/

tornado* ▪ *[n, 4]

▪ ανεμοστρόβιλος ▫ <m> ▪ |anemostróvilos|

DISASTERS, ACCIDENTS [045]

accident* ▪ *[n, 1]* ▪ *any

▪ ατύχημα ▫ <n> ▪ |atýchima|

catastrophe* ▪ *[n, 3]

▪ καταστροφή ▫ <f> ▪ |katastrofí|

disaster* ▪ *[n, 4]

▪ καταστροφή ▫ <f> ▪ |katastrofí|

earthquake ▪ [n, 2]

▪ σεισμός ▫ <m> ▪ |seismós|

flood ▪ [n, 2]
▪ πλημμύρα ▫ <f> ▪ |plimmýra|

avalanche ▪ [n, 3]
▪ χιονοστιβάδα ▫ <f> ▪ |chionostiváda|

tsunami ▪ [n, 3]
▪ τσουνάμι ▫ <n> ▪ |tsounámi|

acid rain ▪ [n, 4]
▪ όξινη βροχή ▫ <f> ▪ |óxini vrochí|

fire ▪ [n, 3]
▪ φωτιά ▫ <f> ▪ |fotiá| ▫ [foˈtça]

conflagration ▪ [n, 4]
▪ πυρκαγιά ▫ <f> ▪ |pyrkagiá|

WATER BODIES, STREAMS, GLACIERS [046]

water ▪ [n, 3]
▪ θαλάσσια ύδατα ▫ <n pl> ▪ |thalássia ýdata|

gulf ▪ [n, 1]
▪ κόλπος ▫ <m> ▪ |kólpos|

sea ▪ [n, 1]
▪ θάλασσα ▫ <f> ▪ |thálassa| ▫ [ˈθalasa]

ocean ▪ [n, 2]
▪ ωκεανός ▫ <m> ▪ |okeanós| ▫ [o.ce.aˈnos]

bay ▪ [n, 3]
▪ κόλπος ▪ |kólpos|

current ▪ [n, 4]
▪ ρεύμα ▫ <n> ▪ |révma|

lake ▪ [n, 1]
▪ λίμνη ▫ <f> ▪ |límni|

pond ▪ [n, 1]
▪ νερόλακος ▫ <m> ▪ |nerólakos|

canal ▪ [n, 1]
▪ κανάλι ▫ <n> ▪ |kanáli|

river ▪ [n, 1]
▪ ποτάμι ▫ <n> ▪ |potámi|

waterfall ▪ [n, 2]
▪ καταρράκτης ▫ <m> ▪ |katarráktis|

estuary ▪ [n, 4]
▪ εκβολή ▫ <f> ▪ |ekvolí|

mouth ▪ [n, 4]
▪ εκβολές ▫ <f pl> ▪ |ekvolés|

spring ▪ [n, 4]

▪ πηγή ▫ <f> ▪ |pigí|

reef ▪ [n, 3]

▪ ύφαλος ▫ <m> ▪ |ýfalos|

beach ▪ [n, 1]

▪ αμμουδιά ▫ <f> ▪ |ammoudiá|

coast ▪ [n, 3]

▪ ακτή ▫ <f> ▪ |aktí|

puddle ▪ [n, 2]

▪ λακκούβα με νερό ▫ <f> ▪ |lakkoúva me neró|

iceberg ▪ [n, 1]

▪ παγόβουνο ▫ <n> ▪ |pagóvouno|

glacier ▪ [n, 2]

▪ παγετώνας ▫ <m> ▪ |pagetónas|

LOWLANDS, ELEVATIONS, PITS [047]

valley ▪ [n, 1]

▪ κοιλάδα ▫ <f> ▪ |koiláda|

plain ▪ [n, 3]

▪ πεδιάδα ▫ <f> ▪ |pediáda|

canyon ▪ [n, 4]

▪ φαράγγι ▫ <n> ▪ |farángi|

hill ▪ [n, 1]

▪ λόφος ▫ <m> ▪ |lófos| ▫ /ˈlo.fos/

mountain ▪ [n, 1]

▪ όρος ▫ <n> ▪ |óros| ▫ [ˈo̞ro̞s]

volcano ▪ [n, 2]

▪ ηφαίστειο ▫ <n> ▪ |ifaísteio| ▫ /iˈfɛstiɔ/

dune ▪ [n, 4]

▪ αμμόλοφος ▫ <m> ▪ |ammólofos|

cliff ▪ [n, 2]

▪ βουνοπλαγιά ▫ <f> ▪ |vounoplagiá|

cave ▪ [n, 1]

▪ σπηλιά ▫ <f> ▪ |spiliá|

pit ▪ [n, 3]

▪ λάκκος ▫ <m> ▪ |lákkos|

ditch ▪ [n, 4]

▪ χαντάκι ▫ <n> ▪ |chantáki|

GEOGRAPHY, REGIONS, COUNTRIES, SETTLEMENTS [048]

world ▪ [n, 1]

▪ κόσμος ▫ <m> ▪ |kósmos| ▫ /ˈko.zmos/

geographic ▪ [adj, 1]

▪ γεωγραφικός ▪ |geografikós|

border ▪ [n, 1]

▪ σύνορα ▫ <n pl> ▪ |sýnora|

country ▪ [n, 2] ▪ region

▪ χώρα ▫ <f> ▪ |chóra|

territory ▪ [n, 2]

▪ έδαφος ▫ <n> ▪ |édafos|

land ▪ [n, 3] ▪ region

▪ χώρα ▫ <f> ▪ |chóra|

continent ▪ [n, 1]

▪ ήπειρος ▫ <f> ▪ |ípeiros| ▫ /ˈipiros/

island ▪ [n, 1]

▪ νήσος ▫ <f> ▪ |nísos|

land ▪ [n, 1] ▪ not covered by water

▪ ξηρά ▫ <f> ▪ |xirá|

shore ▪ [n, 1]

▪ ακτή ▫ <f> ▪ |aktí|

archipelago ▪ [n, 2]

▪ αρχιπέλαγος ▫ <n> ▪ |archipélagos|

isthmus ▪ [n, 2]

▪ ισθμός ▫ <m> ▪ |isthmós|

peninsula ▪ [n, 2]

▪ χερσόνησος ▫ <f> ▪ |chersónisos|

cape ▪ [n, 4]

▪ ακρωτήρι ▪ |akrotíri|

earth ▪ [n, 4]

▪ γη ▫ <f> ▪ |gi| ▫ [ˈʝi]

desert ▪ [n, 1]

▪ έρημος ▫ <f> ▪ |érimos|

forest ▪ [n, 1]

▪ δάσος ▫ <n> ▪ |dásos| ▫ [ˈðasɔs]

field ▪ [n, 2]

▪ αγρός ▫ <m> ▪ |agrós|

meadow ▪ [n, 2]

▪ λιβάδι ▫ <n> ▪ |livádi|

swamp ▪ [n, 2]

▪ έλος ▫ <n> ▪ |élos|

jungle ▪ [n, 3]

▪ ζούγκλα ▫ <f> ▪ |zoúgkla|

marsh ▪ [n, 3]

▪ έλος ▫ <n> ▪ |élos|

oasis* ▪ *[n, 3]

▪ όαση ▫ <f> ▪ |óasi|

tundra* ▪ *[n, 3]

▪ τούντρα ▫ <f> ▪ |toúntra|

steppe* ▪ *[n, 4]

▪ στέπα ▪ |stépa|

taiga* ▪ *[n, 4]

▪ τάιγκα ▪ |táigka|

wood* ▪ *[n, 4]

▪ δάσος ▫ <n> ▪ |dásos| ▫ [ˈðasɔs]

Christendom ▪ [n, 4]

▪ χριστιανοσύνη ▫ <f> ▪ |christianosýni| ▫ [xristçanosˈini]

west ▪ [adj, 4]

▪ δυτικός ▪ |dytikós| ▫ /ðitiˈkos/

east ▪ [adj, 4]

▪ ανατολικός ▪ |anatolikós|

country* ▪ *[n, 1]* ▪ *nation state

▪ χώρα ▫ <f> ▪ |chóra|

federation* ▪ *[n, 2]

▪ ομοσπονδία ▫ <f> ▪ |omospondía|

state* ▪ *[n, 2]* ▪ *country

▪ κράτος ▫ <n> ▪ |krátos|

nation* ▪ *[n, 3]

▪ κράτος ▫ <n> ▪ |krátos|

emirate* ▪ *[n, 4]

▪ εμιράτο ▫ <n> ▪ |emiráto|

diocese ▪ [n, 4]

▪ επισκοπή ▫ <f> ▪ |episkopí|

parish ▪ [n, 4]

▪ ενορία ▫ <f> ▪ |enoría|

province ▪ [n, 2]

▪ επαρχία ▫ <f> ▪ |eparchía|

colony ▪ [n, 4]

▪ αποικία ▫ <f> ▪ |apoikía|

district ▪ [n, 4]

▪ δήμος ▫ <m> ▪ |dímos|

state ▪ [n, 4] ▪ region

▪ πολιτεία ▫ <f> ▪ |politeía|

city* ▪ *[n, 1]

▪ πόλη ▫ <f> ▪ |póli| ▫ /ˈpoli/

town ▪ [n, 1]
▪ πόλη ▫ <f> ▪ |póli| ▫ /ˈpoli/

village ▪ [n, 1]
▪ χωριό ▫ <n> ▪ |chorió|

capital city ▪ [n, 1]
▪ πρωτεύουσα ▫ <f> ▪ |protévousa| ▫ /prɔˈtɛvusa/

ghost town ▪ [n, 4]
▪ πόλη φάντασμα ▫ <f> ▪ |póli fántasma|

hamlet ▪ [n, 4]
▪ χωριουδάκι ▫ <n> ▪ |chorioudáki|

country ▪ [n, 2] ▪ rural area
▪ επαρχία ▫ <f> ▪ |eparchía|

countryside ▪ [n, 4]
▪ ύπαιθρος ▫ <f> ▪ |ýpaithros|

garden ▪ [n, 3] ▪ near house
▪ κήπος ▫ <m> ▪ |kípos|

courtyard ▪ [n, 4]
▪ αυλή ▫ <f> ▪ |avlí|

yard ▪ [n, 4]
▪ αυλή ▫ <f> ▪ |avlí|

suburb ▪ [n, 4]
▪ προάστιο ▫ <n> ▪ |proástio|

park ▪ [n, 1]
▪ πάρκο ▫ <n> ▪ |párko|

grave ▪ [n, 2]
▪ τάφος ▫ <m> ▪ |táfos|

graveyard ▪ [n, 2]
▪ κοιμητήριο ▫ <n> ▪ |koimitírio|

morgue ▪ [n, 2]
▪ νεκροθάλαμος ▫ <m> ▫ {building in which bodies are stored before burial} ▪ |nekrothálamos| ▫ /nekroˈθalamos/
▪ νεκροτομείο ▫ <n> ▫ {building in which autopsies take place} ▪ |nekrotomeío| ▫ /nekrofilaˈcio/

crematorium ▪ [n, 4]
▪ κρεματόριο ▪ |krematório|

ROADS, BRIDGES, TRANSPORT LINES [049]

road ▪ [n, 1]
▪ οδός ▫ <f> ▪ |odós| ▫ [oˈðos]

street ▪ [n, 1]

▪ οδός ▫ <f> ▪ |odós| ▫ [o'ðos]

motorway ▪ [n, 2]

▪ αυτοκινητόδρομος ▫ <m> ▪ |aftokinitódromos|

path ▪ [n, 2]

▪ μονοπάτι ▫ <n> ▪ |monopáti|

way ▪ [n, 2]

▪ δρόμος ▪ |drómos| ▫ /'ðromos/

alley ▪ [n, 3]

▪ δρομάκι ▫ <n> ▪ |dromáki|

avenue ▪ [n, 3]

▪ λεωφόρος ▪ |leofóros|

highway ▪ [n, 4]

▪ αυτοκινητόδρομος ▫ <m> ▪ |aftokinitódromos|

intersection ▪ [n, 3]

▪ διασταύρωση ▫ <f> ▪ |diastávrosi|

crossroads ▪ [n, 4]

▪ σταυροδρόμι ▫ <n> ▪ |stavrodrómi|

square ▪ [n, 1]

▪ πλατεία ▫ <f> ▪ |plateía|

place ▪ [n, 2]

▪ πλατεία ▫ <f> ▪ |plateía|

bridge ▪ [n, 1]

▪ γέφυρα ▫ <f> ▪ |géfyra| ▫ /'ɟefira/

tunnel ▪ [n, 2]

▪ σήραγγα ▫ <f> ▪ |síranga|

pavement ▪ [n, 3]

▪ πεζοδρόμιο ▫ <n> ▪ |pezodrómio|

shoulder ▪ [n, 3]

▪ ΛΕΑ ▫ <f> ▪ |LEA|

sidewalk ▪ [n, 3]

▪ πεζοδρόμιο ▫ <n> ▪ |pezodrómio|

traffic light ▪ [n, 1]

▪ φανάρι ▫ <n> ▪ |fanári|

sign ▪ [n, 3]

▪ σήμα ▪ |síma|

traffic sign ▪ [n, 3]

▪ πινακίδα ▫ <f> ▪ |pinakída|

railway ▪ [n, 2] ▪ track

▪ σιδηρόδρομος ▫ <m> ▪ |sidiródromos|

railway ▪ [n, 2] ▪ system

▪ σιδηρόδρομος ▫ <m> ▪ |sidiródromos|

metro ▪ [n, 4]

▪ μετρό ▫ <n> ▪ |metró|
subway ▪ [n, 4]
▪ μετρό ▪ |metró|

BUILDINGS, STRUCTURES [050]

building ▪ [n, 1]
▪ κτίριο ▫ <n> ▪ |ktírio|
house ▪ [n, 1] ▪ human abode
▪ σπίτι ▫ <n> ▪ |spíti| ▫ /ˈspiti/
palace ▪ [n, 1]
▪ παλάτι ▫ <n> ▪ |paláti|
station ▪ [n, 1]
▪ στάθμευση ▫ <f> ▪ |státhmefsi|
bus stop ▪ [n, 2]
▪ στάση λεωφορείου ▫ <f> ▪ |stási leoforeíou|
platform ▪ [n, 2]
▪ αποβάθρα ▫ <f> ▪ |apováthra|
stop ▪ [n, 2]
▪ στάση ▫ <f> ▪ |stási| ▫ [ˈstasi]
railway station ▪ [n, 4]
▪ σιδηροδρομικός σταθμός ▫ <m> ▪ |sidirodromikós stathmós|
airport ▪ [n, 1]
▪ αεροδρόμιο ▫ <n> ▪ |aerodrómio| ▫ /a.e.roˈðro.mi.o/
harbor ▪ [n, 1]
▪ λιμάνι ▫ <n> ▪ |limáni| ▫ /liˈmani/
port ▪ [n, 1]
▪ λιμάνι ▫ <n> ▪ |limáni| ▫ /liˈmani/
lighthouse ▪ [n, 2]
▪ φάρος ▫ <m> ▪ |fáros| ▫ /ˈfa.ros/
wharf ▪ [n, 3]
▪ αποβάθρα ▫ <f> ▪ |apováthra|
runway ▪ [n, 4]
▪ διάδρομος ▫ <m> ▪ |diádromos|
garage ▪ [n, 1]
▪ γκαράζ ▪ |gkaráz|
gas station ▪ [n, 1]
▪ βενζινάδικο ▫ <n> ▪ |venzinádiko|
tower ▪ [n, 1]
▪ πύργος ▫ <m> ▪ |pýrgos| ▫ /ˈpirɣos/
skyscraper ▪ [n, 2]

▪ ουρανοξύστης ▫ <m> ▪ |ouranoxýstis|

shed* ▪ *[n, 4]

▪ παράπηγμα ▫ <n> ▪ |parápigma|

dam ▪ [n, 2]

▪ φράγμα ▫ <n> ▪ |frágma|

fountain ▪ [n, 2]

▪ συντριβάνι ▫ <n> ▪ |syntriváni|

well ▪ [n, 2]

▪ πηγάδι ▫ <n> ▪ |pigádi|

pier ▪ [n, 3]

▪ μώλος ▫ <m> ▪ |mólos|

flagpole* ▪ *[n, 2]

▪ κοντάρι σημαίας ▫ <n> ▪ |kontári simaías|

pyramid* ▪ *[n, 2]* ▪ *ancient

▪ πυραμίδα ▫ <f> ▪ |pyramída|

fence ▪ [n, 1]

▪ φράχτης ▫ <m> ▪ |fráchtis|

gate ▪ [n, 1]

▪ πόρτα ▫ <f> ▪ |pórta|

hedge ▪ [n, 4]

▪ φράχτης ▫ <m> ▪ |fráchtis|

capital* ▪ *[n, 3]

▪ κιονόκρανο ▫ <n> ▪ |kionókrano|

column* ▪ *[n, 3]

▪ στήλη ▫ <f> ▪ |stíli|

pillar* ▪ *[n, 3]

▪ στυλοβάτης ▫ <m> ▪ |stylovátis|

PARTS OF BUILDINGS, ROOMS [051]

wall ▪ [n, 1]

▪ τοίχος ▫ <m> ▪ |toíchos|

roof ▪ [n, 1]

▪ στέγη ▫ <f> ▪ |stégi|

floor* ▪ *[n, 1]

▪ δάπεδο ▫ <n> ▪ |dápedo|

ceiling* ▪ *[n, 1]

▪ οροφή ▫ <f> ▪ |orofí|

basement ▪ [n, 3]

▪ υπόγειο ▫ <n> ▪ |ypógeio| ▫ [iˈpoʝio]

attic ▪ [n, 3]

▪ σοφίτα ▫ <f> ▪ |sofíta|

cellar • [n, 1]
- κελάρι ▫ <n> • |kelári|

storey • [n, 1]
- όροφος ▫ <m> • |órofos|

entrance • *[n, 3]*
- είσοδος ▫ <f> • |eísodos|

door • [n, 1]
- πόρτα ▫ <f> • |pórta|

threshold • [n, 2]
- κατώφλι ▫ <n> • |katófli|

window • *[n, 1]*
- παράθυρο ▫ <n> • |paráthyro| ▫ [paˈraθirɔ]

balcony • *[n, 2]*
- μπαλκόνι ▫ <n> • |balkóni|

chimney • [n, 3]
- καπνοδόχος ▫ <f> • |kapnodóchos|

fireplace • [n, 3]
- εστία ▫ <f> • |estía|

stairs • *[n, 1]*
- σκάλα ▫ <f> • |skála|

step • *[n, 3]*
- σκαλί ▫ <m> • |skalí|

staircase • *[n, 4]*
- κλιμακοστάσιο ▫ <n> • |klimakostásio|

corridor • [n, 1]
- διάδρομος ▫ <m> • |diádromos|

room • [n, 1]
- δωμάτιο ▫ <n> • |domátio|

apartment • *[n, 1]*
- διαμέρισμα ▫ <n> • |diamérisma|

bedroom • *[n, 1]*
- κρεβατοκάμαρα ▫ <f> • |krevatokámara|

dining room • *[n, 4]*
- τραπεζαρία ▫ <f> • |trapezaría|

living room • *[n, 4]*
- σαλοτραπεζαρία ▫ <f> • |salotrapezaría|

bathroom • [n, 1]
- λουτρό ▫ <n> • |loutró|

toilet • [n, 2]
- τουαλέτα ▫ <f> • |toualéta|

bath • [n, 4]
- λουτρό ▫ <n> • |loutró|

kitchen • *[n, 1]*

- κουζίνα ▫ <f> • |kouzína|

office • *[n, 1]*

- γραφείο ▫ <n> • |grafeío| ▫ /ɣra.ˈfi.ɔ/

ACCOMMODATING, RESETTLING, HOTELS [052]

home • *[n, 1]* • residency

- σπίτι ▫ <n> • |spíti| ▫ /ˈspiti/

home • *[adv, 1]* • to

- προς το σπίτι • |pros to spíti|

home • *[adv, 4]* • at

- στο σπίτι • |sto spíti|

live • **[v, 2]**

- μένω • |méno|

move • *[n, 3]*

- μετακόμιση ▫ <f> • |metakómisi|

move • *[v, 3]*

- μετακομίζω • |metakomízo|

homeland • **[n, 3]**

- πατρίδα ▫ <f> • |patrída| ▫ /paˈtriða/

fatherland • **[n, 4]**

- πατρίδα ▫ <f> • |patrída| ▫ /paˈtriða/

motherland • **[n, 4]**

- πατρίδα ▫ <f> • |patrída| ▫ /paˈtriða/

immigrant • *[n, 4]*

- μετανάστης ▫ <m> • |metanástis|

immigration • *[n, 3]*

- μετανάστευση ▫ <f> • |metanástefsi|

refugee • *[n, 4]*

- πρόσφυγας ▫ <m> • |prósfygas|

hotel • **[n, 1]**

- ξενοδοχείο ▫ <n> • |xenodocheío| ▫ /ksenoðoˈçio/

inn • **[n, 2]**

- πανδοχείο ▫ <n> • |pandocheío|

guest • *[n, 4]*

- πελάτης ▫ <m> • |pelátis|

FURNITURE, DISHES, TECHNICS, TRANSPORT, CLOTHES [15]
FURNITURE, HOME TEXTILES [053]

furniture ▪ [n, 1]

▪ έπιπλο ▫ <n> ▪ |épiplo| ▫ [ˈe̞piˌplo̞]

bench ▪ [n, 1]

▪ παγκάκι ▫ <n> ▪ |pagkáki| ▫ /paŋˈgaci/

chair ▪ [n, 1]

▪ καρέκλα ▫ <f> ▪ |karékla| ▫ /kaˈrekla/

sofa ▪ [n, 1]

▪ καναπές ▫ <m> ▪ |kanapés|

armchair ▪ [n, 3]

▪ πολυθρόνα ▫ <f> ▪ |polythróna|

stool ▪ [n, 4]

▪ σκαμνί ▫ <n> ▪ |skamní|

bed ▪ [n, 1] ▪ piece of furniture

▪ κρεβάτι ▫ <n> ▪ |kreváti| ▫ [krɛˈvati]

cradle ▪ [n, 2]

▪ κούνια ▫ <f> ▪ |koúnia| ▫ /ˈkuɲa/

cupboard ▪ [n, 2]

▪ ντουλάπι ▫ <n> ▪ |doulápi| ▫ /duˈlapi/

wardrobe ▪ [n, 2]

▪ ιματιοθήκη ▫ <f> ▪ |imatiothíki| ▫ /i.ma.ti.oˈθi.ci/

coat hanger ▪ [n, 3]

▪ κρεμάστρα ▫ <f> ▪ |kremástra|

chest ▪ [n, 4]

▪ κιβώτιο ▫ <n> ▪ |kivótio|

table ▪ [n, 1]

▪ τραπέζι ▫ <n> ▪ |trapézi| ▫ /traˈpezi/

desk ▪ [n, 2]

▪ γραφείο ▫ <n> ▪ |grafeío| ▫ /ɣra.ˈfi.ɔ/

shelf ▪ [n, 1]

▪ ράφι ▫ <n> ▪ |ráfi|

drawer ▪ [n, 3]

▪ συρτάρι ▫ <n> ▪ |syrtári|

mirror ▪ [n, 1]

▪ καθρέφτης ▫ <m> ▪ |kathréftis|

carpet ▪ [n, 1]

▪ χαλί ▫ <n> ▪ |chalí|

bedsheet ▪ [n, 1]

▪ σεντόνι ▫ <n> ▪ |sentóni|

blanket ▪ [n, 1]

▪ κουβέρτα ▫ <f> ▪ |kouvérta| ▫ [kuˈvɛrta]

pillow ▪ [n, 1]

▪ μαξιλάρι ▫ <n> ▪ |maxilári|

cushion ▪ [n, 4]

▪ μαξιλάρι ▫ <n> ▪ |maxilári|

sleeping bag ▪ [n, 4]

▪ υπνόσακος ▫ <m> ▪ |ypnósakos|

tablecloth ▪ [n, 2]

▪ τραπεζομάντηλο ▫ <n> ▪ |trapezomántilo|

curtain ▪ [n, 1]

▪ κουρτίνα ▫ <f> ▪ |kourtína|

DISHES, CUTLERY, BAGS [054]

frying pan ▪ [n, 2]

▪ τηγάνι ▫ <n> ▪ |tigáni|

teakettle ▪ [n, 2]

▪ βραστήρας ▫ <m> ▪ |vrastíras|

kettle ▪ [n, 3]

▪ χύτρα ▫ <f> ▪ |chýtra|

saucepan ▪ [n, 3]

▪ κατσαρόλα ▫ <f> ▪ |katsaróla|

samovar ▪ [n, 4]

▪ σαμοβάρι ▪ |samovári|

plate ▪ [n, 1]

▪ πιάτο ▫ <n> ▪ |piáto|

cup ▪ [n, 1]

▪ φλιτζάνι ▫ <n> ▪ |flitzáni| ▫ /fliˈd͡zani/

bowl ▪ [n, 1]

▪ μπολ ▪ |bol|

dish ▪ [n, 1]

▪ πιάτο ▫ <n> ▪ |piáto|

glass ▪ [n, 1]

▪ ποτήρι ▫ <n> ▪ |potíri|

tray ▪ [n, 2]

▪ δίσκος ▫ <m> ▪ |dískos|

jug ▪ [n, 3]

▪ κανάτι ▫ <n> ▪ |kanáti|

mug ▪ [n, 3]

▪ κύπελλο ▫ <n> ▪ |kýpello|

can opener ▪ [n, 2]

▪ ανοιχτήρι ▫ <n> ▪ |anoichtíri|

funnel* ▪ *[n, 2]
▪ χωνί ▫ <n> ▪ |choní|
cleaver* ▪ *[n, 3]
▪ μπαλτάς ▫ <m> ▪ |baltás|
nutcracker* ▪ *[n, 3]
▪ καρυοθραύστης ▫ <m> ▪ |karyothráfstis|
corkscrew* ▪ *[n, 4]
▪ τιρμπουσόν ▫ <n> ▪ |tirmpousón|
ladle* ▪ *[n, 4]
▪ κουτάλα ▫ <f> ▪ |koutála|
sieve* ▪ *[n, 4]
▪ κόσκινο ▫ <n> ▪ |kóskino|
spoon ▪ [n, 1]
▪ κουτάλι ▫ <n> ▪ |koutáli|
fork ▪ [n, 1]
▪ πιρούνι ▫ <n> ▪ |piroúni|
knife ▪ [n, 1]
▪ μαχαίρι ▫ <n> ▪ |machaíri|
drinking straw ▪ [n, 4]
▪ καλαμάκι ▫ <n> ▪ |kalamáki|
basket* ▪ *[n, 1]
▪ καλάθι ▫ <n> ▪ |kaláthi|
bottle* ▪ *[n, 1]
▪ μπουκάλι ▫ <n> ▪ |boukáli|
box* ▪ *[n, 1]
▪ κιβώτιο ▫ <n> ▪ |kivótio|
bucket* ▪ *[n, 1]
▪ κουβάς ▫ <m> ▪ |kouvás|
barrel* ▪ *[n, 2]
▪ βαρέλι ▫ <n> ▪ |varéli|
can* ▪ *[n, 3]* ▪ *tin
▪ κονσέρβα ▫ <f> ▪ |konsérva|
jar* ▪ *[n, 3]
▪ βάζο ▫ <n> ▪ |vázo| ▫ /ˈvazo/
tin* ▪ *[n, 3]
▪ κονσέρβα ▫ <f> ▪ |konsérva|
ashtray ▪ [n, 2]
▪ τασάκι ▫ <n> ▪ |tasáki| ▫ /taˈsaci/
coffin ▪ [n, 2]
▪ φέρετρο ▫ <n> ▪ |féretro| ▫ /ˈferetro/
piggy bank ▪ [n, 2]
▪ κουμπαράς ▫ <m> ▪ |koumparás|

vase ▪ [n, 2]
▪ ανθοδοχείο ▫ <n> ▪ |anthodocheío|
basin ▪ [n, 3]
▪ νιπτήρας ▫ <m> ▪ |niptíras|
cage ▪ [n, 3]
▪ κλουβί ▪ |klouví| ▫ [kluˈvi]
watering can ▪ [n, 3]
▪ ποτιστήρι ▪ |potistíri|
lid ▪ [n, 4]
▪ καπάκι ▪ |kapáki|
bag ▪ [n, 1]
▪ σακούλα ▫ <f> ▪ |sakoúla|
luggage ▪ [n, 1]
▪ αποσκευές ▫ <f pl> ▪ |aposkevés|
suitcase ▪ [n, 1]
▪ βαλίτσα ▫ <f> ▪ |valítsa|
wallet ▪ [n, 1]
▪ χρηματοφυλάκιο ▫ <n> ▪ |chrimatofylákio|
backpack ▪ [n, 2]
▪ σακίδιο ▫ <n> ▪ |sakídio|
sack ▪ [n, 2]
▪ σάκκος ▫ <m> ▪ |sákkos|
purse ▪ [n, 3]
▪ πορτοφόλι ▫ <n> ▪ |portofóli|
case ▪ [n, 4] ▪ suitcase
▪ βαλίτσα ▫ <f> ▪ |valítsa|

TECHNICS IN GENERAL, ELECTRICAL APPLIANCES, LAMPS, PLUMBING [055]

machine ▪ [n, 1]
▪ μηχανή ▫ <f> ▪ |michaní|
device ▪ [n, 3]
▪ συσκευή ▫ <f> ▪ |syskeví|
mechanism ▪ [n, 3]
▪ μηχανισμός ▫ <m> ▪ |michanismós|
manual ▪ [adj, 3]
▪ χειροκίνητος ▪ |cheirokínitos|
automatic ▪ [adj, 3]
▪ αυτόματος ▪ |aftómatos|
electric ▪ [adj, 3]
▪ ηλεκτρικός ▪ |ilektrikós|

electronic ▪ [adj, 3]
▪ ηλεκτρονικός ▪ |ilektronikós|

magnetic ▪ [adj, 3]
▪ μαγνητικός ▪ |magnitikós|

turn off ▪ [v, 3]
▪ κλείνω ▪ |kleíno| ▫ [ˈklino]

connect ▪ [v, 3]
▪ συνδέω ▪ |syndéo| ▫ /sinˈðe.o/

zero ▪ [v, 4]
▪ μηδενίζω ▪ |midenízo|

battery ▪ [n, 1]
▪ μπαταρία ▫ <f> ▪ |bataría|

nuclear reactor ▪ [n, 4]
▪ πυρηνικός αντιδραστήρας ▫ <m> ▪ |pyrinikós antidrastíras|

wire ▪ [n, 2]
▪ σύρμα ▫ <n> ▪ |sýrma|

engine ▪ [n, 1]
▪ μηχανή ▫ <f> ▪ |michaní|

motor ▪ [n, 2]
▪ μηχανή ▫ <f> ▪ |michaní|

pump ▪ [n, 2]
▪ αντλία ▫ <f> ▪ |antlía|

spring ▪ [n, 4]
▪ ελατήριο ▫ <n> ▪ |elatírio|

lift ▪ [n, 1]
▪ ασανσέρ ▫ <n> ▪ |asansér| ▫ /asanˈser/

escalator ▪ [n, 4]
▪ κυλιόμενες σκάλες ▫ <f pl> ▪ |kyliómenes skáles|

screen ▪ [n, 1]
▪ οθόνη ▫ <f> ▪ |othóni|

button ▪ [n, 2]
▪ κουμπί ▫ <n> ▪ |koumpí|

laser ▪ [n, 1]
▪ λέιζερ ▪ |léizer|

robot ▪ [n, 1]
▪ ρομπότ ▫ <m> ▪ |rompót|

aerial ▪ [n, 2]
▪ κεραία ▫ <f> ▪ |keraía|

handle ▪ [n, 4]
▪ χειρολαβή ▫ <f> ▪ |cheirolaví|

iron ▪ [n, 1]

▪ σίδερο ▫ <n> ▪ |sídero|

refrigerator* ▪ *[n, 1]

▪ ψυγείο ▫ <n> ▪ |psygeío|

washing machine* ▪ *[n, 1]

▪ πλυντήριο ▫ <n> ▪ |plyntírio|

vacuum cleaner* ▪ *[n, 2]

▪ ηλεκτρική σκούπα ▫ <f> ▪ |ilektrikí skoúpa|

dishwasher* ▪ *[n, 3]

▪ πλυντήριο πιάτων ▫ <n> ▪ |plyntírio piáton|

fan* ▪ *[n, 3]

▪ ανεμιστήρας ▫ <m> ▪ |anemistíras|

sewing machine* ▪ *[n, 4]

▪ ραπτομηχανή ▫ <f> ▪ |raptomichaní|

oven ▪ [n, 1]

▪ φούρνος ▫ <m> ▪ |foúrnos|

microwave oven ▪ [n, 3]

▪ φούρνος μικροκυμάτων ▫ <m> ▪ |foúrnos mikrokymáton|

fire ▪ [n, 4]

▪ θερμάστρα ▫ <f> ▪ |thermástra|

stove ▪ [n, 4] ▪ for cooking

▪ κουζίνα ▫ <f> ▪ |kouzína|

air conditioner* ▪ *[n, 4]

▪ κλιματιστικό ▫ <n> ▪ |klimatistikó|

heating* ▪ *[n, 4]

▪ καλοριφέρ ▫ <n> ▪ |kaloriférl|

stove* ▪ *[n, 4]* ▪ *for heating

▪ θερμάστρα ▫ <f> ▪ |thermástra|

candle ▪ [n, 1]

▪ κερί ▫ <n> ▪ |kerí| ▫ /cerˈri/

lamp ▪ [n, 1] ▪ any

▪ λάμπα ▫ <f> ▪ |lámpa|

lamp ▪ [n, 1] ▪ oil

▪ λάμπα ▫ <f> ▪ |lámpa|

flashlight ▪ [n, 3]

▪ φακός ▫ <m> ▪ |fakós| ▫ /fa.ˈkos/

lantern ▪ [n, 3]

▪ φανάρι ▫ <n> ▪ |fanári|

light bulb ▪ [n, 3]

▪ ηλεκτρικός λαμπτήρας ▫ <m> ▪ |ilektrikós lamptíras|

wick ▪ [n, 3]

- φιτίλι ▫ <n> ▪ |fitíli|

candlestick ▪ **[n, 4]**

- κηροπήγιο ▫ <n> ▪ |kiropígio|

chandelier ▪ **[n, 4]**

- πολυέλαιος ▫ <m> ▪ |polyélaios|

torch ▪ **[n, 4]**

- δαυλός ▫ <m> ▪ |davlós|

pipe ▪ *[n, 2]*

- αγωγός ▫ <m> ▪ |agogós|

tap ▪ *[n, 3]*

- βρύση ▪ |vrýsi|

shower ▪ **[n, 1]**

- ντουζιέρα ▫ <f> ▪ |douziéra|

sink ▪ **[n, 1]**

- νεροχύτης ▫ <m> ▫ {kitchen} ▪ |nerochýtis|
- νιπτήρας ▫ <m> ▫ {bathroom} ▪ |niptíras|

toilet ▪ **[n, 1]**

- λεκάνη ▫ <f> ▪ |lekáni|

bath ▪ **[n, 2]**

- μπάνιο ▫ <n> ▪ |bánio| ▫ /ˈbaɲo/

bathtub ▪ **[n, 2]**

- μπανιέρα ▫ <f> ▪ |baniéra| ▫ /baˈɲera/

TV SETS, AUDIO TECHNICS, CAMERAS, PHONES [056]

radio ▪ *[n, 1]* ▪ *technology*

- ραδιόφωνο ▫ <n> ▪ |radiófono| ▫ [raðiˈofono]

channel ▪ *[n, 3]* ▪ *radio*

- κανάλι ▫ <n> ▪ |kanáli|

radio ▪ **[n, 1]** ▪ **device**

- ραδιόφωνο ▫ <n> ▪ |radiófono| ▫ [raðiˈofono]

television ▪ **[n, 1]**

- τηλεόραση ▫ <f> ▪ |tileórasi|

camera ▪ *[n, 1]* ▪ *still*

- φωτογραφική μηχανή ▫ <f> ▪ |fotografikí michaní|

camera ▪ *[n, 1]* ▪ *movie*

- βιντεοκάμερα ▫ <f> ▪ |vinteokámera|

speaker ▪ **[n, 2]**

- μεγάφωνο ▫ <n> ▪ |megáfono|

earphone ▪ **[n, 3]**

- ακουστικό ▫ <n> ▪ |akoustikó|

earphones ▪ **[n, 3]**

▪ ακουστικά ▫ <pl> ▪ |akoustiká|

***record* ▪ [n, 3]**

▪ δίσκος ▫ <m> ▪ |dískos|

photo ▪ [n, 1]

▪ φωτογραφία ▫ <f> ▪ |fotografía| ▫ /fotoɣraˈfi.a/

photograph ▪ [n, 1]

▪ φωτογραφία ▫ <f> ▪ |fotografía| ▫ /fotoɣraˈfi.a/

video ▪ [n, 3]

▪ βίντεο ▫ <n> ▪ |vínteo|

picture ▪ [n, 4]

▪ φωτογραφία ▫ <f> ▪ |fotografía| ▫ /fotoɣraˈfi.a/

***photographer* ▪ [n, 1]**

▪ φωτογράφος ▫ <m> ▪ |fotográfos|

***record* ▪ [v, 3]**

▪ εγγράφω ▪ |engráfo| ▫ /eŋˈɣra.fo/

***photograph* ▪ [v, 1]**

▪ φωτογραφίζω ▪ |fotografízo| ▫ /fotoɣraˈfizo/

***film* ▪ [v, 3]**

▪ κινηματογραφώ ▪ |kinimatografó|

binoculars ▪ [n, 2]

▪ διόπτρες ▪ |dióptres|

lens ▪ [n, 2]

▪ φακός ▫ <m> ▪ |fakós| ▫ /fa.ˈkos/

telescope ▪ [n, 2]

▪ τηλεσκόπιο ▫ <n> ▪ |tileskópio|

microscope ▪ [n, 4]

▪ μικροσκόπιο ▫ <n> ▪ |mikroskópio| ▫ [mi.kro.ˈsko.pi.o]

***telephone* ▪ [n, 1]**

▪ τηλέφωνο ▫ <n> ▪ |tiléfono|

***mobile phone* ▪ [n, 2]**

▪ κινητό τηλέφωνο ▫ <n> ▪ |kinitó tiléfono|

***phone* ▪ [n, 2]**

▪ τηλέφωνο ▪ |tiléfono|

***smartphone* ▪ [n, 3]**

▪ σοφόφωνο ▫ <n> ▪ |sofófono|

***telegraph* ▪ [n, 4]**

▪ τηλέγραφος ▫ <m> ▪ |tilégrafos|

fax ▪ [n, 2]

▪ φαξ ▫ <n> ▪ |fax|

telegram ▪ [n, 2]

▪ τηλεγράφημα ▫ <n> ▪ |tilegráfima|

telephone number ▪ [n, 4]

▪ τηλέφωνο ▫ <n> ▪ |tiléfono|

text ▪ [n, 4]

▪ μήνυμα ▫ <n> ▪ |mínyma|

COMPUTERS, SOFTWARE, FILES, INTERNET [057]

computer ▪ [n, 1]

▪ υπολογιστής ▫ <m> ▪ |ypologistís|

laptop ▪ [n, 2]

▪ φορητός υπολογιστής ▫ <m> ▪ |foritós ypologistís|

hardware ▪ [n, 3]

▪ υλισμικό ▫ <n> ▪ |ylismikó|

hard drive ▪ [n, 4]

▪ σκληρός δίσκος ▫ <m> ▪ |sklirós dískos|

memory ▪ [n, 4]

▪ μνήμη ▫ <f> ▪ |mními| ▫ /ˈmnimi/

monitor ▪ [n, 4]

▪ οθόνη ▫ <f> ▪ |othóni|

keyboard ▪ [n, 1]

▪ πληκτρολόγιο ▫ <n> ▪ |pliktrológio|

mouse ▪ [n, 1]

▪ ποντίκι ▫ <n> ▪ |pontíki|

key ▪ [n, 2]

▪ πλήκτρο ▫ <n> ▪ |plíktro|

printer ▪ [n, 1]

▪ εκτυπωτής ▫ <m> ▪ |ektypotís|

modem ▪ [n, 3]

▪ διαποδιαμορφωτής ▫ <m> ▪ |diapodiamorfotís|

router ▪ [n, 4]

▪ δρομολογητής ▫ <m> ▪ |dromologitís|

scan ▪ [v, 4]

▪ σαρώνω ▪ |saróno|

program ▪ [n, 1]

▪ πρόγραμμα ▫ <n> ▪ |prógramma|

software ▪ [n, 1]

▪ λογισμικό ▫ <n> ▪ |logismikó|

operating system ▪ [n, 3]

▪ λειτουργικό σύστημα ▫ <n> ▪ |leitourgikó sýstima|

web browser ▪ [n, 1]

▪ περιηγητής ▫ <m> ▪ |periigitís|

computer game ▪ [n, 2]

        • παιχνίδι υπολογιστών • |paichnídi ypologistón|

server • *[n, 3]* • *program*

        • εξυπηρετητής ▫ <m> • |exypiretitís|

malware • *[n, 4]*

        • κακόβουλο λογισμικό • |kakóvoulo logismikó|

window • **[n, 3]**

        • παράθυρο ▫ <n> • |paráthyro| ▫ [pa'raθirɔ]

user • *[n, 1]*

        • χρήστης ▫ <m> • |chrístis|

enter • *[v, 2]*

        • εγγράφω • |engráfo|

programming language • **[n, 2]**

        • γλώσσα προγραμματισμού ▫ <f> • |glóssa programmatismoú|

machine language • **[n, 3]**

        • γλώσσα μηχανής ▫ <f> • |glóssa michanís|

language • **[n, 4]**

        • γλώσσα προγραμματισμού ▫ <f> • |glóssa programmatismoú|

program • **[v, 4]**

        • προγραμματίζω • |programmatízo|

database • *[n, 1]*

        • βάση δεδομένων ▫ <f> • |vási dedoménon|

file • *[n, 1]*

        • αρχείο ▫ <n> • |archeío|

record • *[n, 3]*

        • εγγραφή ▫ <f> • |engrafí|

download • **[n, 4]**

        • καταφόρτωση ▫ <f> • |katafórtosi|

upload • **[n, 4]**

        • αναφόρτωση ▫ <f> • |anafórtosi|

download • **[v, 2]**

        • κατεβάζω • |katevázo|

upload • **[v, 2]**

        • αναφορτώνω • |anafortóno|

save • **[v, 2]**

        • αποθηκεύω • |apothikévo|

bit • *[n, 3]*

        • μπιτ ▫ <n> • |bit|

byte • *[n, 3]*

        • μπάιτ • |báit|

Internet • **[n, 1]**

▪ Διαδίκτυο ▫ <n> ▪ |Diadíktyo|
network ▪ [n, 2]
▪ δίκτυο ▪ |díktyo|
home page ▪ [n, 4]
▪ αρχική σελίδα ▫ <f> ▪ |archikí selída|
website ▪ [n, 1]
▪ ιστότοπος ▫ <m> ▪ |istótopos|
Wiktionary ▪ [n, 1]
▪ Βικιλεξικό ▫ <n> ▪ |Vikilexikó|
blog ▪ [n, 2]
▪ ιστολόγιο ▫ <n> ▪ |istológio|
web page ▪ [n, 2]
▪ ιστοσελίδα ▫ <f> ▪ |istoselída|
Wikipedia ▪ [n, 2]
▪ Βικιπαίδεια ▫ <f> ▪ |Vikipaídeia|
email ▪ [n, 3] ▪ system
▪ ηλεκτρονικό ταχυδρομείο ▫ <n> ▪ |ilektronikó tachydromeío|
email ▪ [n, 3] ▪ message
▪ ηλεκτρονικό ταχυδρομείο ▫ <n> ▪ |ilektronikó tachydromeío|

VEHICLES [058]

vehicle ▪ [n, 1]
▪ όχημα ▫ <n> ▪ |óchima|
bus ▪ [n, 1]
▪ λεωφορείο ▫ <n> ▪ |leoforeío|
car ▪ [n, 1] ▪ automobile
▪ αυτοκίνητο ▫ <n> ▪ |aftokínito| ▫ [a.fto'ci.ni.to]
taxi ▪ [n, 1]
▪ ταξί ▫ <n> ▪ |taxí|
automobile ▪ [n, 2]
▪ αυτοκίνητο ▪ |aftokínito| ▫ [a.fto'ci.ni.to]
ambulance ▪ [n, 1]
▪ ασθενοφόρο ▫ <n> ▪ |asthenofóro|
truck ▪ [n, 1]
▪ φορτηγό ▪ |fortigó|
tractor ▪ [n, 2]
▪ ελκυστήρας ▫ <m> ▪ |elkystíras|
excavator ▪ [n, 3]
▪ εκσκαφέας ▫ <f> ▪ |ekskaféas|

van ▪ [n, 3]
▪ φορτηγάκι ▫ <n> ▪ |fortigáki|
bulldozer ▪ [n, 4]
▪ μπουλντόζα ▫ <f> ▪ |boulntóza|
trolley bus ▪ [n, 4]
▪ τρόλεϊ ▪ |tróleï|
body ▪ [n, 3]
▪ σκελετός ▫ <m> ▪ |skeletós|
tyre ▪ [n, 1]
▪ λάστιχο ▫ <n> ▪ |lásticho|
wheel ▪ [n, 1]
▪ ρόδα ▫ <f> ▪ |róda|
brake ▪ [n, 2]
▪ φρένο ▫ <n> ▪ |fréno|
internal combustion engine ▪ [n, 3]
▪ μηχανή εσωτερικής καύσης ▫ <f> ▪ |michaní esoterikís káfsis|
carburetor ▪ [n, 4]
▪ εξαερωτήρας ▫ <m> ▪ |exaerotíras|
steering wheel ▪ [n, 4]
▪ τιμόνι ▫ <n> ▪ |timóni| ▫ /tiˈmoni/
headlight ▪ [n, 3]
▪ προβολέας ▫ <m> ▪ |provoléas| ▫ /provoˈleas/
bicycle ▪ [n, 1]
▪ ποδήλατο ▫ <n> ▪ |podílato|
motorcycle ▪ [n, 2]
▪ μηχανή ▫ <f> ▪ |michaní|
cart ▪ [n, 2]
▪ κάρο ▫ <n> ▪ |káro|
sledge ▪ [n, 2]
▪ έλκηθρο ▫ <n> ▪ |élkithro| ▫ [ˈelciθro]
wheelbarrow ▪ [n, 2]
▪ καροτσάκι ▫ <n> ▪ |karotsáki|
wheelchair ▪ [n, 3]
▪ αναπηρικό καροτσάκι ▫ <n> ▪ |anapirikó karotsáki|
train ▪ [n, 1]
▪ αμαξοστοιχία ▫ <n> ▪ |amaxostoichía|
tram ▪ [n, 1]
▪ τραμ ▫ <n> ▪ |tram|
carriage ▪ [n, 2]
▪ άμαξα ▫ <f> ▪ |ámaxa|
boat ▪ [n, 1]

▪ βάρκα ▫ <f> ▪ |várka|

ship ▪ [n, 1]

▪ πλοίο ▫ <n> ▪ |ploío|

ferry ▪ [n, 2]

▪ πορθμείο ▫ <n> ▪ |porthmeío|

raft ▪ [n, 2]

▪ σχεδία ▫ <f> ▪ |schedía|

submarine ▪ [n, 2]

▪ υποβρύχιο ▫ <n> ▪ |ypovrýchio|

buoy ▪ [n, 4]

▪ σημαδούρα ▫ <f> ▪ |simadoúra|

gondola ▪ [n, 4]

▪ γόνδολα ▫ <f> ▪ |góndola|

tugboat ▪ [n, 4]

▪ ρυμουλκό πλοίο ▪ |rymoulkó ploío|

yacht ▪ [n, 4]

▪ γιοτ ▫ <n> ▪ |giot| ▫ [jot]

anchor ▪ [n, 2]

▪ άγκυρα ▫ <f> ▪ |ágkyra|

oar ▪ [n, 2]

▪ κουπί ▫ <n> ▪ |koupí|

sail ▪ [n, 2]

▪ πανί ▫ <n> ▪ |paní|

mast ▪ [n, 4]

▪ κατάρτι ▫ <n> ▪ |katárti|

airplane ▪ [n, 1]

▪ αεροπλάνο ▫ <n> ▪ |aeropláno|

helicopter ▪ [n, 1]

▪ ελικόπτερο ▫ <n> ▪ |elikóptero|

jet plane ▪ [n, 3]

▪ τζετ ▫ <n> ▪ |tzet|

aircraft ▪ [n, 4]

▪ αεροσκάφος ▫ <n> ▪ |aeroskáfos|

balloon ▪ [n, 4] ▪ not transport

▪ μπαλόνι ▫ <n> ▪ |balóni|

parachute ▪ [n, 1]

▪ αλεξίπτωτο ▫ <n> ▪ |alexíptoto|

rocket ▪ [n, 2]

▪ πύραυλος ▫ <m> ▪ |pýravlos|

propeller ▪ [n, 4]

▪ έλικας ▫ <m> ▪ |élikas|

spaceship ▪ [n, 2]

▪ διαστημόπλοιο ▫ <n> ▪ |diastimóploio|
satellite ▪ [n, 4]
▪ δορυφόρος ▫ <m> ▪ |doryfóros| ▫ /ðo.riˈfo.ros/
sputnik ▪ [n, 4]
▪ σπούτνικ ▫ <m> ▪ |spoútnik|

DRIVING, TRAFFIC, PUBLIC TRANSPORTION, MAIL [059]

driver ▪ [n, 1]
▪ οδηγός ▫ <m/f> ▪ |odigós|
drive ▪ [v, 2] ▪ to operate car
▪ οδηγώ ▪ |odigó|
park ▪ [v, 2]
▪ παρκάρω ▪ |parkáro|
traffic jam ▪ [n, 3]
▪ μποτιλιάρισμα ▫ <n> ▪ |botiliárisma|
sail ▪ [v, 3]
▪ πλέω ▪ |pléo| ▫ /ˈple.o/
passenger ▪ [n, 1]
▪ επιβάτης ▫ <m> ▪ |epivátis|
class ▪ [n, 4]
▪ θέση ▫ <f> ▪ |thési|
change ▪ [v, 4]
▪ μετεπιβιβάζομαι ▪ |metepivivázomai|
hitchhike ▪ [v, 4]
▪ κάνω οτοστόπ ▪ |káno otostóp|
ticket ▪ [n, 1]
▪ εισιτήριο ▫ <n> ▪ |eisitírio|
pilot ▪ [n, 1]
▪ πιλότος ▫ <m> ▪ |pilótos|
sailor ▪ [n, 3]
▪ ναύτης ▫ <m> ▪ |náftis|
astronaut ▪ [n, 4]
▪ αστροναύτης ▫ <m> ▪ |astronáftis|
address ▪ [n, 1]
▪ διεύθυνση ▫ <f> ▪ |diéfthynsi|
post office ▪ [n, 1]
▪ ταχυδρομείο ▫ <n> ▪ |tachydromeío| ▫ /taçiðroˈmio/
postage stamp ▪ [n, 2]
▪ γραμματόσημο ▫ <n> ▪ |grammatósimo|
mailman ▪ [n, 3]

▪ ταχυδρόμος ▫ <m/f> ▪ |tachydrómos| ▫ /taçiˈðromos/

postcode* ▪ *[n, 3]

▪ ταχυδρομικός κώδικας ▫ <m> ▪ |tachydromikós kódikas|

post* ▪ *[v, 4]

▪ ταχυδρομώ ▪ |tachydromó|

envelope ▪ [n, 1]

▪ φάκελος ▫ <m> ▪ |fákelos|

postcard ▪ [n, 1]

▪ κάρτα ▫ <f> ▪ |kárta|

parcel ▪ [n, 3]

▪ δέμα ▫ <n> ▪ |déma|

CLOTHES, SHOES, SEWING, JEWELRY [060]

clothes* ▪ *[n, 1]

▪ ρούχο ▫ <n> ▪ |roúcho|

uniform* ▪ *[n, 1]

▪ στολή ▫ <f> ▪ |stolí|

clothing* ▪ *[n, 2]

▪ ρούχο ▫ <n> ▪ |roúcho|

costume* ▪ *[n, 4]

▪ ενδυμασία ▫ <f> ▪ |endymasía|

coat ▪ [n, 1]

▪ πανωφόρι ▫ <n> ▪ |panofóri|

dress ▪ [n, 1] ▪ women's garment

▪ φόρεμα ▫ <n> ▪ |fórema|

pajamas ▪ [n, 1]

▪ πιτζάμα ▫ <f> ▪ |pitzáma|

suit ▪ [n, 1]

▪ ενδυμασία ▫ <f> ▪ |endymasía|

overcoat ▪ [n, 3]

▪ πανωφόρι ▫ <n> ▪ |panofóri|

raincoat ▪ [n, 3]

▪ αδιάβροχο ▫ <n> ▪ |adiávrocho|

burka ▪ [n, 4]

▪ μπούρκα ▫ <f> ▪ |boúrka|

shirt ▪ [n, 1]

▪ πουκάμισο ▫ <n> ▪ |poukámiso|

sweater ▪ [n, 1]

▪ πουλόβερ ▫ <n> ▪ |poulóver|

jacket ▪ [n, 2] ▪ outerwear
▪ σακάκι ▫ <n> ▪ |sakáki|
waistcoat ▪ [n, 4]
▪ γιλέκο ▫ <n> ▪ |giléko|
skirt ▪ [n, 1]
▪ φούστα ▫ <f> ▪ |foústa|
jeans ▪ [n, 2]
▪ τζιν ▫ <n> ▪ |tzin| ▫ /ˈdzin/
pants ▪ [n, 2]
▪ παντελόνι ▫ <n> ▪ |pantelóni|
shorts ▪ [n, 3]
▪ σορτς ▫ <n> ▪ |sorts|
panties ▪ [n, 4]
▪ κιλότα ▪ |kilóta|
bra ▪ [n, 4]
▪ στηθόδεσμος ▫ <m> ▪ |stithódesmos|
sock ▪ [n, 1]
▪ κάλτσα ▫ <f> ▪ |káltsa|
stocking ▪ [n, 3]
▪ κάλτσα ▫ <f> ▪ |káltsa|
swimsuit ▪ [n, 3]
▪ μαγιό ▫ <n> ▪ |magió|
underpants ▪ [n, 3]
▪ σώβρακο ▫ <n> ▫ {male} ▪ |sóvrako|
▪ κιλότα ▫ <f> ▫ {female} ▪ |kilóta|
underwear ▪ [n, 3]
▪ εσώρουχο ▫ <n> ▪ |esóroucho| ▫ /eˈsoruxo/
bikini ▪ [n, 4]
▪ μπικίνι ▫ <n> ▪ |bikíni|
apron ▪ [n, 2]
▪ ποδιά ▫ <f> ▪ |podiá|
button ▪ [n, 3]
▪ κουμπί ▫ <n> ▪ |koumpí|
buttonhole ▪ [n, 3]
▪ κουμπότρυπα ▫ <f> ▪ |koumpótrypa|
pocket ▪ [n, 1]
▪ τσέπη ▫ <f> ▪ |tsépi|
sleeve ▪ [n, 1]
▪ μανίκι ▫ <n> ▪ |maníki|
hood ▪ [n, 4]
▪ κουκούλα ▫ <f> ▪ |koukoúla| ▫ /kuˈkula/
hat ▪ [n, 1]

▪ καπέλο ▫ <n> ▪ |kapélo|

crown* ▪ *[n, 2]

▪ κορώνα ▫ <f> ▪ |koróna|

headscarf* ▪ *[n, 4]

▪ μαντήλα ▫ <f> ▪ |mantíla|

hijab* ▪ *[n, 4]

▪ χιτζάμπ ▫ <n> ▪ |chitzámp|

boot ▪ [n, 1]

▪ μπότα ▫ <f> ▪ |bóta|

shoe ▪ [n, 1]

▪ παπούτσι ▫ <n> ▪ |papoútsi| ▫ [pa'putsi]

sandal ▪ [n, 3]

▪ σανδάλι ▫ <n> ▪ |sandáli|

slipper ▪ [n, 4]

▪ παντόφλα ▪ |pantófla|

heel* ▪ *[n, 3]

▪ τακούνι ▫ <n> ▪ |takoúni|

shoelace* ▪ *[n, 4]

▪ κορδόνι ▫ <n> ▪ |kordóni|

shoemaker* ▪ *[n, 3]

▪ παπουτσής ▫ <m> ▪ |papoutsís|

tailor* ▪ *[n, 3]

▪ ράπτης ▫ <m> ▪ |ráptis|

sew* ▪ *[v, 3]* ▪ *<intr>

▪ ράβω ▪ |rávo|

sew* ▪ *[v, 3]* ▪ *<tr>

▪ ράβω ▪ |rávo|

weave* ▪ *[v, 3]

▪ υφαίνω ▪ |yfaíno|

knit* ▪ *[v, 4]

▪ πλέκω ▪ |pléko|

needle ▪ [n, 2]

▪ βελόνα ▫ <f> ▪ |velóna| ▫ /vɛ'lɔna/

thimble ▪ [n, 2]

▪ δαχτυλίθρα ▫ <f> ▪ |dachtylíthra|

loom ▪ [n, 3]

▪ αργαλειός ▫ <m> ▪ |argaleiós| ▫ /arɣa'ʎos/

nudity* ▪ *[n, 3]

▪ γυμνότητα ▫ <f> ▪ |gymnótita| ▫ [ɟim'nɔtita]

naked* ▪ *[adj, 2]

▪ γυμνός ▪ |gymnós| ▫ [ɟim'nɔs]

barefoot* ▪ *[adj, 2]

▪ ξυπόλυτος ▪ |xypólytos| ▫ /ksiˈpolitos/

nude* ▪ *[adj, 2]

▪ γυμνός ▪ |gymnós| ▫ [ʝimˈnɔs]

dress ▪ [v, 1] ▪ <intr>

▪ ντύνομαι ▪ |dýnomai|

dress ▪ [v, 1] ▪ <tr>

▪ ντύνω ▪ |dýno|

undress ▪ [v, 3] ▪ <intr>

▪ γδύνομαι ▪ |gdýnomai|

undress ▪ [v, 3] ▪ <tr>

▪ γδύνω ▪ |gdýno|

change ▪ [v, 2]

▪ αλλάζω ▪ |allázo|

put on ▪ [v, 3]

▪ βάζω ▪ |vázo| ▫ /ˈvazo/

wear* ▪ *[v, 1]

▪ φορώ ▪ |foró|

fit* ▪ *[v, 2]

▪ ταιριάζω ▪ |tairiázo|

belt ▪ [n, 1]

▪ ζώνη ▫ <f> ▪ |zóni|

glove ▪ [n, 1]

▪ γάντι ▫ <n> ▪ |gánti|

mask ▪ [n, 1]

▪ μορμολύκειο ▫ <n> ▪ |mormolýkeio|

necktie ▪ [n, 1]

▪ γραβάτα ▫ <f> ▪ |graváta|

scarf ▪ [n, 1]

▪ κασκόλ ▪ |kaskól|

bowtie ▪ [n, 4]

▪ παπιγιόν ▫ <n> ▪ |papigión|

umbrella* ▪ *[n, 1]

▪ ομπρέλα ▫ <f> ▪ |ompréla|

fan* ▪ *[n, 3]

▪ βεντάλια ▫ <f> ▪ |ventália|

walking stick* ▪ *[n, 3]

▪ ραβδί ▫ <n> ▪ |ravdí|

earring ▪ [n, 1]

▪ σκουλαρίκι ▫ <n> ▪ |skoularíki|

necklace ▪ [n, 1]

▪ κολιέ ▫ <n> ▪ |kolié|

ring ▪ [n, 1]

▪ δαχτυλίδι ▫ <n> ▪ |dachtylídi|

bracelet ▪ [n, 2]

▪ βραχιόλι ▫ <n> ▪ |vrachióli|

goldsmith ▪ [n, 4]

▪ χρυσοχόος ▫ <m f> ▪ |chrysochóos|

PLANTS, ANIMALS [16]
LIFE IN GENERAL, MICROORGANISMS, EVOLUTION [061]

organism* ▪ *[n, 1]
▪ οργανισμός ▫ <m> ▪ |organismós|
creature* ▪ *[n, 2]
▪ πλάσμα ▫ <n> ▪ |plásma|
being* ▪ *[n, 4]
▪ πλάσμα ▫ <n> ▪ |plásma|
food ▪ [n, 1]
▪ τροφή ▫ <f> ▪ |trofí| ▫ [trɔ'fi]
nature ▪ [n, 1] ▪ all related to biology
▪ φύση ▫ <f> ▪ |fýsi|
life ▪ [n, 3]
▪ ζωή ▪ |zoí| ▫ /zo'i/
family* ▪ *[n, 4]
▪ οικογένεια ▫ <f> ▪ |oikogéneia| ▫ /ikɔ'ɟɛnia/
class* ▪ *[n, 4]
▪ ομοταξία ▫ <f> ▪ |omotaxía|
phylum* ▪ *[n, 4]
▪ φύλο ▫ <n> ▪ |fýlo|
kingdom* ▪ *[n, 4]
▪ βασίλειο ▫ <n> ▪ |vasíleio|
subspecies* ▪ *[n, 3]
▪ υποείδος ▫ <n> ▪ |ypoeídos|
bacteria ▪ [n, 2]
▪ βακτήρια ▫ <n pl> ▪ |vaktíria|
bacterium ▪ [n, 2]
▪ βακτήριο ▫ <n> ▪ |vaktírio|
microbe ▪ [n, 2]
▪ μικροοργανισμός ▫ <m> ▪ |mikroorganismós|
virus ▪ [n, 2]
▪ ιός ▫ <m> ▪ |iós| ▫ /i'ɔs/
yeast ▪ [n, 2]
▪ μαγιά ▫ <f> ▪ |magiá|
amoeba ▪ [n, 3]
▪ αμοιβάδα ▫ <f> ▪ |amoiváda|
mold ▪ [n, 3]
▪ μούχλα ▫ <f> ▪ |moúchla|
bacillus ▪ [n, 4]
▪ βάκιλλος ▫ <m> ▪ |vákillos|
microorganism ▪ [n, 4]

▪ μικροοργανισμός ▫ <m> ▪ |mikroorganismós|

cell* ▪ *[n, 2]

▪ κύτταρο ▫ <n> ▪ |kýttaro|

chromosome* ▪ *[n, 2]

▪ χρωμόσωμα ▫ <n> ▪ |chromósoma|

evolution ▪ [n, 1]

▪ εξέλιξη ▪ |exélixi|

gene ▪ [n, 2]

▪ γονίδιο ▫ <n> ▪ |gonídio|

male ▪ [adj, 1]

▪ αρσενικός ▪ |arsenikós|

female ▪ [adj, 1]

▪ θηλυκός ▪ |thilykós|

nature* ▪ *[n, 1]* ▪ *natural world

▪ φύση ▫ <f> ▪ |fýsi|

natural* ▪ *[adj, 1]

▪ φυσικός ▪ |fysikós|

PLANTS IN GENERAL, PARTS OF PLANTS, VARIOUS PLANTS [062]

plant ▪ [n, 1]

▪ φυτό ▫ <n> ▪ |fytó|

chlorophyll ▪ [n, 4]

▪ χλωροφύλλη ▫ <f> ▪ |chlorofýlli|

photosynthesis ▪ [n, 4]

▪ φωτοσύνθεση ▫ <f> ▪ |fotosýnthesi|

flower* ▪ *[v, 2]

▪ ανθώ ▪ |anthó|

moss ▪ [n, 2]

▪ βρύο ▫ <n> ▪ |vrýo|

mushroom ▪ [n, 1]

▪ μανιτάρι ▫ <n> ▪ |manitári|

fungus ▪ [n, 3]

▪ μύκητας ▫ <m> ▪ |mýkitas|

lichen ▪ [n, 3]

▪ λειχήνα ▫ <f> ▪ |leichína|

grass* ▪ *[n, 1]

▪ χορτάρι ▫ <n> ▪ |chortári|

tree* ▪ *[n, 1]

▪ δέντρο ▫ <n> ▪ |déntro| ▫ [ˈðe̞n.dro̞]

bush* ▪ *[n, 2]

▪ θάμνος ▫ <m> ▪ |thámnos|

shrub ▪ [n, 2]

▪ θάμνος ▫ <m> ▪ |thámnos|

vegetable ▪ [n, 4]

▪ φυτό ▫ <n> ▪ |fytó|

branch ▪ [n, 1]

▪ κλαδί ▫ <n> ▪ |kladí|

leaf ▪ [n, 1]

▪ φύλλο ▫ <n> ▪ |fýllo| ▫ [ˈfilo̞]

bark ▪ [n, 2]

▪ φλοιός ▫ <m> ▪ |floiós|

juice ▪ [n, 2]

▪ χυμός ▫ <m> ▪ |chymós|

root ▪ [n, 2]

▪ ρίζα ▫ <f> ▪ |ríza|

stick ▪ [n, 2]

▪ βέργα ▫ <f> ▪ |vérga|

needle ▪ [n, 4]

▪ πευκοβελόνα ▫ <f> ▪ |pefkovelóna|

thorn ▪ [n, 4]

▪ αγκάθι ▫ <n> ▪ |agkáthi| ▫ [aŋ.ˈga.θi]

tree trunk ▪ [n, 4]

▪ κορμός ▫ <m> ▪ |kormós|

trunk ▪ [n, 4]

▪ κορμός ▫ <m> ▪ |kormós|

flower ▪ [n, 1]

▪ άνθος ▫ <n> ▪ |ánthos| ▫ [ˈanθɔs]

pollen ▪ [n, 4]

▪ γύρη ▫ <f> ▪ |gýri|

rose ▪ [n, 1] ▪ flower

▪ τριαντάφυλλο ▫ <n> ▪ |triantáfyllo|

sunflower ▪ [n, 2]

▪ ηλιοτρόπιο ▫ <n> ▪ |iliotrópio|

daffodil ▪ [n, 3]

▪ νάρκισσος ▫ <m> ▪ |nárkissos|

bean ▪ [n, 1] ▪ seed

▪ φασόλι ▫ <n> ▪ |fasóli|

berry ▪ [n, 1]

▪ μούρο ▫ <n> ▪ |moúro| ▫ /ˈmuro/

nut ▪ [n, 1]

▪ ξηρός καρπός ▫ <m> ▪ |xirós karpós|

acorn ▪ [n, 2]

▪ βελανίδι ▫ <n> ▪ |velanídi| ▫ /velaˈniði/

fruit* ▪ *[n, 2]
▪ καρπός ▫ <m> ▪ |karpós|
ear* ▪ *[n, 3]
▪ στάχυ ▫ <n> ▪ |stáchy|
stone* ▪ *[n, 4]
▪ κουκούτσι ▫ <n> ▪ |koukoútsi|
oat ▪ [n, 1]
▪ βρώμη ▫ <f> ▪ |vrómi|
barley ▪ [n, 2]
▪ κριθάρι ▫ <n> ▪ |krithári| ▫ /kriˈθari/
rice ▪ [n, 2]
▪ όρυζα ▫ <f> ▪ |óryza|
rye ▪ [n, 3]
▪ σίκαλη ▫ <f> ▪ |síkali|
millet ▪ [n, 4]
▪ κεχρί ▫ <n> ▪ |kechrí|
onion* ▪ *[n, 1]
▪ κρεμμύδι ▫ <n> ▪ |kremmýdi|
pea* ▪ *[n, 1]
▪ αρακάς ▫ <m> ▪ |arakás|
cabbage* ▪ *[n, 2]
▪ κράμβη ▫ <f> ▪ |krámvi| ▫ /ˈkraɱ.vi/
lettuce* ▪ *[n, 2]
▪ μαρούλι ▫ <n> ▪ |maroúli|
pumpkin* ▪ *[n, 2]
▪ κολοκύθα ▪ |kolokýtha|
asparagus* ▪ *[n, 3]
▪ σπαράγγι ▫ <n> ▪ |sparángi|
beet* ▪ *[n, 3]
▪ κοκκινογούλι ▫ <n> ▪ |kokkinogoúli|
eggplant* ▪ *[n, 3]
▪ μελιτζάνα ▫ <f> ▪ |melitzána|
pineapple* ▪ *[n, 3]
▪ ανανάς ▫ <m> ▪ |ananás| ▫ /anaˈnas/
cucumber* ▪ *[n, 4]
▪ αγγουριά ▫ <f> ▪ |angouriá|
radish* ▪ *[n, 4]
▪ ραπάνι ▫ <n> ▪ |rapáni|
watermelon ▪ [n, 3]
▪ καρπουζιά ▫ <f> ▪ |karpouziá|
garlic* ▪ *[n, 1]
▪ σκόρδο ▫ <n> ▪ |skórdo|

ginger* ▪ *[n, 2]

▪ πιπερόριζα ▫ <f> ▪ |piperóriza|

basil* ▪ *[n, 3]

▪ βασιλικός ▫ <m> ▪ |vasilikós|

dill* ▪ *[n, 3]

▪ άνηθος ▫ <m> ▪ |ánithos|

fennel* ▪ *[n, 4]

▪ μάραθο ▫ <n> ▪ |máratho|

mint* ▪ *[n, 4]

▪ μέντα ▫ <f> ▪ |ménta|

rosemary* ▪ *[n, 4]

▪ δενδρολίβανο ▫ <n> ▪ |dendrolívano|

saffron* ▪ *[n, 4]

▪ κρόκος ▫ <m> ▪ |krókos|

tulip ▪ [n, 2]

▪ τουλίπα ▫ <f> ▪ |toulípa|

poppy ▪ [n, 3]

▪ παπαρούνα ▫ <f> ▪ |paparoúna|

columbine ▪ [n, 4]

▪ ακουιλέγκια ▪ |akouilégkia|

forget-me-not ▪ [n, 4]

▪ μη με λησμόνει ▫ <n> ▪ |mi me lismónei| ▫ /mi me lizˈmoni/

hyacinth ▪ [n, 4]

▪ υάκινθος ▫ <m> ▪ |yákinthos|

cotton* ▪ *[n, 2]

▪ βαμβάκι ▪ |vamváki|

tobacco* ▪ *[n, 2]

▪ καπνός ▫ <m> ▪ |kapnós| ▫ /kaˈpnos/

cannabis* ▪ *[n, 3]

▪ καννάβεις ▫ <pl> ▪ |kannáveis|

flax* ▪ *[n, 3]

▪ λινάρι ▫ <n> ▪ |linári| ▫ [li.ˈna.ɾi]

hemp* ▪ *[n, 4]

▪ κάνναβη ▫ <f> ▪ |kánnavi|

lotus ▪ [n, 4]

▪ λωτός ▫ <m> ▪ |lotós| ▫ [lɔˈtɔs]

bamboo* ▪ *[n, 3]

▪ μπαμπού ▫ <n> ▪ |bampoú|

cactus* ▪ *[n, 4]

▪ κάκτος ▫ <m> ▪ |káktos|

nettle ▪ [n, 2]

▪ τσουκνίδα ▫ <f> ▪ |tsouknída|

camomile ▪ [n, 4]

▪ χαμομήλι ▫ <n> ▪ |chamomíli|

clover ▪ [n, 4]

▪ τριφύλλι ▫ <n> ▪ |trifýlli| ▫ /triˈfili/

dandelion ▪ [n, 4]

▪ αγριοραδίκι ▫ <n> ▪ |agrioradíki|

fern ▪ [n, 4]

▪ φτέρη ▫ <f> ▪ |ftéri|

wormwood ▪ [n, 4]

▪ αψιθιά ▫ <f> ▪ |apsithiá| ▫ /apsiˈθça/

pine ▪ [n, 1]

▪ πεύκο ▫ <n> ▪ |péfko|

fir ▪ [n, 3]

▪ έλατο ▫ <n> ▪ |élato|

cedar ▪ [n, 4]

▪ κέδρος ▪ |kédros|

juniper ▪ [n, 4]

▪ άρκευθος ▫ <m> ▪ |árkefthos|

spruce ▪ [n, 4]

▪ ερυθρελάτη ▫ <n> ▪ |erythreláti|

yew ▪ [n, 4]

▪ τάξος ▫ <m> ▪ |táxos|

cacao ▪ [n, 3]

▪ κακαόδεντρο ▫ <n> ▪ |kakaódentro|

mulberry ▪ [n, 3]

▪ μουριά ▫ <f> ▪ |mouriá| ▫ /muˈɟa/

orange ▪ [n, 3]

▪ πορτοκαλιά ▫ <f> ▪ |portokaliá| ▫ /portokaˈʎa/

raspberry ▪ [n, 3]

▪ σμεουριά ▫ <f> ▪ |smeouriá|

fig ▪ [n, 4]

▪ συκιά ▫ <f> ▪ |sykiá| ▫ /siˈcja/

pear ▪ [n, 4]

▪ αχλαδιά ▫ <f> ▪ |achladiá|

oak ▪ [n, 1]

▪ δρυς ▫ <f> ▪ |drys|

willow ▪ [n, 2]

▪ ιτιά ▫ <f> ▪ |itiá|

maple ▪ [n, 3]

▪ σφενδάμι ▫ <n> ▪ |sfendámi|

poplar ▪ [n, 3]

▪ λεύκα ▫ <f> ▪ |léfka|

ash tree ▪ [n, 4]

▪ μελιά ▫ <f> ▪ |meliá|

beech ▪ [n, 4]

▪ οξιά ▫ <f> ▪ |oxiá|

jasmine ▪ [n, 4]

▪ γιασεμί ▫ <n> ▪ |giasemí|

rose ▪ [n, 4] ▪ shrub

▪ τριανταφυλλιά ▫ <f> ▪ |triantafylliá|

palm tree ▪ [n, 2]

▪ φοίνικας ▫ <m> ▪ |foínikas|

date palm ▪ [n, 3]

▪ χουρμαδιά ▫ <f> ▪ |chourmadiá| ▫ /xurmaˈʝja/

coconut palm ▪ [n, 4]

▪ κοκοφοίνικας ▫ <m> ▪ |kokofoínikas|

ANIMALS IN GENERAL, ORGANS OF ANIMALS, VARIOUS ANIMALS [063]

animal ▪ [n, 1] ▪ not human

▪ ζώο ▫ <n> ▪ |zóo| ▫ /ˈzo.o/

animal ▪ [n, 2] ▪ any

▪ ζώο ▫ <n> ▪ |zóo| ▫ /ˈzo.o/

beast ▪ [n, 4]

▪ τέρας ▫ <n> ▪ |téras|

wild ▪ [adj, 3]

▪ άγριος ▪ |ágrios|

reptile ▪ [n, 2]

▪ ερπετό ▪ |erpetó|

amphibian ▪ [n, 2]

▪ αμφίβιο ▫ <n> ▪ |amfívio|

mammal ▪ [n, 1]

▪ θηλαστικό ▫ <n> ▪ |thilastikó|

bird ▪ [n, 1]

▪ πουλί ▫ <n> ▪ |poulí| ▫ /puˈli/

fish ▪ [n, 1]

▪ ψάρι ▫ <n> ▪ |psári| ▫ [ˈp͡sari]

insect ▪ [n, 1]

▪ έντομο ▫ <n> ▪ |éntomo|

mollusc ▪ [n, 2]

▪ μαλάκιο ▫ <n> ▪ |malákio|

arthropod ▪ [n, 4]

▪ αρθρόποδο ▫ <n> ▪ |arthrópodo|

wing* ▪ *[n, 1]

▪ φτερό ▫ <n> ▪ |fteró|

foot* ▪ *[n, 2]

▪ οπλή ▫ <f> ▪ |oplí| ▫ /opˈli/

hoof* ▪ *[n, 2]

▪ οπλή ▫ <f> ▪ |oplí| ▫ /opˈli/

claw ▪ [n, 1]

▪ νύχι ▫ <n> ▪ |nýchi| ▫ [ˈniçi]

feather ▪ [n, 2]

▪ φτερό ▫ <n> ▪ |fteró|

gill ▪ [n, 2]

▪ βράγχιο ▫ <n> ▪ |vránchio|

horn ▪ [n, 2]

▪ κέρατο ▫ <n> ▪ |kérato|

tail ▪ [n, 2]

▪ ουρά ▫ <f> ▪ |ourá|

udder ▪ [n, 2]

▪ μαστάρι ▫ <n> ▪ |mastári|

wool ▪ [n, 2]

▪ μαλλί ▫ <n> ▪ |mallí|

bill ▪ [n, 3]

▪ ράμφος ▫ <n> ▪ |rámfos|

hair ▪ [n, 3]

▪ μαλλιά ▫ <n pl> ▪ |malliá| ▫ [maˈʎa]

scale ▪ [n, 3]

▪ λέπι ▫ <n> ▪ |lépi|

beak ▪ [n, 4]

▪ ράμφος ▫ <n> ▪ |rámfos|

mane ▪ [n, 4]

▪ χαίτη ▫ <f> ▪ |chaíti| ▫ /ˈçeti/

snout ▪ [n, 4]

▪ ρύγχος ▫ <n> ▪ |rýnchos| ▫ [ˈriŋxo̞s]

trunk ▪ [n, 4]

▪ προβοσκίδα ▫ <f> ▪ |provoskída|

flock* ▪ *[n, 3]* ▪ *of birds

▪ σμήνος ▫ <m> ▪ |smínos|

bark ▪ [n, 4]

▪ γάβγισμα ▫ <n> ▪ |gávgisma|

bark ▪ [v, 4]

▪ γαβγίζω ▪ |gavgízo|

meow ▪ [v, 4]

▪ νιαουρίζω ▪ |niaourízo|
cock-a-doodle-doo ▪ [int, 4]
▪ κουκουρίκου ▪ |koukouríkou|
nest ▪ [n, 2] ▪ structure
▪ φωλιά ▫ <f> ▪ |foliá|
egg ▪ [n, 1]
▪ αβγό ▫ <n> ▪ |avgó| ▫ /aˈvɣo/
male ▪ [n, 2]
▪ αρσενικός ▫ <m> ▪ |arsenikós|
larva ▪ [n, 3] ▪ stage
▪ προνύμφη ▫ <f> ▪ |pronýmfi|
roe ▪ [n, 4]
▪ αυγοτάραχα ▪ |avgotáracha|
dung ▪ [n, 2]
▪ κοπριά ▫ <f> ▪ |kopriá|
spiderweb ▪ [n, 2]
▪ ιστός ▫ <m> ▪ |istós|
honeycomb ▪ [n, 3]
▪ μελικηρίς ▫ <f> ▪ |melikirís|
bite ▪ [v, 2]
▪ τσιμπάω ▪ |tsimpáo|
cat ▪ [n, 1] ▪ domestic
▪ γάτα ▫ <f> ▪ |gáta|
leopard ▪ [n, 1]
▪ λεοπάρδαλη ▫ <f> ▪ |leopárdali|
lion ▪ [n, 1]
▪ λιοντάρι ▫ <n> ▪ |liontári| ▫ /ʎɔn.ˈda.ri/
lynx ▪ [n, 2]
▪ λύγκας ▫ <m> ▪ |lýgkas| ▫ /ˈliŋgas/
tiger ▪ [n, 2]
▪ τίγρη ▫ <m/f> ▪ |tígri|
cat ▪ [n, 3] ▪ any of Felidae
▪ αιλουροειδές ▫ <n> ▪ |ailouroeidés|
cheetah ▪ [n, 3]
▪ γατόπαρδος ▫ <m> ▪ |gatópardos|
snow leopard ▪ [n, 3]
▪ ίρβις ▫ <f> ▪ |írvis|
lioness ▪ [n, 4]
▪ λιονταρίνα ▫ <f> ▪ |liontarína|
bear ▪ [n, 1]
▪ αρκούδα ▫ <f> ▪ |arkoúda|
dog ▪ [n, 1] ▪ of either sex

▪ σκύλος ▫ <m> ▪ |skýlos| ▫ /ˈscilos/

fox ▪ [n, 2]

▪ αλεπού ▫ <f> ▪ |alepoú|

hyena ▪ [n, 2]

▪ ύαινα ▫ <f> ▪ |ýaina|

jackal ▪ [n, 2]

▪ τσακάλι ▫ <n> ▪ |tsakáli|

wolf ▪ [n, 2]

▪ λύκος ▫ <m> ▪ |lýkos| ▫ /likos/

coyote ▪ [n, 3]

▪ κογιότ ▫ <n> ▪ |kogiót|

panda ▪ [n, 3]

▪ πάντα ▫ <n> ▪ |pánta|

polar bear ▪ [n, 4]

▪ πολική αρκούδα ▫ <f> ▪ |polikí arkoúda|

German Shepherd ▪ [n, 3]

▪ γερμανικός ποιμενικός ▫ <m> ▪ |germanikós poimenikós|

poodle ▪ [n, 4]

▪ κανίς ▫ <m> ▪ |kanís|

badger ▪ [n, 2]

▪ ασβός ▫ <m> ▪ |asvós|

otter ▪ [n, 2]

▪ βίδρα ▫ <f> ▪ |vídra|

least weasel ▪ [n, 3]

▪ νυφίτσα ▫ <f> ▪ |nyfítsa|

mongoose ▪ [n, 3]

▪ μαγκούστα ▪ |magkoústa|

raccoon ▪ [n, 3]

▪ ρακούν ▪ |rakoún|

skunk ▪ [n, 3]

▪ μεφίτιδα ▫ <f> ▪ |mefítida|

weasel ▪ [n, 3]

▪ νυφίτσα ▫ <f> ▪ |nyfítsa|

ermine ▪ [n, 4]

▪ ερμίνα ▫ <f> ▪ |ermína| ▫ /erˈmina/

ferret ▪ [n, 4]

▪ κουνάβι ▫ <n> ▪ |kounávi|

polecat ▪ [n, 4]

▪ οζοϊκτίς ▪ |ozoïktís|

whale ▪ [n, 1]

▪ φάλαινα ▫ <f> ▪ |fálaina|

dolphin* ▪ *[n, 2]
▪ δελφίνι ▫ <n> ▪ |delfíni|

walrus* ▪ *[n, 2]
▪ οδόβαινος ▫ <f> ▪ |odóvainos|

seal* ▪ *[n, 4]
▪ φώκια ▫ <f> ▪ |fókia|

camel ▪ [n, 1]
▪ καμήλα ▫ <f> ▪ |kamíla| ▫ [ka'mila]

horse ▪ [n, 1]
▪ άλογο ▫ <n> ▪ |álogo|

mule ▪ [n, 1]
▪ μουλάρι ▫ <n> ▪ |moulári|

donkey ▪ [n, 2]
▪ γάιδαρος ▫ <m> ▪ |gáidaros| ▫ /ˈɣai.ða.ros/

zebra ▪ [n, 2]
▪ ζέβρος ▫ <m> ▪ |zévros|

alpaca ▪ [n, 3]
▪ αλπάκα ▫ <f> ▪ |alpáka|

ass ▪ [n, 3]
▪ όνος ▫ <m> ▪ |ónos| ▫ /ˈonos/

dromedary ▪ [n, 4]
▪ δρομάς ▫ <f> ▪ |dromás|

sheep* ▪ *[n, 1]
▪ πρόβατο ▫ <n> ▪ |próvato|

giraffe* ▪ *[n, 2]
▪ καμηλοπάρδαλη ▫ <f> ▪ |kamilopárdali|

goat* ▪ *[n, 2]
▪ κατσίκα ▫ <f> ▪ |katsíka|

chamois* ▪ *[n, 3]
▪ αγριόγιδο ▫ <n> ▪ |agriógido|

American bison* ▪ *[n, 4]
▪ βόνασος ▪ |vónasos|

antelope* ▪ *[n, 4]
▪ αντιλόπη ▫ <f> ▪ |antilópi|

European bison* ▪ *[n, 4]
▪ βόνασος Ευρωπαϊκώς ▪ |vónasos Evropaïkós|

ibex* ▪ *[n, 4]
▪ αίγαγρος ▫ <m> ▪ |aígagros|

wisent* ▪ *[n, 4]
▪ βόνασος ευρωπαϊκώς ▫ <m> ▪ |vónasos evropaïkós|

deer ▪ [n, 2]

▪ ελάφι ▫ <n> ▪ |eláfi| ▫ /eˈlafi/

moose ▪ [n, 2]

▪ άλκη ▫ <f> ▪ |álki|

fallow deer ▪ [n, 3]

▪ πλατώνι ▪ |platóni|

red deer ▪ [n, 3]

▪ ελάφι ▫ <n> ▪ |eláfi| ▫ /eˈlafi/

reindeer ▪ [n, 3]

▪ τάρανδος ▫ <m> ▪ |tárandos| ▫ /ˈtaɾanðos/

roe deer ▪ [n, 3]

▪ ζαρκάδι ▫ <n> ▪ |zarkádi|

pig ▪ [n, 1]

▪ γουρούνι ▫ <n> ▪ |gouroúni| ▫ /ɣuˈɾuni/

wild boar ▪ [n, 4]

▪ κάπρος ▫ <m> ▪ |kápros|

elephant ▪ [n, 1]

▪ ελέφαντας ▫ <m> ▪ |eléfantas|

hippopotamus ▪ [n, 2]

▪ ιπποπόταμος ▫ <m> ▪ |ippopótamos| ▫ [i.pɔ.ˈpɔ.ta.mɔs]

rhinoceros ▪ [n, 2]

▪ ρινόκερος ▫ <m> ▪ |rinókeros|

black rhinoceros ▪ [n, 3]

▪ μαύρος ρινόκερος ▪ |mávros rinókeros|

mammoth ▪ [n, 4]

▪ μαμούθ ▫ <n> ▪ |mamoúth|

bat ▪ [n, 1]

▪ νυχτερίδα ▫ <f> ▪ |nychterída| ▫ /nixtɛˈriða/

hedgehog ▪ [n, 2]

▪ σκαντζόχοιρος ▫ <m> ▪ |skantzóchoiros| ▫ [s̠kɐ^{n} ˈd͡z̠o̞.çi.ɾo̞s̠]

mole ▪ [n, 2]

▪ τυφλοπόντικας ▫ <m> ▪ |tyflopóntikas|

aardvark ▪ [n, 4]

▪ μυρμηγκοφάγος ▫ <m> ▪ |myrmigkofágos|

sloth ▪ [n, 4]

▪ βραδύπους ▫ <m> ▪ |vradýpous|

mouse ▪ [n, 1]

▪ ποντίκι ▫ <n> ▪ |pontíki|

rabbit ▪ [n, 1]

▪ κουνέλι ▫ <n> ▪ |kounéli| ▫ /kuˈneli/

rat ▪ [n, 1]

▪ αρουραίος ▪ |arouraíos|

hamster ▪ [n, 2]

▪ χάμστερ ▫ <n> ▪ |chámster|

hare ▪ [n, 2]

▪ λαγός ▫ <m> ▪ |lagós|

squirrel ▪ [n, 2]

▪ σκίουρος ▫ <m> ▪ |skíouros|

beaver ▪ [n, 3]

▪ κάστορας ▫ <m> ▪ |kástoras|

dormouse ▪ [n, 3]

▪ δασομυωξός ▫ <m> ▪ |dasomyoxós|

marmot ▪ [n, 3]

▪ μαρμότα ▫ <f> ▪ |marmóta|

muskrat ▪ [n, 3]

▪ μοσχοπόντικας ▪ |moschopóntikas|

guinea pig ▪ [n, 4]

▪ ινδικό χοιρίδιο ▫ <f> ▪ |indikó choirídio|

porcupine ▪ [n, 4]

▪ ακανθόχοιρος ▫ <m> ▪ |akanthóchoiros|

kangaroo ▪ [n, 1]

▪ καγκουρό ▫ <n> ▪ |kagkouró|

platypus ▪ [n, 3]

▪ πλατύπους ▪ |platýpous|

monkey ▪ [n, 1]

▪ πίθηκος ▫ <m> ▪ |píthikos|

ape ▪ [n, 3]

▪ πίθηκος ▫ <m> ▪ |píthikos|

chimpanzee ▪ [n, 3]

▪ χιμπατζής ▫ <m> ▪ |chimpatzís| ▫ /çimbanˈdzis/

gorilla ▪ [n, 3]

▪ γορίλας ▫ <m> ▪ |gorílas|

lamb ▪ [n, 1]

▪ αρνί ▫ <n> ▪ |arní|

piglet ▪ [n, 1]

▪ γουρουνόπουλο ▫ <n> ▪ |gourounópoulo|

calf ▪ [n, 2]

▪ μοσχάρι ▫ <n> ▪ |moschári|

foal ▪ [n, 2]

▪ πουλάρι ▫ <n> ▪ |poulári| ▫ /puˈlari/

kid ▪ [n, 3]

▪ κατσικάκι ▫ <n> ▪ |katsikáki|

kitten ▪ [n, 4]

▪ γατάκι ▫ <n> ▪ |gatáki|

bull ▪ [n, 1]

▪ ταύρος ▫ <m> ▪ |távros|

cow ▪ [n, 1] ▪ female

▪ αγελάδα ▫ <f> ▪ |ageláda| ▫ /a.ɟeˈla.ða/

dog ▪ [n, 3] ▪ male

▪ σκύλος ▫ <m> ▪ |skýlos| ▫ /ˈscilos/

bitch ▪ [n, 3]

▪ σκύλα ▫ <f> ▪ |skýla| ▫ /ˈscila/

boar ▪ [n, 4]

▪ κάπρος ▫ <m> ▪ |kápros|

sow ▪ [n, 4]

▪ γουρούνα ▫ <f> ▪ |gouroúna| ▫ /ɣuˈruna/

stallion ▪ [n, 2]

▪ επιβήτορας ▫ <m> ▪ |epivítoras|

mare ▪ [n, 2]

▪ φοράδα ▫ <f> ▪ |foráda|

cattle ▪ [n, 3]

▪ βοοειδή ▫ <n pl> ▪ |vooeidí| ▫ /vo.o.iˈði/

ox ▪ [n, 4]

▪ βόδι ▫ <n> ▪ |vódi|

vulture ▪ [n, 1]

▪ γύπας ▫ <m> ▪ |gýpas|

eagle ▪ [n, 2]

▪ αετός ▫ <m> ▪ |aetós|

falcon ▪ [n, 2]

▪ γεράκι ▫ <n> ▪ |geráki|

owl ▪ [n, 2]

▪ κουκουβάγια ▫ <f> ▪ |koukouvágia|

eagle owl ▪ [n, 3]

▪ μπούφος ▫ <m> ▪ |boúfos| ▫ /ˈbufos/

golden eagle ▪ [n, 3]

▪ χρυσαετός ▫ <m> ▪ |chrysaetós|

griffon vulture ▪ [n, 3]

▪ όρνιο ▪ |órnio|

hawk ▪ [n, 3]

▪ γεράκι ▫ <n> ▪ |geráki|

kite ▪ [n, 3]

▪ τσίφτης ▫ <m> ▪ |tsíftis|

little owl ▪ [n, 3]

▪ κουκουβάγια ▫ <f> ▪ |koukouvágia|

long-eared owl ▪ [n, 3]

▪ νανόμπουφος ▪ |nanómpoufos|
tawny owl ▪ [n, 3]
▪ χουχουριστής ▪ |chouchouristís|
barn owl ▪ [n, 4]
▪ πεπλόγλαυκα ▫ <f> ▪ |peplóglafka|
buzzard ▪ [n, 4]
▪ γερακίνα ▫ <f> ▪ |gerakína|
goshawk ▪ [n, 4]
▪ διπλοσάινο ▪ |diplosáino|
osprey ▪ [n, 4]
▪ αλιάετος ▫ <m> ▪ |aliáetos|
peregrine falcon ▪ [n, 4]
▪ πετρίτης ▫ <m> ▪ |petrítis|
duck ▪ [n, 1] ▪ of either sex
▪ πάπια ▫ <f> ▪ |pápia|
goose ▪ [n, 2]
▪ χήνα ▫ <f> ▪ |chína|
swan ▪ [n, 2]
▪ κύκνος ▫ <m> ▪ |kýknos|
gull ▪ [n, 3]
▪ γλάρος ▫ <m> ▪ |gláros|
penguin ▪ [n, 3]
▪ πιγκουίνος ▫ <m> ▪ |pigkouínos| ▫ /piŋguˈinos/
albatross ▪ [n, 4]
▪ άλμπατρος ▫ <n> ▪ |álmpatros|
common gull ▪ [n, 4]
▪ γλάρος ▪ |gláros|
pelican ▪ [n, 4]
▪ πελεκάνος ▫ <m> ▪ |pelekános|
seagull ▪ [n, 4]
▪ γλάρος ▫ <m> ▪ |gláros|
crow ▪ [n, 2]
▪ κουρούνα ▫ <f> ▪ |kouroúna|
heron ▪ [n, 2]
▪ ερωδιός ▫ <m> ▪ |erodiós|
ostrich ▪ [n, 2]
▪ στρουθοκάμηλος ▫ <f> ▪ |strouthokámilos|
peacock ▪ [n, 2]
▪ παγώνι ▫ <n> ▪ |pagóni|
pheasant ▪ [n, 2]
▪ φασιανός ▫ <m> ▪ |fasianós|
raven ▪ [n, 2]

- κόρακας ▫ <m> ▪ |kórakas|

stork ▪ **[n, 2]**

- πελαργός ▪ |pelargós|

turkey ▪ **[n, 2]**

- γαλοπούλα ▫ <f> ▪ |galopoúla| ▫ /ɣaloˈpula/

black grouse ▪ **[n, 3]**

- λυροπετεινός ▫ <m> ▪ |lyropeteinós|

grey heron ▪ **[n, 3]**

- σταχτοτσικνιάς ▫ <m> ▪ |stachtotsikniás|

guinea fowl ▪ **[n, 3]**

- φραγκόκοτα ▫ <f> ▪ |fragkókota|

partridge ▪ **[n, 3]**

- πέρδικα ▫ <f> ▪ |pérdika|

crane ▪ **[n, 4]**

- γερανός ▫ <m> ▪ |geranós|

swallow ▪ **[n, 1]**

- χελιδόνι ▫ <n> ▪ |chelidóni|

cuckoo ▪ **[n, 2]**

- κούκος ▪ |koúkos| ▫ /ˈkukos/

dove ▪ **[n, 2]**

- περιστέρι ▫ <n> ▪ |peristéri|

nightingale ▪ **[n, 2]**

- αηδόνι ▫ <n> ▪ |aidóni|

parrot ▪ **[n, 2]**

- παπαγάλος ▫ <m> ▪ |papagálos| ▫ /papaˈɣalɔs/

pigeon ▪ **[n, 2]**

- περιστέρι ▫ <n> ▪ |peristéri|

woodpecker ▪ **[n, 2]**

- δρυοκολάπτης ▫ <m> ▪ |dryokoláptis|

great tit ▪ **[n, 3]**

- καλόγερος ▪ |kalógeros|

house sparrow ▪ **[n, 3]**

- σπιτοσπουργίτι ▫ <n> ▪ |spitospourgíti|

magpie ▪ **[n, 3]**

- καρακάξα ▫ <f> ▪ |karakáxa|

quail ▪ **[n, 3]**

- ορτύκι ▫ <n> ▪ |ortýki|

rock dove ▪ **[n, 3]**

- αγριοπερίστερο ▫ <n> ▪ |agrioperístero|

skylark ▪ **[n, 3]**

- σταρήθρα ▫ <f> ▪ |staríthra|

thrush ▪ **[n, 3]**

▪ τσίχλα ▫ <f> ▪ |tsíchla|

blackbird* ▪ *[n, 4]

▪ κότσυφας ▫ <m> ▪ |kótsyfas|

canary* ▪ *[n, 4]

▪ καναρίνι ▫ <n> ▪ |kanaríni|

jay* ▪ *[n, 4]

▪ κίσσα ▫ <f> ▪ |kíssa|

starling* ▪ *[n, 4]

▪ ψαρόνι ▫ <n> ▪ |psaróni|

turtle dove* ▪ *[n, 4]

▪ τριγόνι ▪ |trigóni|

chick ▪ [n, 4]

▪ κοτοπουλάκι ▫ <n> ▪ |kotopouláki|

cock* ▪ *[n, 3]* ▪ *chicken

▪ κόκορας ▪ |kókoras|

hen* ▪ *[n, 3]* ▪ *chicken

▪ κότα ▫ <f> ▪ |kóta| ▫ /ˈkota/

rooster* ▪ *[n, 2]

▪ κόκορας ▫ <m> ▪ |kókoras|

duck* ▪ *[n, 4]* ▪ *female

▪ πάπια ▫ <f> ▪ |pápia|

chicken ▪ [n, 1]

▪ κοτόπουλο ▫ <n> ▪ |kotópoulo| ▫ /kɔˈtɔpulɔ/

snake* ▪ *[n, 1]

▪ φίδι ▫ <n> ▪ |fídi| ▫ /ˈfiði/

alligator* ▪ *[n, 2]

▪ αλιγάτορας ▫ <m> ▪ |aligátoras|

chameleon* ▪ *[n, 2]

▪ χαμαιλέων ▫ <m> ▪ |chamailéon|

crocodile* ▪ *[n, 2]

▪ κροκόδειλος ▫ <m> ▪ |krokódeilos|

lizard* ▪ *[n, 2]

▪ σαύρα ▫ <f> ▪ |sávra|

tortoise* ▪ *[n, 2]

▪ χελώνα ▫ <f> ▫ {tortoise or turtle} ▪ |chelóna| ▫ /çeˈlo.na/

turtle* ▪ *[n, 2]

▪ χελώνα ▫ <f> ▪ |chelóna| ▫ /çeˈlo.na/

dinosaur ▪ [n, 1]

▪ δεινόσαυρος ▫ <m> ▪ |deinósavros|

frog* ▪ *[n, 2]

▪ βάτραχος ▫ <m> ▪ |vátrachos|

toad ▪ *[n, 2]*
- φρύνος ▫ <m> ▪ |frýnos|

newt ▪ *[n, 4]*
- τρίτων ▫ <m> ▪ |tríton|

salamander ▪ *[n, 4]*
- σαλαμάνδρα ▫ <f> ▪ |salamándra|

eel ▪ [n, 2]
- χέλι ▫ <n> ▪ |chéli| ▫ /'çeli/

shark ▪ [n, 2]
- καρχαρίας ▫ <m> ▪ |karcharías|

cod ▪ [n, 3]
- μπακαλιάρος ▫ <m> ▪ |bakaliáros|

herring ▪ [n, 3]
- ρέγγα ▫ <f> ▪ |rénga|

swordfish ▪ [n, 4]
- ξιφίας ▫ <m> ▪ |xifías|

catfish ▪ [n, 3]
- γατόψαρο ▫ <n> ▪ |gatópsaro|

goldfish ▪ [n, 3]
- χρυσόψαρο ▫ <n> ▪ |chrysópsaro|

salmon ▪ [n, 3]
- σολομός ▫ <m> ▪ |solomós|

carp ▪ [n, 4]
- κυπρίνος ▫ <m> ▪ |kyprínos|

pike ▪ [n, 4]
- λούτσος ▫ <m> ▪ |loútsos|

fly ▪ *[n, 1]*
- μύγα ▫ <f> ▪ |mýga| ▫ /'miɣa/

mosquito ▪ *[n, 1]*
- κουνούπι ▫ <n> ▪ |kounoúpi|

bee ▪ *[n, 2]*
- μέλισσα ▫ <f> ▪ |mélissa|

butterfly ▪ *[n, 2]*
- πεταλούδα ▫ <f> ▪ |petaloúda|

dragonfly ▪ *[n, 2]*
- λιβελλούλη ▫ <f> ▪ |livelloúli|

moth ▪ *[n, 3]*
- νυχτοπεταλούδα ▫ <f> ▪ |nychtopetaloúda|

queen ▪ *[n, 3]*
- βασίλισσα ▫ <f> ▪ |vasílissa| ▫ /va'silisa/

wasp ▪ *[n, 3]*
- σφήκα ▫ <f> ▪ |sfíka|

silkworm* ▪ *[n, 4]
▪ μεταξοσκώληκας ▫ <m> ▪ |metaxoskólikas|

ant ▪ [n, 2]
▪ μυρμήγκι ▫ <n> ▪ |myrmígki|

beetle ▪ [n, 2]
▪ σκαθάρι ▫ <n> ▪ |skathári|

cockroach ▪ [n, 2]
▪ κατσαρίδα ▫ <f> ▪ |katsarída|

cricket ▪ [n, 2]
▪ γρύλος ▫ <m> ▪ |grýlos|

flea ▪ [n, 2]
▪ ψύλλος ▫ <m> ▪ |psýllos|

grasshopper ▪ [n, 2]
▪ ακρίδα ▫ <f> ▪ |akrída|

louse ▪ [n, 2]
▪ ψείρα ▫ <f> ▪ |pseíra|

bedbug ▪ [n, 3]
▪ κοριός ▫ <m> ▪ |koriós| ▫ [korˈʝos]

cockchafer ▪ [n, 3]
▪ μηλολόνθη ▫ <f> ▪ |milolónthi|

firefly ▪ [n, 3]
▪ πυγολαμπίδα ▫ <f> ▪ |pygolampída|

ladybird ▪ [n, 3]
▪ πασχαλίτσα ▫ <f> ▪ |paschalítsa| ▫ /pasxaˈlitsa/

locust ▪ [n, 3]
▪ ακρίδα ▫ <f> ▪ |akrída|

cicada ▪ [n, 4]
▪ τζιτζίκι ▫ <n> ▪ |tzitzíki|

nit ▪ [n, 4]
▪ κονίδα ▫ <f> ▪ |konída|

termite ▪ [n, 4]
▪ τερμίτες ▪ |termítes|

caterpillar* ▪ *[n, 2]
▪ κάμπια ▫ <f> ▪ |kámpia|

larva* ▪ *[n, 2]* ▪ *animal
▪ προνύμφη ▫ <f> ▪ |pronýmfi|

pupa* ▪ *[n, 3]
▪ χρυσαλλίδα ▫ <f> ▪ |chrysallída|

cocoon* ▪ *[n, 4]
▪ κουκούλι ▫ <n> ▪ |koukoúli|

spider ▪ [n, 1]
▪ αράχνη ▫ <f> ▪ |aráchni| ▫ /aˈraxni/

scorpion ▪ [n, 2]

▪ σκορπιός ▫ <m> ▪ |skorpiós|

tick ▪ [n, 2]

▪ τσιμπούρι ▫ <n> ▪ |tsimpoúri|

centipede ▪ [n, 3]

▪ σαρανταποδαρούσα ▫ <f> ▪ |sarantapodaroúsa|

millipede ▪ [n, 4]

▪ σαρανταποδαρούσα ▫ <f> ▪ |sarantapodaroúsa|

prawn ▪ [n, 1]

▪ γαρίδα ▫ <f> ▪ |garída| ▫ /ɣa.ˈri.ða/

crab ▪ [n, 2]

▪ καβούρι ▫ <n> ▪ |kavoúri|

lobster ▪ [n, 2]

▪ αστακός ▫ <m> ▪ |astakós|

shrimp ▪ [n, 2]

▪ γαρίδα ▫ <f> ▪ |garída| ▫ /ɣa.ˈri.ða/

crayfish ▪ [n, 4]

▪ ποταμοκαραβίδα ▫ <f> ▪ |potamokaravída|

jellyfish ▪ [n, 2]

▪ μέδουσα ▫ <f> ▪ |médousa| ▫ /ˈme̞ðusa/

leech ▪ [n, 2]

▪ βδέλλα ▫ <f> ▪ |vdélla|

worm ▪ [n, 2]

▪ σκουλήκι ▫ <n> ▪ |skoulíki| ▫ [sku.ˈli.ci]

sponge ▪ [n, 3]

▪ σφουγγάρι ▫ <n> ▪ |sfoungári|

earthworm ▪ [n, 4]

▪ γαιοσκώληκας ▫ <m> ▪ |gaioskólikas|

starfish ▪ [n, 4]

▪ αστερίας ▫ <m> ▪ |asterías|

oyster ▪ [n, 1]

▪ στρείδι ▫ <n> ▪ |streídi|

octopus ▪ [n, 2]

▪ χταπόδι ▫ <n> ▪ |chtapódi|

snail ▪ [n, 2]

▪ σαλιγκάρι ▫ <n> ▪ |saligkári|

squid ▪ [n, 2]

▪ καλαμάρι ▫ <n> ▪ |kalamári|

cuttlefish ▪ [n, 3]

▪ σουπιά ▫ <f> ▪ |soupiá|

mussel ▪ [n, 3]

▪ μύδι ▫ <n> ▪ |mýdi|

shell ▪ *[n, 3]*

- όστρακο ▫ <n> ▪ |óstrako|

slug ▪ *[n, 3]*

- γυμνοσάλιαγκας ▫ <n> ▪ |gymnosáliagkas|

seashell ▪ *[n, 4]*

- όστρακο ▫ <n> ▪ |óstrako|

BODY, SEX, HEALTH, APPEARANCE [17]
BODY, PARTS OF BODY, CORPSE [064]

body ▪ [n, 1] ▪ structure
▪ σώμα ▫ <n> ▪ |sóma| ▫ /ˈsɔma/

chest ▪ [n, 2]
▪ στήθος ▫ <n> ▪ |stíthos| ▫ /ˈstiθos/

back ▪ [n, 2]
▪ πλάτη ▫ <f> ▪ |pláti|

stomach ▪ [n, 1]
▪ στομάχι ▫ <n> ▪ |stomáchi|

belly ▪ [n, 2]
▪ κοιλιά ▪ |koiliá|

breast ▪ [n, 2] ▪ female organ
▪ στήθος ▫ <n> ▪ |stíthos| ▫ /ˈstiθos/

butt ▪ [n, 2]
▪ ποπός ▫ <m> ▪ |popós| ▫ /poˈpos/

buttock ▪ [n, 2]
▪ γλουτός ▫ <m> ▪ |gloutós|

navel ▪ [n, 2]
▪ ομφαλός ▫ <m> ▪ |omfalós|

nipple ▪ [n, 2]
▪ ρώγα ▫ <f> ▪ |róga| ▫ /ˈroɣa/

bottom ▪ [n, 3]
▪ πισινός ▪ |pisinós| ▫ /pisiˈnos/

breast ▪ [n, 3] ▪ chest
▪ στήθος ▫ <n> ▪ |stíthos| ▫ /ˈstiθos/

waist ▪ [n, 4]
▪ μέση ▫ <f> ▪ |mési|

head ▪ [n, 1]
▪ κεφάλι ▫ <n> ▪ |kefáli| ▫ [cȩˈfali]

neck ▪ [n, 1]
▪ λαιμός ▫ <m> ▪ |laimós|

throat ▪ [n, 1]
▪ λαιμός ▫ <m> ▪ |laimós|

Adam's apple ▪ [n, 3]
▪ μήλο του Αδάμ ▫ <n> ▪ |mílo tou Adám|

temple ▪ [n, 3]
▪ κρόταφος ▫ <m> ▪ |krótafos|

thigh ▪ [n, 2]
▪ μηρός ▫ <m> ▪ |mirós|

knee ▪ [n, 2]

▪ γόνατο ▫ <n> ▪ |gónato| ▫ [ˈɣɔnatɔ]

shin* ▪ *[n, 2]

▪ αντικνήμιο ▫ <n> ▪ |antiknímio|

ankle* ▪ *[n, 2]

▪ αστράγαλος ▫ <m> ▪ |astrágalos|

leg* ▪ *[n, 1]

▪ πόδι ▫ <n> ▪ |pódi| ▫ /ˈpoði/

foot* ▪ *[n, 1]

▪ πόδι ▫ <n> ▪ |pódi| ▫ /ˈpoði/

heel* ▪ *[n, 2]

▪ φτέρνα ▫ <f> ▪ |ftérna|

calf* ▪ *[n, 3]

▪ κνήμη ▫ <f> ▪ |kními| ▫ /ˈknimi/

hip* ▪ *[n, 4]

▪ ισχίο ▫ <n> ▪ |ischío| ▫ /iˈsçi.o/

sole* ▪ *[n, 4]

▪ πέλμα ▫ <n> ▪ |pélma|

forearm ▪ [n, 3]

▪ πήχυς ▫ <m> ▪ |píchys|

elbow ▪ [n, 3]

▪ αγκώνας ▫ <m> ▪ |agkónas| ▫ [aŋˈgonas]

upper arm ▪ [n, 3]

▪ βραχίονας ▫ <m> ▪ |vrachíonas|

wrist ▪ [n, 3]

▪ καρπός ▫ <m> ▪ |karpós|

arm ▪ [n, 1]

▪ χέρι ▫ <n> ▪ |chéri| ▫ /ˈçeri/

hand ▪ [n, 1]

▪ χέρι ▫ <n> ▪ |chéri| ▫ /ˈçeri/

finger ▪ [n, 1]

▪ δάχτυλο ▫ <m> ▪ |dáchtylo|

shoulder ▪ [n, 1]

▪ ώμος ▫ <m> ▪ |ómos|

armpit ▪ [n, 2]

▪ μασχάλη ▫ <f> ▪ |maschāli| ▫ [maˈsxali]

fingernail ▪ [n, 2]

▪ νύχι ▫ <n> ▪ |nýchi| ▫ [ˈniçi]

fist ▪ [n, 2]

▪ γροθιά ▫ <f> ▪ |grothiá| ▫ [ɣroˈθça]

nail ▪ [n, 2]

▪ νύχι ▫ <n> ▪ |nýchi| ▫ [ˈniçi]

palm ▪ [n, 2]

▪ παλάμη ▫ <f> ▪ |palámi|

thumb* ▪ *[n, 3]

▪ αντίχειρας ▫ <m> ▪ |antícheiras|

forefinger* ▪ *[n, 3]

▪ δείκτης ▫ <m> ▪ |deíktis|

middle finger* ▪ *[n, 3]

▪ μέσος ▫ <m> ▪ |mésos|

ring finger* ▪ *[n, 3]

▪ παράμεσος ▫ <m> ▪ |parámesos|

little finger* ▪ *[n, 3]

▪ μικρός ▫ <m> ▪ |mikrós| ▫ [miˈkr̞os]

body ▪ [n, 2] ▪ corpse

▪ πτώμα ▫ <n> ▪ |ptóma|

corpse ▪ [n, 2]

▪ πτώμα ▫ <n> ▪ |ptóma|

ORGANS OF BODY [065]

blood* ▪ *[n, 1]

▪ αίμα ▫ <n> ▪ |aíma| ▫ [ˈema]

artery ▪ [n, 2]

▪ αρτηρία ▫ <f> ▪ |artiría|

vein ▪ [n, 2]

▪ φλέβα ▫ <f> ▪ |fléva|

heart ▪ [n, 1]

▪ καρδιά ▫ <f> ▪ |kardiá| ▫ /karˈðʝa/

aorta ▪ [n, 3]

▪ αορτή ▫ <f> ▪ |aortí| ▫ /aɔrˈti/

capillary ▪ [n, 4]

▪ τριχοειδές αγγείο ▫ <n> ▪ |trichoeidés angeío|

skin ▪ [n, 1]

▪ δέρμα ▫ <n> ▪ |dérma| ▫ [ˈðɛrma]

fat ▪ [n, 2]

▪ λίπος ▫ <n> ▪ |lípos| ▫ /ˈli.pos/

muscle* ▪ *[n, 2]

▪ μυς ▫ <m> ▪ |mys|

tendon* ▪ *[n, 3]

▪ τένοντας ▫ <m> ▪ |ténontas|

skeleton ▪ [n, 2]

▪ σκελετός ▫ <m> ▪ |skeletós|

skull ▪ [n, 2]

▪ κρανίο ▫ <n> ▪ |kranío|

bone ▪ [n, 1]
▪ οστό ▫ <n> ▪ |ostó| ▫ [ọ'stọ]
jaw ▪ [n, 1]
▪ σαγόνι ▫ <n> ▪ |sagóni|
rib ▪ [n, 1]
▪ πλευρό ▫ <n> ▪ |plevró|
bone marrow ▪ [n, 2]
▪ μεδούλι ▫ <n> ▪ |medoúli|
cartilage ▪ [n, 2]
▪ χόνδρος ▫ <m> ▪ |chóndros|
clavicle ▪ [n, 3]
▪ κλείδα ▫ <f> ▪ |kleída|
backbone ▪ [n, 4]
▪ σπονδυλική στήλη ▫ <f> ▪ |spondylikí stíli|
kneecap ▪ [n, 4]
▪ επιγονατίδα ▫ <f> ▪ |epigonatída|
brain ▪ [n, 1]
▪ εγκέφαλος ▫ <m> ▪ |egkéfalos|
nerve ▪ [n, 2]
▪ νεύρο ▫ <n> ▪ |névro|
spinal cord ▪ [n, 4]
▪ νωτιαίος μυελός ▫ <m> ▪ |notiaíos myelós|
eardrum ▪ [n, 3]
▪ ακουστικό τύμπανο ▫ <n> ▪ |akoustikó týmpano|
eyeball ▪ [n, 3]
▪ βολβός του ματιού ▪ |volvós tou matioú|
mouth ▪ [n, 1]
▪ στόμα ▫ <n> ▪ |stóma|
tongue ▪ [n, 1]
▪ γλώσσα ▫ <f> ▪ |glóssa| ▫ /'ɣlosa/
tooth ▪ [n, 1]
▪ δόντι ▫ <n> ▪ |dónti| ▫ ['ðɔndi]
palate ▪ [n, 3]
▪ ουρανίσκος ▫ <m> ▪ |ouranískos|
wisdom tooth ▪ [n, 3]
▪ φρονιμίτης ▫ <m> ▪ |fronimítis|
stomach ▪ [n, 1]
▪ στομάχι ▫ <n> ▪ |stomáchi|
anus ▪ [n, 2]
▪ πρωκτός ▪ |proktós| ▫ /prok'tos/
intestine ▪ [n, 2]
▪ έντερο ▫ <n> ▪ |éntero| ▫ /'endero/

gall bladder* ▪ *[n, 3]
▪ χοληδόχος κύστη ▫ <f> ▪ |cholidóchos kýsti|

asshole* ▪ *[n, 4]
▪ κωλοτρυπίδα ▫ <f> ▪ |kolotrypída| ▫ /kolotriˈpiða/

oesophagus* ▪ *[n, 4]
▪ οισοφάγος ▫ <m> ▪ |oisofágos|

lung ▪ [n, 2]
▪ πνεύμονας ▫ <m> ▪ |pnévmonas| ▫ /ˈpnev.mo.nas/

windpipe ▪ [n, 3]
▪ τραχεία ▫ <f> ▪ |tracheía|

larynx ▪ [n, 4]
▪ λάρυγγας ▪ |láryngas| ▫ [ˈlariŋgas]

placenta ▪ [n, 4]
▪ πλακούντας ▫ <m> ▪ |plakoúntas| ▫ /plaˈkundas/

kidney* ▪ *[n, 2]
▪ νεφρό ▫ <n> ▪ |nefró|

liver* ▪ *[n, 2]
▪ ήπαρ ▫ <n> ▪ |ípar|

pancreas* ▪ *[n, 2]
▪ πάγκρεας ▫ <n> ▪ |págkreas| ▫ /ˈpaŋgreas/

spleen* ▪ *[n, 2]
▪ σπλην ▫ <m> ▪ |splin|

urinary bladder* ▪ *[n, 3]
▪ ουροδόχος κύστη ▫ <f> ▪ |ourodóchos kýsti|

urethra* ▪ *[n, 4]
▪ ουρήθρα ▫ <f> ▪ |ouríthra|

penis ▪ [n, 2]
▪ πέος ▫ <n> ▪ |péos| ▫ /ˈpeos/

testicle ▪ [n, 2]
▪ όρχις ▫ <m> ▪ |órchis| ▫ [ˈorçis]

glans penis ▪ [n, 3]
▪ βάλανος ▫ <f> ▪ |válanos| ▫ /ˈvalanos/

prostate ▪ [n, 4]
▪ προστάτης ▫ <m> ▪ |prostátis|

phallic ▪ [adj, 4]
▪ φαλλικό ▪ |fallikó|

dick* ▪ *[n, 3]
▪ ψωλή ▫ <f> ▪ |psolí| ▫ /psoˈli/

clitoris ▪ [n, 2]
▪ κλειτορίδα ▫ <f> ▪ |kleitorída| ▫ [klitɔˈriða]

vagina ▪ [n, 2]
▪ κόλπος ▫ <m> ▪ |kólpos|

vulva ▪ [n, 2]
▪ αιδοίο ▫ <n> ▪ |aidoío| ▫ /ɛ.ˈði.ɔ/

womb ▪ [n, 2]
▪ μήτρα ▫ <f> ▪ |mítra|

ovary ▪ [n, 3]
▪ ωοθήκη ▫ <f> ▪ |oothíki|

cunt ▪ [n, 2]
▪ μουνί ▫ <n> ▪ |mouní| ▫ /muˈni/

pussy ▪ [n, 4]
▪ μουνί ▫ <n> ▪ |mouní| ▫ /muˈni/

twat ▪ [n, 4]
▪ μουνί ▫ <n> ▪ |mouní| ▫ /muˈni/

PHYSIOLOGICAL PROCESSES, SECRETIONS, PREGNANCY, CHILDBIRTH [066]

sigh ▪ [n, 3]
▪ αναστεναγμός ▫ <m> ▪ |anastenagmós| ▫ [anastɛnaɣˈmos]

yawn ▪ [n, 4]
▪ χασμουρητό ▫ <n> ▪ |chasmouritó|

inhale ▪ [v, 4]
▪ εισπνέω ▪ |eispnéo| ▫ /isˈpne.o/

exhale ▪ [v, 4]
▪ εκπνέω ▪ |ekpnéo|

breathe ▪ [v, 1]
▪ αναπνέω ▪ |anapnéo| ▫ /a.naˈpne.o/

yawn ▪ [v, 1]
▪ χασμουριέμαι ▪ |chasmouriémai|

sigh ▪ [v, 3]
▪ αναστενάζω ▪ |anastenázo| ▫ /a.na.steˈna.zo/

cough ▪ [n, 4]
▪ βήχας ▫ <m> ▪ |víchas|

sneeze ▪ [n, 4]
▪ φτάρνισμα ▫ <n> ▪ |ftárnisma|

hiccup ▪ [n, 3]
▪ λόξιγκας ▫ <m> ▪ |lóxigkas| ▫ /ˈloksiŋgas/

cough ▪ [v, 1]
▪ βήχω ▪ |vícho|

sneeze ▪ [v, 1]
▪ φταρνίζομαι ▪ |ftarnízomai|

snore ▪ [v, 1]

▪ ροχαλίζω ▪ |rochalízo| ▫ /ɾoxaˈlizo/

belch ▪ [v, 2]

▪ ρεύομαι ▪ |révomai|

burp ▪ [v, 3]

▪ ρεύομαι ▪ |révomai|

fart ▪ [n, 3]

▪ πορδή ▫ <f> ▪ |pordí| ▫ /poɾˈði/

fart ▪ [v, 1]

▪ κλάνω ▪ |kláno| ▫ /ˈklano/

spit ▪ [v, 1]

▪ φτύνω ▪ |ftýno| ▫ /ˈfti.nɔ/

vomit ▪ [v, 1]

▪ εξεμώ ▪ |exemó|

shit ▪ [v, 2]

▪ χέζω ▪ |chézo| ▫ /ˈçezo/

defecate ▪ [v, 3]

▪ αφοδεύω ▪ |afodévo|

shit ▪ [n, 2] ▪ solid excrement

▪ σκατό ▫ <n> ▪ |skató| ▫ /skaˈto/

urine ▪ [n, 2]

▪ ούρα ▫ <n pl> ▪ |oúra|

excrement ▪ [n, 3]

▪ περίττωμα ▫ <n> ▪ |períttoma|

vomit ▪ [n, 3]

▪ έμεσμα ▫ <n> ▪ |émesma|

menstruation ▪ [n, 1]

▪ εμμηνόρροια ▫ <f> ▪ |emminórroia|

erection ▪ [n, 3]

▪ στύση ▫ <f> ▪ |stýsi| ▫ [ˈstisi]

semen ▪ [n, 2]

▪ σπέρμα ▫ <n> ▪ |spérma|

egg ▪ [n, 3]

▪ ωάριο ▫ <n> ▪ |oário|

sperm ▪ [n, 3]

▪ σπέρμα ▫ <n> ▪ |spérma|

bile ▪ [n, 2]

▪ χολή ▫ <f> ▪ |cholí|

saliva ▪ [n, 2]

▪ σίελος ▫ <m> ▪ |síelos|

sweat ▪ [n, 2]

▪ ιδρώτας ▫ <m> ▪ |idrótas|

mucus ▪ [n, 3]

▪ βλέννα ▫ <f> ▪ |vlénna|

earwax* ▪ *[n, 4]

▪ κυψελίδα ▫ <f> ▪ |kypselída|

sweat* ▪ *[v, 1]

▪ ιδρώνω ▪ |idróno|

digestion ▪ [n, 3]

▪ πέψη ▫ <f> ▪ |pépsi|

pregnancy* ▪ *[n, 2]

▪ εγκυμοσύνη ▫ <f> ▪ |egkymosýni|

embryo* ▪ *[n, 4]

▪ έμβρυο ▫ <n> ▪ |émvryo|

fetus* ▪ *[n, 4]

▪ έμβρυο ▫ <n> ▪ |émvryo|

umbilical cord* ▪ *[n, 4]

▪ ομφάλιος λωρός ▫ <m> ▪ |omfálios lorós|

pregnant* ▪ *[adj, 1]

▪ έγκυος ▪ |égkyos| ▫ /ˈɛŋ.ɟi.ɔs/

conceive* ▪ *[v, 4]

▪ συλλαμβάνω ▪ |syllamváno|

abortion ▪ [n, 2] ▪ instance

▪ έκτρωση ▫ <f> ▪ |éktrosi|

birth* ▪ *[n, 1]* ▪ *process

▪ γέννα ▫ <f> ▪ |génna| ▫ /ˈʝe.na/

birth* ▪ *[n, 3]* ▪ *instance

▪ γέννα ▫ <f> ▪ |génna| ▫ /ˈʝe.na/

birthday* ▪ *[n, 3]

▪ ημερομηνία γεννήσεως ▫ <f> ▪ |imerominía genníseos|

delivery* ▪ *[n, 4]

▪ γέννα ▫ <f> ▪ |génna| ▫ /ˈʝe.na/

be born* ▪ *[v, 1]

▪ γεννιέμαι ▪ |genniémai|

babysitter ▪ [n, 3]

▪ μπέιμπι σίτερ ▫ <m/f> ▪ |béimpi síter|

pacifier ▪ [n, 3]

▪ πιπίλα ▫ <f> ▪ |pipíla|

wet nurse ▪ [n, 3]

▪ τροφός ▫ <f> ▪ |trofós|

SEXUALITY, CARESSES, SEX [067]

sexual ▪ [adj, 3] ▪ of sexuality

▪ σεξουαλικός ▪ |sexoualikós| ▫ [seksuali'kɔs]
handsome ▪ [adj, 2]
▪ ωραίος ▪ |oraíos| ▫ /ɔ.ˈrɛ.ɔs/
pretty ▪ [adj, 2]
▪ χαριτωμένος ▪ |charitoménos|
erotic ▪ [adj, 2]
▪ ερωτικός ▪ |erotikós| ▫ [ɛrɔti'kɔs]
desire ▪ [v, 3]
▪ επιθυμώ ▪ |epithymó|
kiss ▪ [n, 1]
▪ φιλί ▫ <n> ▪ |filí|
hug ▪ [n, 3]
▪ αγκάλιασμα ▫ <n> ▪ |agkáliasma|
kiss ▪ [v, 1] ▪ <tr>
▪ φιλώ ▪ |filó|
hug ▪ [v, 2]
▪ αγκαλιάζω ▪ |agkaliázo|
kiss ▪ [v, 2] ▪ <retr>
▪ φιλώ ▪ |filó|
sex ▪ [n, 2]
▪ συνουσία ▫ <f> ▪ |synousía| ▫ /si.nu.ˈsi.a/
sexual intercourse ▪ [n, 2]
▪ συνουσία ▫ <f> ▪ |synousía| ▫ /si.nu.ˈsi.a/
sexual ▪ [adj, 4] ▪ relating to having sex
▪ σεξουαλικός ▪ |sexoualikós| ▫ [seksuali'kɔs]
fuck ▪ [v, 1]
▪ γαμώ ▪ |gamó| ▫ [ɣa'mɔ]
love ▪ [v, 3]
▪ κάνω έρωτα ▪ |káno érota|
ejaculation ▪ [n, 4]
▪ εκσπερμάτιση ▫ <f> ▪ |ekspermátisi|
come ▪ [v, 2]
▪ χύνω ▪ |chýno| ▫ ['çino]
masturbation ▪ [n, 2]
▪ αυνανισμός ▪ |avnanismós| ▫ [avnanis'mɔs]
anal sex ▪ [n, 3]
▪ πρωκτική συνουσία ▫ <f> ▪ |proktikí synousía|
blowjob ▪ [n, 4]
▪ πίπα ▫ <f> ▪ |pípa| ▫ /ˈpipa/
masturbate ▪ [v, 2]
▪ αυνανίζομαι ▪ |avnanízomai| ▫ [avna'nizɔmɛ]
incest ▪ [n, 4]

▪ αδελφομιξία ▫ <f> ▪ |adelfomixía|

pornographic ▪ [adj, 2]

▪ πορνογραφικός ▪ |pornografikós| ▫ [pɔrnɔɣrafi'kɔs]

virgin ▪ [n, 2]

▪ παρθένα ▫ <f> ▪ |parthéna|

maiden ▪ [n, 3]

▪ παρθένα ▫ <f> ▪ |parthéna|

HEALTH, DISEASES, INJURIES [068]

health ▪ [n, 1] ▪ good condition

▪ υγεία ▫ <f> ▪ |ygeía| ▫ /i'ʝi.a/

healthy ▪ [adj, 1] ▪ enjoying health

▪ υγιής ▪ |ygiís|

well ▪ [adj, 2]

▪ γερός ▫ <m> ▪ |gerós| ▫ /ɟe'ros/

safe and sound ▪ [adj, 4]

▪ σώος και αβλαβής ▪ |sóos kai avlavís|

illness ▪ [n, 1]

▪ αρρώστια ▫ <f> ▪ |arróstia| ▫ /a'rɔ.stça/

disease ▪ [n, 1]

▪ ασθένεια ▪ |asthéneia| ▫ [as'θɛnia]

healthy ▪ [adj, 4] ▪ conductive to health

▪ υγιεινός ▪ |ygieinós|

unhealthy ▪ [adj, 4]

▪ νοσηρός ▪ |nosirós|

ill ▪ [adj, 1]

▪ άρρωστος ▪ |árrostos|

pain ▪ [n, 1]

▪ πόνος ▫ <m> ▪ |pónos|

ache ▪ [n, 4]

▪ άλγος ▫ <n> ▪ |álgos| ▫ /'alɣos/

stomachache ▪ [n, 4]

▪ στομαχόπονος ▫ <m> ▪ |stomachóponos|

headache ▪ [n, 4]

▪ πονοκέφαλος ▫ <m> ▪ |ponokéfalos|

toothache ▪ [n, 4]

▪ πονόδοντος ▫ <m> ▪ |ponódontos|

earache ▪ [n, 4]

▪ πόνος αυτιού ▫ <m> ▪ |pónos aftioú|

fever ▪ [n, 2]

▪ πυρετός ▫ <m> ▪ |pyretós| ▫ [pirɛ'tɔs]

diarrhea ▪ [n, 3]

▪ διάρροια ▪ |diárroia| ▫ /ðiˈaria/

coma ▪ [n, 4]

▪ κώμα ▫ <n> ▪ |kóma|

infection ▪ [n, 4]

▪ λοίμωξη ▫ <f> ▪ |loímoxi|

cold ▪ [n, 1]

▪ κρύωμα ▫ <n> ▪ |krýoma|

AIDS ▪ [n, 2]

▪ AIDS ▫ <n> ▪ |AIDS|

flu ▪ [n, 2]

▪ γρίπη ▫ <f> ▪ |grípi|

gangrene ▪ [n, 3]

▪ γάγγραινα ▫ <f> ▪ |gángraina|

anthrax ▪ [n, 4]

▪ άνθρακας ▫ <m> ▪ |ánthrakas|

foot-and-mouth disease ▪ [n, 4]

▪ αφθώδης πυρετός ▫ <m> ▪ |afthódis pyretós|

insomnia ▪ [n, 4]

▪ αϋπνία ▫ <f> ▪ |aÿpnía| ▫ /aipˈnia/

leprosy ▪ [n, 4]

▪ λέπρα ▫ <f> ▪ |lépra|

malaria ▪ [n, 4]

▪ ελονοσία ▫ <f> ▪ |elonosía|

tuberculosis ▪ [n, 4]

▪ φυματίωση ▫ <f> ▪ |fymatíosi|

dandruff ▪ [n, 2]

▪ πιτυρίδα ▫ <f> ▪ |pityrída|

pimple ▪ [n, 3]

▪ σπυρί ▫ <n> ▪ |spyrí|

pus ▪ [n, 3]

▪ πύον ▫ <n> ▪ |pýon| ▫ /ˈpion/

scab ▪ [n, 3]

▪ κρούστα ▫ <f> ▪ |kroústa|

wart ▪ [n, 3]

▪ κρεατοελιά ▫ <f> ▪ |kreatoeliá|

blister ▪ [n, 4]

▪ φουσκάλα ▫ <f> ▪ |fouskála| ▫ /fuˈskala/

cancer ▪ [n, 1]

▪ καρκίνος ▫ <m> ▪ |karkínos|

allergy ▪ [n, 2]

▪ αλλεργία ▫ <f> ▪ |allergía|

diabetes ▪ [n, 3]
- διαβήτης ▫ <m> ▪ |diavítis|

obesity ▪ [n, 3]
- παχυσαρκία ▫ <f> ▪ |pachysarkía|

anemia ▪ [n, 4]
- αναιμία ▪ |anaimía|

asthma ▪ [n, 4]
- άσθμα ▫ <n> ▪ |ásthma|

heart attack ▪ [n, 4]
- έμφραγμα ▫ <n> ▪ |émfragma|

schizophrenia ▪ [n, 1]
- σχιζοφρένεια ▫ <f> ▪ |schizofréneia| ▫ [sçizoˈfreɲa]

bipolar disorder ▪ [n, 3]
- διπολική διαταραχή ▫ <f> ▪ |dipolikí diatarachí|

crazy ▪ [adj, 1]
- τρελός ▪ |trelós|

mad ▪ [adj, 2]
- τρελός ▪ |trelós|

injury ▪ *[n, 2]*
- ζημία ▫ <f> ▪ |zimía|

wound ▪ *[n, 2]*
- τραύμα ▫ <n> ▪ |trávma|

cut ▪ *[n, 3]*
- κόψιμο ▫ <n> ▪ |kópsimo|

burn ▪ *[n, 4]*
- έγκαυμα ▫ <n> ▪ |égkavma|

burn ▪ *[v, 2]*
- καίω ▪ |kaío|

bloody ▪ [adj, 2] ▪ of bloodshed
- αιματηρός ▪ |aimatirós|

bleed ▪ [v, 2]
- αιμορραγώ ▪ |aimorragó|

TREATMENT, REMEDIES, MEDICINE [069]

patient ▪ *[n, 2]*
- ασθενής ▫ <m> ▪ |asthenís|

first aid ▪ *[n, 4]*
- πρώτες βοήθειες ▫ <f pl> ▪ |prótes voítheies| ▫ /ˈprotes voˈiθies/

cure ▪ *[v, 3]*
- θεραπεύω ▪ |therapévo|

diagnosis ▪ [n, 3]
▪ διάγνωση ▫ <f> ▪ |diágnosi|
circumcision ▪ [n, 3]
▪ περιτομή ▫ <f> ▪ |peritomí|
operation ▪ [n, 4]
▪ εγχείρηση ▫ <f> ▪ |encheírisi|
massage ▪ [n, 2]
▪ μάλαξη ▫ <f> ▪ |málaxi|
therapy ▪ [n, 4]
▪ θεραπεία ▫ <f> ▪ |therapeía|
nurse ▪ [v, 3]
▪ νοσηλεύω ▪ |nosilévo|
euthanasia ▪ [n, 3]
▪ ευθανασία ▫ <f> ▪ |efthanasía| ▫ /efθanaˈsia/
medicine ▪ [n, 1] ▪ substance
▪ φάρμακο ▫ <n> ▪ |fármako|
ointment ▪ [n, 1]
▪ αλοιφή ▫ <f> ▪ |aloifí|
vaccine ▪ [n, 2]
▪ εμβόλιο ▫ <n> ▪ |emvólio|
pill ▪ [n, 4]
▪ χάπι ▫ <n> ▪ |chápi|
insulin ▪ [n, 3]
▪ ινσουλίνη ▫ <f> ▪ |insoulíni|
condom ▪ [n, 2]
▪ προφυλακτικό ▫ <n> ▪ |profylaktikó|
crutch ▪ [n, 4]
▪ δεκανίκι ▫ <n> ▪ |dekaníki|
spectacles ▪ [n, 1]
▪ γυαλιά ▫ <n pl> ▪ |gyaliá|
sunglasses ▪ [n, 2]
▪ γυαλιά ηλίου ▫ <n pl> ▪ |gyaliá ilíou|
syringe ▪ [n, 1]
▪ σύριγγα ▫ <f> ▪ |sýringa|
scalpel ▪ [n, 3]
▪ νυστέρι ▫ <n> ▪ |nystéri|
hospital ▪ [n, 1]
▪ νοσοκομείο ▫ <n> ▪ |nosokomeío| ▫ /nɔsɔkɔˈmiɔ/
pharmacy ▪ [n, 1]
▪ φαρμακείο ▫ <n> ▪ |farmakeío| ▫ /farmaˈcio/
clinic ▪ [n, 3]
▪ κλινική ▫ <f> ▪ |klinikí|

dentist ▪ [n, 1]
▪ οδοντίατρος ▫ <m/f> ▪ |odontíatros|
doctor ▪ [n, 1]
▪ ιατρός ▫ <m/f> ▪ |iatrós|
nurse ▪ [n, 1]
▪ νοσοκόμα ▫ <f> ▪ |nosokóma|
pharmacist ▪ [n, 2]
▪ φαρμακοποιός ▫ <m> ▪ |farmakopoiós|
sister ▪ [n, 3]
▪ αδελφή ▫ <f> ▪ |adelfí|
surgeon ▪ [n, 3]
▪ χειρουργός ▫ <c> ▪ |cheirourgós|

SMOKING, DRUGS [070]

cigarette ▪ [n, 1]
▪ τσιγάρο ▫ <n> ▪ |tsigáro| ▫ [(t)si'ɣarɔ]
tobacco ▪ [n, 2]
▪ καπνός ▫ <m> ▪ |kapnós| ▫ /ka'pnos̞/
cigar ▪ [n, 4]
▪ πούρο ▫ <n> ▪ |poúro|
tobacco pipe ▪ [n, 4]
▪ πίπα ▫ <f> ▪ |pípa| ▫ /'pipa/
smoking ▪ [n, 3]
▪ κάπνισμα ▫ <n> ▪ |kápnisma|
smoke ▪ [v, 1] ▪ at this time
▪ καπνίζω ▪ |kapnízo|
smoke ▪ [v, 2] ▪ regularly
▪ καπνίζω ▪ |kapnízo|
marijuana ▪ [n, 2]
▪ μαριχουάνα ▫ <f> ▪ |marichouána| ▫ [mari'χwana]
hashish ▪ [n, 3]
▪ χασίσι ▪ |chasísi|
heroin ▪ [n, 3]
▪ ηρωίνη ▫ <f> ▪ |iroíni|
opium ▪ [n, 3]
▪ όπιο ▫ <n> ▪ |ópio| ▫ /'o.pi.o/
cocaine ▪ [n, 4]
▪ κοκαΐνη ▫ <f> ▪ |kokaïni|
drug ▪ [n, 4]
▪ ναρκωτικό ▫ <n> ▪ |narkotikó| ▫ [narkɔti'kɔ]
high ▪ [adj, 4]

▪ μαστουρωμένος ▪ |mastouroménos|

APPEARANCE, PHYSIQUE [071]

face* ▪ *[n, 1]
▪ πρόσωπο ▫ <n> ▪ |prósopo| ▫ /ˈprɔsɔpɔ/

eye ▪ [n, 1]
▪ μάτι ▫ <n> ▫ {colloquial} ▪ |máti| ▫ [ˈmati]
▪ οφθαλμός ▫ <m> ▫ {medicine} ▪ |ofthalmós| ▫ /ofθalˈmos/

eyebrow ▪ [n, 2]
▪ φρύδι ▫ <n> ▪ |frýdi| ▫ [ˈfriði]

eyelash ▪ [n, 2]
▪ βλεφαρίδα ▫ <f> ▪ |vlefarída|

eyelid ▪ [n, 2]
▪ βλέφαρο ▫ <n> ▪ |vléfaro|

pupil ▪ [n, 3]
▪ κόρη ▫ <f> ▪ |kóri|

cheek* ▪ *[n, 1]
▪ μάγουλο ▫ <n> ▪ |mágoulo|

chin* ▪ *[n, 1]
▪ σαγόνι ▫ <n> ▪ |sagóni|

ear* ▪ *[n, 1]
▪ αυτί ▫ <n> ▪ |aftí| ▫ /aˈfti/

forehead* ▪ *[n, 1]
▪ μέτωπο ▫ <n> ▪ |métopo|

lip* ▪ *[n, 1]
▪ χείλος ▫ <n> ▪ |cheílos| ▫ /ˈçilɔs/

nose* ▪ *[n, 1]
▪ μύτη ▫ <f> ▪ |mýti| ▫ /ˈmiti/

nostril* ▪ *[n, 2]
▪ ρουθούνι ▫ <n> ▪ |routhoúni| ▫ /ruˈθuni/

hair ▪ [n, 1] ▪ collectively
▪ τρίχα ▫ <f> ▪ |trícha|

bald ▪ [adj, 1]
▪ φαλακρός ▪ |falakrós|

brunette* ▪ *[adj, 4]
▪ καστανή ▫ <f> ▪ |kastaní|

red* ▪ *[adj, 4]
▪ κόκκινος ▪ |kókkinos| ▫ /ˈkocinos/

beard ▪ [n, 2]
▪ γένι ▫ <n> ▪ |géni| ▫ /ˈʝeɲi/

moustache ▪ [n, 2]
▪ μουστάκι ▫ <n> ▪ |moustáki|

sideburns ▪ [n, 4]
▪ φαβορίτες ▫ <f pl> ▪ |favorítes|

wig ▪ [n, 2]
▪ περούκα ▫ <f> ▪ |peroúka|

comb ▪ [n, 1]
▪ χτένα ▫ <f> ▪ |chténa|

razor ▪ [n, 1]
▪ ξυράφι ▫ <n> ▪ |xyráfi|

shave ▪ [v, 3]
▪ ξυρίζω ▪ |xyrízo|

comb ▪ [v, 1]
▪ χτενίζω ▪ |chtenízo|

hairdresser ▪ [n, 2]
▪ κομμωτής ▫ <m> ▪ |kommotís|

barber ▪ [n, 4]
▪ κουρέας ▫ <m> ▪ |kouréas| ▫ /kuˈreas/

dwarf ▪ [n, 3]
▪ νάνος ▫ <m> ▪ |nános|

thin ▪ [adj, 4]
▪ αδύνατος ▪ |adýnatos| ▫ [aðˈinatos]

short ▪ [adj, 1]
▪ κοντός ▪ |kontós| ▫ [ko̞ˈdo̞s]

tall ▪ [adj, 1]
▪ ψηλός ▪ |psilós|

fat ▪ [adj, 1]
▪ λιπαρός ▪ |liparós|

freckle ▪ [n, 3]
▪ φακίδα ▫ <f> ▪ |fakída|

mole ▪ [n, 4]
▪ ελιά ▫ <f> ▪ |eliá| ▫ /ɛ.ˈʎa/

scar ▪ [n, 4]
▪ ουλή ▫ <f> ▪ |oulí| ▫ /uˈli/

HYGIENE, MAKEUP [072]

bath ▪ [n, 4]
▪ λουτρό ▫ <n> ▪ |loutró|

shave ▪ [v, 3]
▪ ξυρίζομαι ▪ |xyrízomai|

wash ▪ [v, 1]

▪ πλένομαι ▪ |plénomai|

tan ▪ [v, 4]

▪ μαυρίζω ▪ |mavrízo| ▫ /maˈvrizo/

toothbrush ▪ [n, 1]

▪ οδοντόβουρτσα ▫ <f> ▪ |odontóvourtsa|

toothpaste ▪ [n, 1]

▪ οδοντόκρεμα ▫ <f> ▪ |odontókrema|

shampoo ▪ [n, 1]

▪ σαμπουάν ▫ <n> ▪ |sampouán|

diaper ▪ [n, 2]

▪ πάνα ▫ <f> ▪ |pána|

handkerchief ▪ [n, 2]

▪ μαντήλι ▫ <n> ▪ |mantíli|

toilet paper ▪ [n, 2]

▪ χαρτί υγείας ▫ <n> ▪ |chartí ygeías|

cream ▪ [n, 3]

▪ κρέμα ▪ |kréma|

toothpick ▪ [n, 3]

▪ οδοντογλυφίδα ▫ <f> ▪ |odontoglyfída|

lipstick ▪ [n, 3] ▪ make-up

▪ κραγιόν ▫ <n> ▪ |kragión| ▫ /kra.ˈʝɔn/

tattoo ▪ [n, 3]

▪ τατουάζ ▫ <n> ▪ |tatouáz|

tattoo ▪ [v, 3]

▪ στίζω ▪ |stízo|

perfume ▪ [n, 1]

▪ άρωμα ▫ <n> ▪ |ároma|

cologne ▪ [n, 3]

▪ κολόνια ▫ <f> ▪ |kolónia|

deodorant ▪ [n, 3]

▪ αποσμητικό ▫ <n> ▪ |aposmitikó|

DIETING, FOOD PRODUCTS, DISHES, BEVERAGES [18]
DIETING, HUNGER, PROPERTIES OF FOOD [073]

eat* ▪ *[v, 1]
▪ τρώω ▪ |tróo| ▫ [ˈtro̞o̞]

gnaw* ▪ *[v, 1]
▪ ροκανίζω ▪ |rokanízo|

chew* ▪ *[v, 2]
▪ μασάω ▪ |masáo|

lick* ▪ *[v, 2]
▪ γλείφω ▪ |gleífo| ▫ [ˈɣlifɔ]

swallow* ▪ *[v, 2]
▪ καταπίνω ▪ |katapíno|

devour* ▪ *[v, 4]
▪ καταβροχθίζω ▪ |katavrochthízo|

drink ▪ [v, 1]
▪ πίνω ▫ {used for animals also} ▪ |píno| ▫ /ˈpi.no/
▪ απορροφώ ▫ {used for plants} ▪ |aporrofó|

suck ▪ [v, 1]
▪ βυζαίνω ▪ |vyzaíno|

quench ▪ [v, 4]
▪ σβήνω ▪ |svíno| ▫ [ˈzvino]

hunger ▪ [n, 1]
▪ πείνα f ▫ {daily / ordinary need of food} ▪ |pína|
▪ λιγούρα f ▫ {desperate need of food} ▪ |liɣúra|
▪ σιτοδεία f ▫ {scarcity of food due to natural disaster} ▪ |sitoðía|

appetite ▪ [n, 4]
▪ όρεξη ▫ <f> ▪ |órexi| ▫ /ˈoreksi/

hungry ▪ [adj, 1]
▪ πεινασμένος ▪ |peinasménos| ▫ /pinazˈmenos/

thirst* ▪ *[n, 1]
▪ δίψα ▫ <f> ▪ |dípsa|

thirsty* ▪ *[adj, 1]
▪ διψασμένος ▪ |dipsasménos|

full ▪ [adj, 1]
▪ πλήρης ▪ |plíris| ▫ [ˈpliris]

breakfast* ▪ *[n, 1]
▪ πρωινό ▫ <n> ▪ |proinó|

lunch* ▪ *[n, 1]
▪ γεύμα ▫ <n> ▪ |gévma|

dinner* ▪ *[n, 1]* ▪ *main

▪ φαγητό ▫ <n> ▪ |fagitó|

dinner* ▪ *[n, 3]* ▪ *midday

▪ γεύμα ▫ <n> ▪ |gévma|

feast* ▪ *[n, 4]

▪ γιορτή ▫ <f> ▪ |giortí|

meal ▪ [n, 1]

▪ γεύμα ▫ <n> ▪ |gévma|

supper ▪ [n, 3] ▪ food

▪ απόδειπνο ▫ <n> ▪ |apódeipno|

vegetarian* ▪ *[n, 3]

▪ χορτοφάγος ▫ <m/f> ▪ |chortofágos|

vegetarianism* ▪ *[n, 4]

▪ χορτοφαγία ▫ <f> ▪ |chortofagía| ▫ /xortofaˈʝia/

fast* ▪ *[v, 2]

▪ νηστεύω ▪ |nistévo|

edible ▪ [adj, 3]

▪ βρώσιμος ▪ |vrósimos|

raw ▪ [adj, 2]

▪ ωμός ▪ |omós|

COOKING, FOOD PRODUCTS, DISHES [074]

cook* ▪ *[n, 1]

▪ μάγειρος ▫ <m> ▪ |mágeiros|

recipe* ▪ *[n, 3]

▪ συνταγή ▫ <f> ▪ |syntagí|

cooking* ▪ *[n, 4]

▪ μαγειρική ▫ <f> ▪ |mageirikí| ▫ [maʝeirici]

cook* ▪ *[v, 2]* ▪ *to prepare <intr>

▪ μαγειρεύω ▪ |mageirévo|

cook* ▪ *[v, 2]* ▪ *to prepare <tr>

▪ μαγειρεύω ▪ |mageirévo|

fry ▪ [v, 3] ▪ <intr>

▪ τηγανίζω ▪ |tiganízo| ▫ [tiɣaˈnizo]

fry ▪ [v, 3] ▪ <tr>

▪ τηγανίζω ▪ |tiganízo| ▫ [tiɣaˈnizo]

boil ▪ [v, 3]

▪ βράζω ▪ |vrázo| ▫ /ˈvrazo/

bake ▪ [v, 1]

▪ ψήνω ▪ |psíno|

can ▪ [v, 4]

▪ κονσερβοποιώ ▪ |konservopoió|

fast food* ▪ *[n, 2]
▪ φαστ φουντ ▫ <n> ▪ |fast fount|
dish* ▪ *[n, 4]
▪ πιάτο ▫ <n> ▪ |piáto|
salad ▪ [n, 1]
▪ σαλάτα ▫ <f> ▪ |saláta|
soup ▪ [n, 1]
▪ σούπα ▫ <f> ▪ |soúpa|
borscht ▪ [n, 4]
▪ μπορς ▪ |bors|
broth ▪ [n, 4] ▪ water after boiling
▪ ζωμός ▫ <m> ▪ |zomós|
fruit* ▪ *[n, 1]
▪ φρούτο ▫ <n> ▪ |froúto|
vegetable* ▪ *[n, 1]* ▪ *plant
▪ λαχανικό ▫ <n> ▪ |lachanikó|
spice* ▪ *[n, 3]* ▪ *plant
▪ καρύκευμα ▫ <n> ▪ |karýkevma|
avocado ▪ [n, 1]
▪ αβοκάντο ▫ <n> ▪ |avokánto|
cucumber ▪ [n, 1]
▪ αγγούρι ▫ <n> ▪ |angoúri| ▫ /aŋˈguri/
pumpkin ▪ [n, 1]
▪ κολοκύθα ▫ <f> ▪ |kolokýtha|
tomato ▪ [n, 1]
▪ ντομάτα ▫ <f> ▪ |domáta|
eggplant ▪ [n, 2]
▪ μελιτζάνα ▫ <f> ▪ |melitzána|
olive ▪ [n, 2]
▪ ελιά ▫ <f> ▪ |eliá| ▫ /ɛ.ˈʎa/
pepper ▪ [n, 2] ▪ fruit
▪ πιπεριά ▫ <f> ▪ |piperiá| ▫ /pipeˈrʝa/
courgette ▪ [n, 4]
▪ κολοκυθάκι ▫ <n> ▪ |kolokytháki|
artichoke* ▪ *[n, 1]
▪ αγκινάρα ▫ <f> ▪ |agkinára|
asparagus* ▪ *[n, 3]
▪ σπαράγγι ▫ <n> ▪ |sparángi|
broccoli* ▪ *[n, 3]
▪ μπρόκολο ▫ <n> ▪ |brókolo|
cauliflower* ▪ *[n, 3]
▪ κουνουπίδι ▫ <n> ▪ |kounoupídi| ▫ /kunuˈpiði/

spinach ▪ *[n, 3]*
- σπανάκι ▫ <n> ▪ |spanáki|

cabbage ▪ *[n, 4]*
- λάχανο ▫ <n> ▪ |láchano|

leek ▪ *[n, 4]*
- πράσο ▫ <n> ▪ |práso|

carrot ▪ [n, 1]
- καρότο ▫ <n> ▪ |karóto|

potato ▪ [n, 1]
- πατάτα ▫ <f> ▪ |patáta|

beetroot ▪ [n, 2]
- παντζάρι ▫ <n> ▪ |pantzári|

turnip ▪ [n, 2]
- γογγύλι ▫ <f> ▪ |gongýli|

radish ▪ [n, 3]
- ραπάνι ▫ <n> ▪ |rapáni|

sweet potato ▪ [n, 4]
- γλυκοπατάτα ▫ <f> ▪ |glykopatáta|

apple ▪ *[n, 1]*
- μήλο ▫ <n> ▪ |mílo| ▫ /ˈmilo/

apricot ▪ *[n, 1]*
- βερίκοκο ▫ <n> ▪ |veríkoko| ▫ /veˈrikoko/

grapefruit ▪ *[n, 1]*
- γκρέιπφρουτ ▫ <n> ▪ |gkréipfrout|

lemon ▪ *[n, 1]*
- λεμόνι ▫ <n> ▪ |lemóni| ▫ /leˈmoni/

mango ▪ *[n, 1]*
- μάνγκο ▫ <n> ▪ |mángko|

melon ▪ *[n, 1]*
- πεπόνι ▫ <n> ▪ |pepóni|

orange ▪ *[n, 1]*
- πορτοκάλι ▫ <n> ▪ |portokáli| ▫ /portoˈkali/

pear ▪ *[n, 1]*
- αχλάδι ▫ <n> ▪ |achládi|

pineapple ▪ *[n, 1]*
- ανανάς ▫ <m> ▪ |ananás| ▫ /anaˈnas/

pomegranate ▪ *[n, 1]*
- ρόδι ▫ <n> ▪ |ródi| ▫ /ˈroði/

banana ▪ *[n, 2]*
- μπανάνα ▫ <f> ▪ |banána| ▫ /baˈnana/

date ▪ *[n, 2]*
- χουρμάς ▫ <m> ▪ |chourmás| ▫ /xurˈmas/

fig* ▪ *[n, 2]
▪ σύκο ▫ <n> ▪ |sýko| ▫ /ˈsiko/
mandarin orange* ▪ *[n, 2]
▪ μανταρίνι ▫ <n> ▪ |mantaríni| ▫ /mandaˈrini/
peach* ▪ *[n, 2]
▪ ροδάκινο ▫ <n> ▪ |rodákino| ▫ /roˈðacino/
plum* ▪ *[n, 2]
▪ δαμάσκηνο ▫ <n> ▪ |damáskino| ▫ /ðaˈmascino/
watermelon* ▪ *[n, 2]
▪ καρπούζι ▫ <n> ▪ |karpoúzi|
guava* ▪ *[n, 3]
▪ γκουάβα ▫ <f> ▪ |gkouáva|
papaya* ▪ *[n, 3]
▪ παπάγια ▫ <f> ▪ |papágia|
persimmon* ▪ *[n, 3]
▪ λωτός ▫ <m> ▪ |lotós| ▫ [lɔˈtɔs]
pomelo* ▪ *[n, 3]
▪ φράπα ▫ <f> ▪ |frápa|
kiwi fruit* ▪ *[n, 4]
▪ ακτινίδιο ▫ <n> ▪ |aktinídio|
lime* ▪ *[n, 4]
▪ μοσχολέμονο ▫ <n> ▪ |moscholémono|
quince* ▪ *[n, 4]
▪ κυδώνι ▫ <n> ▪ |kydóni|
cherry ▪ [n, 1]
▪ κεράσι ▫ <n> ▪ |kerási| ▫ /ceˈrasi/
grape ▪ [n, 1]
▪ σταφύλι ▫ <n> ▪ |stafýli|
blackberry ▪ [n, 2]
▪ βατόμουρο ▫ <n> ▪ |vatómouro|
raspberry ▪ [n, 2]
▪ σμέουρο ▫ <n> ▪ |sméouro|
strawberry ▪ [n, 2]
▪ φράουλα ▫ <f> ▪ |fráoula| ▫ /ˈfraula/
gooseberry ▪ [n, 3]
▪ φραγκοστάφυλο ▫ <n> ▪ |fragkostáfylo| ▫ /fraŋgoˈstafilo/
mulberry ▪ [n, 3]
▪ μούρο ▫ <n> ▪ |moúro| ▫ /ˈmuro/
blueberry ▪ [n, 4]
▪ μύρτιλο ▫ <n> ▪ |mýrtilo|
almond* ▪ *[n, 2]

▪ αμύγδαλο ▫ <n> ▪ |amýgdalo| ▫ /aˈmiɣðalo/

coconut* ▪ *[n, 2]* ▪ *whole nut

▪ καρύδα ▫ <f> ▪ |karýda|

hazelnut* ▪ *[n, 2]

▪ φουντούκι ▫ <n> ▪ |fountoúki| ▫ /funˈduci/

chestnut* ▪ *[n, 3]

▪ κάστανο ▫ <n> ▪ |kástano| ▫ /ˈkastano/

pistachio* ▪ *[n, 4]

▪ φιστίκι ▫ <n> ▪ |fistíki| ▫ /fiˈstici/

walnut* ▪ *[n, 4]

▪ καρύδι ▫ <n> ▪ |karýdi|

peanut ▪ [n, 2]

▪ φυστίκι ▫ <n> ▪ |fystíki|

chickpea ▪ [n, 3]

▪ ρεβίθι ▫ <n> ▪ |revíthi|

tofu ▪ [n, 3]

▪ τόφου ▫ <n> ▪ |tófou|

lentil ▪ [n, 4]

▪ φακή ▫ <f> ▪ |fakí|

rice* ▪ *[n, 1]

▪ ρύζι ▫ <n> ▪ |rýzi| ▫ [ˈrizi]

dough* ▪ *[n, 2]

▪ ζύμη ▫ <f> ▪ |zými|

flour* ▪ *[n, 2]

▪ αλεύρι ▫ <n> ▪ |alévri| ▫ [aˈlevri]

maize* ▪ *[n, 2]

▪ αραβόσιτος ▫ <m> ▪ |aravósitos|

wheat* ▪ *[n, 2]

▪ σιτάρι ▫ <n> ▪ |sitári|

popcorn ▪ [n, 2]

▪ ποπ κορν ▫ <n> ▪ |pop korn| ▫ /popˈkorn/

porridge ▪ [n, 3]

▪ χυλός ▫ <m> ▪ |chylós|

bread* ▪ *[n, 1]* ▪ *class of food

▪ ψωμί ▫ <n> ▪ |psomí| ▫ /psoˈmi/

hamburger* ▪ *[n, 1]

▪ χάμπουργκερ ▫ <n> ▪ |chámpourgker| ▫ /ˈxamburɲɟer/

sandwich* ▪ *[n, 1]

▪ σάντουιτς ▫ <n> ▪ |sántouits| ▫ [ˈsanduits]

pie* ▪ *[n, 2]

▪ πίτα ▫ <f> ▪ |píta|

pizza ▪ [n, 2]

▪ πίτσα ▫ <f> ▪ |pítsa|

toast ▪ [n, 2]

▪ φρυγανιά ▫ <f> ▪ |fryganiá|

bread ▪ [n, 4] ▪ any variety

▪ ψωμί ▫ <n> ▪ |psomí| ▫ /psoˈmi/

butter ▪ [n, 1]

▪ βούτυρο ▫ <n> ▪ |voútyro|

cheese ▪ [n, 1]

▪ τυρί ▫ <n> ▪ |tyrí|

cream ▪ [n, 1]

▪ κρέμα γάλακτος ▫ <f> ▪ |kréma gálaktos|

milk ▪ [n, 1]

▪ γάλα ▫ <n> ▪ |gála| ▫ [ˈɣala]

yogurt ▪ [n, 1]

▪ γιαούρτι ▫ <n> ▪ |giaoúrti| ▫ [j̯aˈurti]

condensed milk ▪ [n, 3]

▪ συμπυκνωμένο γάλα ▪ |sympyknoméno gála|

cottage cheese ▪ [n, 4]

▪ ανθότυρο ▫ <n> ▪ |anthótyro|

whey ▪ [n, 4]

▪ ξινόγαλο ▫ <n> ▪ |xinógalo|

white ▪ [n, 4]

▪ λεύκωμα ▫ <n> ▪ |léfkoma|

yolk ▪ [n, 4]

▪ κρόκος ▫ <m> ▪ |krókos|

egg ▪ [n, 1]

▪ αβγό ▫ <n> ▪ |avgó| ▫ /aˈvɣo/

albumen ▪ [n, 3]

▪ λεύκωμα ▫ <n> ▪ |léfkoma|

omelette ▪ [n, 3]

▪ ομελέτα ▫ <f> ▪ |omeléta|

chicken ▪ [n, 1]

▪ κοτόπουλο ▫ <n> ▪ |kotópoulo| ▫ /kɔˈtɔpulɔ/

meat ▪ [n, 1] ▪ any

▪ κρέας ▫ <n> ▪ |kréas| ▫ /ˈkrẹas/

bacon ▪ [n, 2]

▪ μπέικον ▫ <n> ▪ |béikon|

beef ▪ [n, 2]

▪ βοδινό ▫ <n> ▪ |vodinó|

liver ▪ [n, 2]

▪ συκώτι ▫ <n> ▪ |sykóti| ▫ [siˈkọti]

pork* ▪ *[n, 3]

▪ χοιρινό ▫ <n> ▪ |choirinó|

steak* ▪ *[n, 3]

▪ μπριζόλα ▫ <f> ▪ |brizóla| ▫ [briˈzọla]

duck* ▪ *[n, 4]

▪ πάπια ▫ <f> ▪ |pápia|

mutton* ▪ *[n, 4]

▪ πρόβειο κρέας ▫ <n> ▪ |próveio kréas|

sausage ▪ [n, 1] ▪ larger

▪ λουκάνικο ▫ <n> ▪ |loukániko|

ham ▪ [n, 3]

▪ χοιρομέρι ▫ <n> ▪ |choiroméri|

meatball ▪ [n, 3]

▪ κεφτές ▫ <m> ▪ |keftés|

kebab ▪ [n, 4]

▪ κεμπάπ ▫ <n> ▪ |kempáp|

sushi* ▪ *[n, 1]

▪ σούσι ▪ |soúsi|

fish* ▪ *[n, 4]

▪ ψάρι ▫ <n> ▪ |psári| ▫ [ˈp͡sari]

biscuit ▪ [n, 1]

▪ μπισκότο ▫ <m> ▪ |biskóto| ▫ /biˈskoto/

cake ▪ [n, 1]

▪ τούρτα ▫ <f> ▪ |toúrta|

cookie ▪ [n, 2]

▪ μπισκότο ▫ <n> ▪ |biskóto| ▫ /biˈskoto/

cheesecake ▪ [n, 3]

▪ τσίζκεϊκ ▫ <n> ▪ |tsízkeïk|

croissant ▪ [n, 4]

▪ κρουασάν ▫ <n> ▪ |krouasán|

doughnut ▪ [n, 4]

▪ λουκουμάς ▫ <m> ▪ |loukoumás| ▫ /lukuˈmas/

pancake ▪ [n, 4]

▪ τηγανίτα ▫ <f> ▪ |tiganíta|

candy* ▪ *[n, 1]

▪ καραμέλα ▫ <f> ▪ |karaméla|

chewing gum* ▪ *[n, 1]

▪ τσίχλα ▫ <f> ▪ |tsíchla|

chocolate* ▪ *[n, 1]* ▪ *food

▪ σοκολάτα ▫ <f> ▪ |sokoláta|

jam* ▪ *[n, 1]

▪ μαρμελάδα ▫ <f> ▪ |marmeláda|

ice cream* ▪ *[n, 2]* ▪ *food

▪ παγωτό ▫ <n> ▪ |pagotó|

caramel* ▪ *[n, 3]

▪ καραμέλλα ▫ <f> ▪ |karamélla|

dessert* ▪ *[n, 3]

▪ γλυκό ▫ <n> ▪ |glykó|

marzipan* ▪ *[n, 3]

▪ αμυγδαλόπαστα ▫ <n pl> ▪ |amygdalópasta|

candy floss* ▪ *[n, 4]

▪ μαλλί της γριάς ▫ <n> ▪ |mallí tis griás|

chocolate* ▪ *[n, 4]* ▪ *piece

▪ σοκολατάκι ▫ <n> ▪ |sokolatáki|

halva* ▪ *[n, 4]

▪ χαλβάς ▫ <m> ▪ |chalvás|

sweet* ▪ *[n, 4]

▪ καραμέλα ▫ <f> ▪ |karaméla|

Turkish delight* ▪ *[n, 4]

▪ λουκούμι ▫ <n> ▪ |loukoúmi| ▫ /luˈkumi/

chocolate* ▪ *[adj, 2]

▪ σοκολατένιος ▪ |sokolaténios|

honey* ▪ *[n, 1]

▪ μέλι ▫ <n> ▪ |méli|

sugar* ▪ *[n, 1]

▪ ζάχαρη ▫ <f> ▪ |záchari| ▫ /ˈzaxari/

syrup* ▪ *[n, 3]

▪ σιρόπι ▫ <n> ▪ |sirópi|

sweetener* ▪ *[n, 4]

▪ γλυκαντικό ▫ <m> ▪ |glykantikó|

sweet* ▪ *[adj, 2]

▪ γλυκός ▪ |glykós|

oil ▪ [n, 1]

▪ λάδι ▫ <n> ▪ |ládi| ▫ /ˈlaði/

sauce ▪ [n, 1]

▪ σάλτσα ▫ <f> ▪ |sáltsa|

curry ▪ [n, 2] ▪ sauce

▪ κάρυ ▫ <n> ▪ |káry|

mayonnaise ▪ [n, 2]

▪ μαγιονέζα ▫ <f> ▪ |magionéza| ▫ /ma.ʝoˈne.za/

mustard ▪ [n, 2]

▪ μουστάρδα ▫ <f> ▪ |moustárda|

vinegar ▪ [n, 2]

▪ ξύδι ▫ <n> ▪ |xýdi|

ketchup ▪ [n, 3]
- κέτσαπ ▫ <n> ▪ | kétsap |

margarine ▪ [n, 3]
- μαργαρίνη ▫ <f> ▪ | margaríni |

celery ▪ *[n, 1]*
- σέλινο ▫ <n> ▪ | sélino |

pepper ▪ *[n, 1]* ▪ *spice*
- πιπέρι ▫ <n> ▪ | pipéri |

parsley ▪ *[n, 3]*
- μαϊντανός ▫ <m> ▪ | maïntanós | ▫ /maida'nos/

turmeric ▪ *[n, 3]*
- κουρκούμη ▫ <f> ▪ | kourkoúmi |

basil ▪ *[n, 4]*
- βασιλικός ▫ <m> ▪ | vasilikós |

cinnamon ▪ *[n, 4]*
- κανέλα ▫ <f> ▪ | kanéla |

salt ▪ *[n, 1]*
- αλάτι ▫ <n> ▪ | aláti | ▫ [a'lati]

BEVERAGES, CONSUMING OF ALCOHOL [075]

drink ▪ [n, 1] ▪ served
- ποτό ▫ <n> ▪ | potó |

beverage ▪ [n, 2]
- ποτό ▫ <n> ▪ | potó |

drink ▪ [n, 3] ▪ type of beverage
- ποτό ▫ <n> ▪ | potó |

coffee ▪ *[n, 3]* ▪ *beans*
- καφές ▫ <m> ▪ | kafés |

tea ▪ *[n, 3]* ▪ *leaves*
- τσάι ▫ <n> ▪ | tsái |

coffee ▪ [n, 1] ▪ beverage
- καφές ▫ <m> ▪ | kafés |

tea ▪ [n, 1] ▪ beverage from tea
- τσάι ▫ <n> ▪ | tsái |

juice ▪ *[n, 2]*
- χυμός ▫ <m> ▪ | chymós |

lemonade ▪ *[n, 3]*
- λεμονάδα ▫ <f> ▪ | lemonáda |

mineral water ▪ *[n, 3]*
- μεταλλικό νερό ▫ <n> ▪ | metallikó neró |

milkshake ▪ *[n, 4]*

▪ μιλκσέικ ▫ <n> ▪ |milkséik|

alcohol ▪ [n, 1]

▪ οινόπνευμα ▫ <n> ▪ |oinópnevma| ▫ /iˈnopnevma/

drink ▪ [n, 2] ▪ served alcohol

▪ ποτό ▫ <n> ▪ |potó|

spirit ▪ [n, 4]

▪ οινόπνευμα ▫ <n> ▪ |oinópnevma| ▫ /iˈnopnevma/

red wine ▪ [n, 4]

▪ κόκκινο κρασί ▫ <n> ▪ |kókkino krasí|

white wine ▪ [n, 4]

▪ λευκό κρασί ▫ <n> ▪ |lefkó krasí|

beer ▪ [n, 1] ▪ beverage

▪ μπίρα ▫ <f> ▪ |bíra| ▫ [ˈbira]

whiskey ▪ [n, 1]

▪ ουίσκι ▫ <n> ▪ |ouíski|

wine ▪ [n, 1] ▪ from grapes

▪ κρασί ▫ <n> ▪ |krasí|

vodka ▪ [n, 2]

▪ βότκα ▫ <f> ▪ |vótka|

beer ▪ [n, 3] ▪ portion

▪ μπίρα ▫ <f> ▪ |bíra| ▫ [ˈbira]

champagne ▪ [n, 3]

▪ σαμπάνια ▫ <f> ▪ |sampánia|

mead ▪ [n, 3]

▪ υδρόμελι ▫ <n> ▪ |ydrómeli|

rum ▪ [n, 3]

▪ ρούμι ▪ |roúmi|

gin ▪ [n, 4]

▪ τζιν ▫ <n> ▪ |tzin| ▫ /ˈdzin/

drunk ▪ [adj, 2]

▪ μεθυσμένος ▪ |methysménos|

sober ▪ [adj, 2]

▪ νηφάλιος ▪ |nifálios|

drink ▪ [v, 1]

▪ πίνω ▪ |píno| ▫ /ˈpi.no/

drunk ▪ [n, 4]

▪ μέθυσος ▫ <m> ▪ |méthysos|

RESTAURANTS [076]

bar ▪ [n, 1] ▪ business

▪ μπαρ ▫ <n> ▪ |bar|

café ▪ [n, 1]
> ▪ καφενείο ▫ <n> ▪ |kafeneío|

pub ▪ [n, 1]
> ▪ καπηλειό ▫ <n> ▪ |kapileió|

restaurant ▪ [n, 1]
> ▪ εστιατόριο ▫ <n> ▪ |estiatório|

cafeteria ▪ [n, 3] ▪ **restaurant**
> ▪ καφετέρια ▫ <f> ▪ |kafetéria|

canteen ▪ [n, 4]
> ▪ καντίνα ▫ <f> ▪ |kantína|

menu ▪ *[n, 3]* ▪ *served in banquet*
> ▪ εδεσματολόγιο ▫ <n> ▪ |edesmatológio|

menu ▪ *[n, 3]* ▪ *offered in restaurant*
> ▪ μενού ▫ <n> ▪ |menoú|

waiter ▪ [n, 1]
> ▪ σερβιτόρος ▫ <m> ▪ |servitóros|

waitress ▪ [n, 1]
> ▪ σερβιτόρα ▫ <f> ▪ |servitóra|

wait ▪ [v, 3]
> ▪ σερβίρω ▪ |servíro|

ATTENTION, MEMORY, INFORMATION, THINKING [19]
STATES OF CONSCIOUSNESS, ATTENTION, WAYS OF PERCEPTION [077]

awareness ▪ [n, 3]

▪ συνείδηση ▫ <f> ▪ |syneídisi|

awake ▪ [adj, 3]

▪ ξύπνιος ▪ |xýpnios|

sleep ▪ [n, 3]

▪ ύπνος ▫ <m> ▪ |ýpnos| ▫ /ˈipnɔs/

asleep ▪ [adj, 3]

▪ κοιμισμένος ▪ |koimisménos|

sleep ▪ [v, 1]

▪ κοιμάμαι ▪ |koimámai| ▫ /ciˈmame/

drowsy ▪ [adj, 3]

▪ νυσταγμένος ▪ |nystagménos|

wake up ▪ [v, 3] ▪ <intr>

▪ ξυπνάω ▪ |xypnáo|

get up ▪ [v, 2]

▪ σηκώνομαι ▪ |sikónomai|

dream ▪ [n, 1]

▪ όνειρο ▫ <n> ▪ |óneiro| ▫ [ˈɔnirɔ]

nightmare ▪ [n, 2]

▪ εφιάλτης ▫ <m> ▪ |efiáltis|

dream ▪ [v, 1]

▪ ονειρεύομαι ▪ |oneirévomai|

mirage ▪ [n, 2]

▪ αντικατοπτρισμός ▫ <m> ▪ |antikatoptrismós|

attention ▪ [n, 2]

▪ προσοχή ▫ <f> ▪ |prosochí| ▫ /prosoˈçi/

experience ▪ [n, 4]

▪ εμπειρία ▫ <f> ▪ |empeiría|

witness ▪ [n, 4] ▪ person

▪ μάρτυρας ▫ <m> ▪ |mártyras|

notice ▪ [v, 2] ▪ to observe

▪ παρατηρώ ▪ |paratiró|

detail ▪ [n, 4]

▪ λεπτομέρεια ▫ <f> ▪ |leptoméreia|

eyesight ▪ [n, 4]

▪ όραση ▫ <f> ▪ |órasi|

blindness ▪ [n, 4]

▪ τύφλωση ▫ <f> ▪ |týflosi|

blind ▪ [adj, 1]

▪ τυφλός ▪ |tyflós|

look ▪ [v, 1]

▪ κοιτάζω ▪ |koitázo|

watch ▪ [v, 1] ▪ to look

▪ παρακολουθώ ▪ |parakolouthó|

see ▪ [v, 1]

▪ βλέπω ▪ |vlépo| ▫ [ˈvlepo]

view ▪ [v, 2]

▪ βλέπω ▪ |vlépo| ▫ [ˈvlepo]

hearing ▪ [n, 4]

▪ ακοή ▫ <f> ▪ |akoí| ▫ /a.koˈi/

deafness ▪ [n, 4]

▪ κώφωση ▫ <f> ▪ |kófosi|

deaf ▪ [adj, 1]

▪ κωφός ▪ |kofós|

listener ▪ [n, 4]

▪ ακροατής ▫ <m> ▪ |akroatís| ▫ /akroaˈtis/

listen ▪ [v, 1] ▪ to pay attention to

▪ ακούω ▪ |akoúo| ▫ [aˈkuo]

listen ▪ [v, 1] ▪ to hear

▪ ακούω ▪ |akoúo| ▫ [aˈkuo]

hear ▪ [v, 1]

▪ ακούω ▪ |akoúo| ▫ [aˈkuo]

feeling ▪ [n, 1]

▪ αίσθηση ▫ <f> ▪ |aísthisi| ▫ /ˈɛsθisi/

grope ▪ [v, 4]

▪ πασπατεύω ▪ |paspatévo|

feel ▪ [v, 4]

▪ αισθάνομαι ▪ |aisthánomai| ▫ /eˈsθanome/

taste ▪ [v, 2]

▪ γεύομαι ▪ |gévomai|

smell ▪ [n, 3]

▪ όσφρηση ▫ <f> ▪ |ósfrisi|

smell ▪ [v, 2]

▪ μυρίζω ▪ |myrízo|

SEARCHING, INVESTIGATING, TESTING, DISCOVERING [078]

search ▪ [n, 4]

▪ αναζήτηση ▫ <f> ▪ |anazítisi|

look for ▪ [v, 1]

▪ ψάχνω ▪ |psáchno| ▫ [ˈpsaxnɔ]

search ▪ [v, 1]
▪ ψάχνω ▪ |psáchno| ▫ [ˈpsaxnɔ]
seek ▪ [v, 1]
▪ ζητώ ▪ |zitó| ▫ /ziˈto/
look ▪ [v, 2]
▪ ψάχνω ▪ |psáchno| ▫ [ˈpsaxnɔ]
try ▪ [v, 2] ▪ to make experiment
▪ πειραματίζομαι ▪ |peiramatízomai|
find ▪ [v, 1] ▪ to discover
▪ βρίσκω ▪ |vrísko|
discover ▪ [v, 3] ▪ to expose hidden
▪ αποκαλύπτω ▪ |apokalýpto|
discovery ▪ [n, 4] ▪ something
▪ ανακάλυψη ▫ <f> ▪ |anakálypsi| ▫ /anaˈkalipsi/
discover ▪ [v, 2] ▪ to find for first time
▪ ανακαλύπτω ▪ |anakalýpto|

MEMORY, IDENTIFYING, FORGETTING [079]

memory ▪ [n, 1] ▪ ability
▪ μνήμη ▫ <f> ▪ |mními| ▫ /ˈmnimi/
remember ▪ [v, 1] ▪ to memorize
▪ θυμάμαι ▪ |thymámai|
remember ▪ [v, 1] ▪ to recall
▪ θυμάμαι ▪ |thymámai|
recall ▪ [v, 4]
▪ αναπολώ ▪ |anapoló|
name ▪ [v, 2]
▪ καθορίζω ▪ |kathorízo|
recognize ▪ [v, 2]
▪ αναγνωρίζω ▪ |anagnorízo|
recognise ▪ [v, 3]
▪ αναγνωρίζω ▪ |anagnorízo|
familiar ▪ [adj, 4]
▪ οικείος ▪ |oikeíos|
know ▪ [v, 1]
▪ γνωρίζω ▪ |gnorízo| ▫ [ɣnọˈrizọ]
unknown ▪ [adj, 4]
▪ άγνωστος ▪ |ágnostos|
forget ▪ [v, 1] ▪ to lose remembrance
▪ ξεχνώ ▪ |xechnó| ▫ /kseˈxno/
forget ▪ [v, 2] ▪ not to do

▪ ξεχνώ ▪ |xechnó| ▫ /kseˈxno/
forget* ▪ *[v, 2]* ▪ *to cease remembering
▪ ξεχνώ ▪ |xechnó| ▫ /kseˈxno/

INFORMATION, MEANING, PROPERTIES OF INFORMATION, FASHION [080]

information ▪ [n, 1]
▪ πληροφορία ▫ <f> ▪ |pliroforía|
data ▪ [n, 2]
▪ δεδομένα ▫ <n pl> ▪ |dedoména|
news ▪ [n, 1]
▪ ειδήσεις ▪ |eidíseis|
meaning ▪ [n, 4] ▪ definition
▪ σημασία ▫ <f> ▪ |simasía| ▫ /simaˈsia/
mean ▪ [v, 2] ▪ of symbol
▪ σημαίνω ▪ |simaíno|
meaningless ▪ [adj, 3]
▪ χωρίς σημασία ▫ <f> ▪ |chorís simasía|
paradox ▪ [n, 4]
▪ παραδοξολογία ▫ <f> ▪ |paradoxología|
obvious ▪ [adj, 1]
▪ προφανής ▪ |profanís|
obviously ▪ [adv, 2]
▪ προφανώς ▪ |profanós|
vague ▪ [adj, 4]
▪ ασαφής ▪ |asafís|
truth ▪ [n, 1] ▪ facts
▪ αλήθεια ▫ <f> ▪ |alítheia| ▫ /aˈliθça/
truth ▪ [n, 1] ▪ quality
▪ αλήθεια ▫ <f> ▪ |alítheia| ▫ /aˈliθça/
true. ▪ [adj, 1]
▪ αληθινός ▪ |alithinós|
real ▪ [adj, 3]
▪ αληθινός ▪ |alithinós|
lie ▪ [n, 1]
▪ ψέμα ▫ <n> ▪ |pséma|
false. ▪ [adj, 1]
▪ ψευδής ▪ |psevdís|
secret ▪ [n, 1]
▪ μυστικό ▫ <n> ▪ |mystikó|
mystery ▪ [n, 3]

▪ μυστήριο ▫ <n> ▪ |mystírio| ▫ [miˈstiriɔ]

secret ▪ [adj, 1]

▪ μυστικός ▪ |mystikós|

mysterious ▪ [adj, 2]

▪ μυστήριος ▪ |mystírios|

hide ▪ [v, 1] ▪ <tr>

▪ κρύβω ▪ |krývo|

famous ▪ [adj, 1] ▪ well known

▪ διάσημος ▪ |diásimos|

fashion ▪ [n, 2]

▪ μόδα ▫ <f> ▪ |móda|

popular ▪ [adj, 2]

▪ δημοφιλής ▪ |dimofilís|

old-fashioned ▪ [adj, 3]

▪ παλιομοδίτικος ▪ |paliomodítikos|

name ▪ [n, 3]

▪ όνομα ▫ <n> ▪ |ónoma| ▫ [ˈọnọˌma]

KNOWING, UNDERSTANDING, WISDOM [081]

knowledge ▪ [n, 1] ▪ understanding

▪ γνώση ▫ <f> ▪ |gnósi| ▫ /ˈɣnɔ.si/

know ▪ [v, 1] ▪ to have knowledge

▪ γνωρίζω ▪ |gnorízo| ▫ [ɣnọˈrizọ]

ignorance ▪ [n, 1]

▪ άγνοια ▫ <f> ▪ |ágnoia|

learn ▪ [v, 1] ▪ to acquire knowledge

▪ μαθαίνω ▪ |mathaíno| ▫ /maˈθeno/

learn ▪ [v, 2] ▪ to become informed

▪ μαθαίνω ▪ |mathaíno| ▫ /maˈθeno/

understand ▪ [v, 2]

▪ καταλαβαίνω ▪ |katalavaíno| ▫ [katalaˈvɛnɔ]

misunderstand ▪ [v, 2]

▪ παρεξηγώ ▪ |parexigó|

realize ▪ [v, 2]

▪ αντιλαμβάνομαι ▪ |antilamvánomai|

see ▪ [v, 3]

▪ καταλαβαίνω ▪ |katalavaíno| ▫ [katalaˈvɛnɔ]

wise ▪ [adj, 1]

▪ σοφός ▪ |sofós| ▫ /soˈfos/

sage ▪ [adj, 4]

▪ σοφός ▪ |sofós| ▫ /soˈfos/

THINKING, IMAGING, INTELLIGENCE, THOUGHTS [082]

mind ▪ *[n, 1]*
- νους ▫ <m> ▪ |nous|

intelligence ▪ *[n, 4]*
- νοημοσύνη ▫ <f> ▪ |noimosýni|

reason ▪ *[n, 4]*
- λόγος ▫ <m> ▪ |lógos| ▫ [ˈlo.ɣos]

think ▪ [v, 2] ▪ <intr>
- σκέφτομαι ▪ |skéftomai| ▫ /ˈsceftome/

think ▪ [v, 2] ▪ <tr>
- σκέφτομαι ▪ |skéftomai| ▫ /ˈsceftome/

imagine ▪ *[v, 2]*
- φαντάζομαι ▪ |fantázomai| ▫ /fanˈda.zo.me/

idea ▪ [n, 2] ▪ image
- ιδέα ▫ <f> ▪ |idéa|

topic ▪ *[n, 1]*
- θέμα ▫ <n> ▪ |théma|

subject ▪ *[n, 4]*
- θέμα ▫ <n> ▪ |théma|

imply ▪ *[v, 4]*
- υπονοώ ▪ |yponoó|

concern ▪ *[v, 4]*
- αφορώ ▪ |aforó|

about ▪ *[prp, 1]*
- για ▪ |gia| ▫ [ʝa]

on ▪ [prp, 4]
- πάνω ▪ |páno|

as ▪ *[prp, 4]*
- ως ▪ |os|

logic ▪ [n, 4] ▪ general sense
- λογική ▫ <f> ▪ |logikí| ▫ [lɔ.ʝiˈci]

according to ▪ *[prp, 1]*
- σύμφωνα με ▪ |sýmfona me|

thought ▪ [n, 1] ▪ form in mind
- σκέψη ▫ <f> ▪ |sképsi|

concept ▪ *[n, 3]*
- έννοια ▫ <f> ▪ |énnoia|

wisdom ▪ [n, 4]
- σοφία ▫ <f> ▪ |sofía| ▫ /soˈfi.a/

clever ▪ [adj, 1]

▪ έξυπνος ▪ |éxypnos| ▫ ['εksipnɔs]
intelligent ▪ [adj, 1]
▪ έξυπνος ▪ |éxypnos| ▫ ['εksipnɔs]
creative ▪ [adj, 2]
▪ δημιουργικός ▪ |dimiourgikós|
bright ▪ [adj, 4]
▪ έξυπνος ▪ |éxypnos| ▫ ['εksipnɔs]
stupid ▪ [adj, 1]
▪ βλάκας ▪ |vlákas|
foolish ▪ [adj, 2]
▪ ανόητος ▪ |anóitos|
silly ▪ [adj, 3]
▪ σαχλός ▪ |sachlós|
shallow ▪ [adj, 4]
▪ ρηχός ▪ |richós|
idiot ▪ [n, 1]
▪ βλάκας ▫ <m> ▪ |vlákas| ▫ /'vlakas/
fool ▪ [n, 2]
▪ ανόητος ▫ <m> ▪ |anóitos|

BELIEVING, POINT OF VIEW, ASSUMING, SOLVING [083]

belief ▪ [n, 3]
▪ πίστη ▫ <f> ▪ |písti|
believer ▪ [n, 4]
▪ πιστός ▫ <m> ▪ |pistós|
faith ▪ [n, 4]
▪ πίστη ▪ |písti|
know ▪ [v, 1]
▪ ξέρω ▪ |xéro| ▫ ['ksero]
believe ▪ [v, 3] ▪ to accept as true
▪ πιστεύω ▪ |pistévo|
feel ▪ [v, 2]
▪ ψυλλιάζομαι ▪ |psylliázomai|
opinion ▪ [n, 3]
▪ γνώμη ▫ <f> ▪ |gnómi|
world ▪ [n, 3]
▪ κόσμος ▫ <m> ▪ |kósmos| ▫ /'ko.zmos/
think ▪ [v, 3] ▪ to conceive <intr>
▪ θεωρώ ▪ |theoró| ▫ /θe.o.'ro/
think ▪ [v, 3] ▪ to conceive <tr>
▪ νομίζω ▪ |nomízo| ▫ /no'mizo/

understand • **[v, 2]** • **to believe**
- αντιλαμβάνομαι • |antilamvánomai|

think • **[v, 3]** • **to guess**
- νομίζω • |nomízo| ▫ /noˈmizo/

guess • *[v, 3]* • *unqualified conclusion*
- υποθέτω • |ypothéto|

predict • *[v, 3]*
- προβλέπω • |provlépo|

ORDERING, CLASSIFYING, INVENTING, COPYING [084]

organization • **[n, 4]**
- οργάνωση ▫ <f> • |orgánosi|

chaos • *[n, 4]*
- χάος ▫ <n> • |cháos| ▫ /ˈxaos/

confused • *[adj, 4]*
- μπερδεμένος • |berdeménos|

arrange • **[v, 2]**
- διοργανώνω • |diorganóno|

order • **[v, 2]** • **in any order**
- κανονίζω • |kanonízo|

order • *[v, 2]* • *in good order*
- κανονίζω • |kanonízo|

category • **[n, 4]**
- κατηγορία ▫ <f> • |katigoría|

example • *[n, 1]*
- παράδειγμα • |parádeigma|

list • **[n, 1]**
- κατάλογος ▫ <m> • |katálogos|

number • *[n, 1]*
- αριθμός ▫ <m> • |arithmós| ▫ [ariθˈmos]

count • *[v, 1]*
- μετράω • |metráo|

number • *[v, 3]*
- αριθμώ • |arithmó|

invent • **[v, 3]**
- αποκαλύπτω • |apokalýpto|

invention • *[n, 3]*
- εφεύρεση ▫ <f> • |efévresi|

copy • **[v, 2]** • **to produce identical**
- αντιγράφω • |antigráfo|

template • *[n, 3]*

▪ πρότυπο ▫ <n> ▪ |prótypo|

ideal ▪ *[n, 4]*

▪ ιδεώδες ▫ <n> ▪ |ideódes|

copy ▪ [n, 3]

▪ αντίγραφο ▫ <n> ▪ |antígrafo| ▫ /anˈdiɣrafo/

true. ▪ *[adj, 3]*

▪ αληθινός ▪ |alithinós|

plagiarism ▪ [n, 3]

▪ λογοκλοπή ▫ <f> ▪ |logoklopí|

false. ▪ [adj, 3]

▪ ψευδής ▪ |psevdís|

fake ▪ [adj, 3]

▪ ψεύτικος ▪ |pséftikos|

COMPARING, EVALUATING [085]

as ▪ *[cnj, 2]*

▪ το ίδιο ▪ |to ídio|
▪ το ίδιο ▪ |to ídio|

than ▪ *[prp, 1]*

▪ από ▪ |apó|

as ▪ *[prp, 2]*

▪ όσο ▪ |óso|

more ▪ [adv, 3]

▪ πιο ▪ |pio| ▫ [ˈpço]

better ▪ *[adj, 1]*

▪ καλύτερος ▪ |kalýteros|

better ▪ *[adv, 2]*

▪ καλύτερα ▪ |kalýtera|

best ▪ *[adv, 2]*

▪ άριστα ▪ |árista|

excellent ▪ *[adj, 1]*

▪ έξοχος ▪ |éxochos|

great ▪ *[adj, 1]*

▪ εξαιρετικός ▪ |exairetikós|

wonderful ▪ *[adj, 3]*

▪ θαυμάσιος ▪ |thavmásios|

fine ▪ *[adj, 4]*

▪ εκλεκτός ▪ |eklektós|

prime ▪ *[adj, 4]*

▪ εκλεκτός ▪ |eklektós|

well ▪ *[adv, 2]*

▪ καλά ▪ |kalá|

so-so ▪ [adj, 3]

▪ έτσι κι έτσι ▪ |étsi ki étsi|

bad ▪ [adj, 1]

▪ κακός ▪ |kakós| ▫ /ka'kos/

cheap ▪ [adj, 3]

▪ φτηνός ▪ |ftinós|

poor ▪ [adj, 3]

▪ φτωχός ▪ |ftochós|

terrible ▪ [adj, 4]

▪ απαίσιος ▪ |apaísios|

badly ▪ [adv, 2]

▪ κακώς ▪ |kakós|

SIMILARITY, INDIVIDUALITY, DIVERSITY [086]

same ▪ [adj, 3]

▪ όμοιος ▪ |ómoios|

similar ▪ [adj, 1]

▪ παρόμοιος ▪ |parómoios|

equal ▪ [adj, 2]

▪ ίσος ▪ |ísos|

like ▪ [adj, 2]

▪ όμοιος ▪ |ómoios|

too ▪ [adv, 1]

▪ επίσης ▪ |epísis|

like ▪ [prp, 1]

▪ ως ▪ |os|

different ▪ [adj, 1] ▪ not the same

▪ διαφορετικός ▪ |diaforetikós|

nature ▪ [n, 3]

▪ φύση ▫ <f> ▪ |fýsi|

character ▪ [n, 4]

▪ χαρακτήρας ▫ <m> ▪ |charaktíras|

characteristic ▪ [adj, 3]

▪ χαρακτηριστικός ▪ |charaktiristikós|

uniform ▪ [adj, 3]

▪ ομοιόμορφος ▪ |omoiómorfos|

class ▪ [n, 2]

▪ τάξη ▫ <f> ▪ |táxi|

type ▪ [n, 2]

▪ τύπος ▫ <m> ▪ |týpos|

VALUE, ACCEPTABILITY, EFFICIENCY, ADVANTAGES [087]

value ▪ **[n, 2]** ▪ **quality**
- αξία ▫ <f> ▪ |axía|

dear ▪ *[adj, 3]*
- αγαπημένος ▪ |agapiménos|

precious ▪ *[adj, 1]*
- πολύτιμος ▪ |polýtimos|

valuable ▪ *[adj, 1]*
- πολύτιμος ▪ |polýtimos|

cheap ▪ *[adj, 3]*
- φτηνός ▪ |ftinós|

important ▪ **[adj, 3]**
- σημαντικός ▪ |simantikós|

main ▪ **[adj, 1]**
- κύριος ▪ |kýrios|

serious ▪ **[adj, 2]**
- σοβαρός ▪ |sovarós|

fundamental ▪ **[adj, 4]**
- θεμελιώδης ▫ <m/f> ▪ |themeliódis|

acceptable ▪ **[adj, 4]**
- παραδεκτός ▪ |paradektós| ▫ /paraðeˈktos/

good ▪ **[adj, 1]** ▪ **useful**
- καλός ▪ |kalós| ▫ /kaˈlɔs/

suitable ▪ **[adj, 1]**
- κατάλληλος ▪ |katállilos|

appropriate ▪ **[adj, 4]**
- κατάλληλος ▪ |katállilos|

properly ▪ **[adv, 4]**
- καταλλήλως ▪ |katallílos|

unacceptable ▪ *[adj, 4]*
- απαράδεκτος ▪ |aparádektos| ▫ /apaˈraðektos/

use ▪ *[n, 3]*
- χρησιμότητα ▫ <f> ▪ |chrisimótita|

useful ▪ **[adj, 1]**
- χρήσιμος ▪ |chrísimos|

useless ▪ *[adj, 1]*
- άχρηστος ▪ |áchristos|

benefit ▪ **[n, 4]**
- όφελος ▫ <n> ▪ |ófelos|

innocuous ▪ *[adj, 3]*

177

▪ αβλαβής ▪ |avlavís|

fit* ▪ *[v, 2]

▪ κάνω ▪ |káno| ▫ /ˈkano/

incompatible ▪ [adj, 3]

▪ ασυμβίβαστος ▫ <m> ▪ |asymvívastos|

ATTRACTIVENESS, BEAUTY, DECORATING [088]

beauty* ▪ *[n, 2]

▪ ομορφιά ▫ <f> ▪ |omorfiá|

beautiful* ▪ *[adj, 1]

▪ ωραίος ▪ |oraíos| ▫ /ɔ.ˈrɛ.ɔs/

nice* ▪ *[adj, 2]

▪ ωραίας ▪ |oraías|

ugly ▪ [adj, 1]

▪ άσχημος ▪ |áschimos|

photogenic* ▪ *[adj, 4]

▪ φωτογενής ▪ |fotogenís|

wreath* ▪ *[n, 4]

▪ στεφάνι ▪ |stefáni|

CORRECTNESS, ERRORS, CORRECTING [089]

correct ▪ [adj, 3]

▪ σωστός ▪ |sostós| ▫ [so̞ˈsto̞s]

wrong* ▪ *[adj, 1]

▪ λανθασμένος ▪ |lanthasménos|

wrong* ▪ *[adv, 4]

▪ λάθος ▪ |láthos|

mistake ▪ [n, 1]

▪ λάθος ▫ <n> ▪ |láthos|

error ▪ [n, 4]

▪ λάθος ▫ <n> ▪ |láthos|

mistake ▪ [v, 3] ▪ to make error

▪ κάνω λάθος ▪ |káno láthos|

accurate* ▪ *[adj, 2]

▪ ακριβής ▪ |akrivís|

exact* ▪ *[adj, 2]

▪ ακριβής ▪ |akrivís|

precise* ▪ *[adj, 3]

▪ ακριβής ▪ |akrivís|

approximately* ▪ *[adv, 2]

about* ▪ *[adv, 3] ▪ περίπου ▪ |perípou|

▪ σχεδόν ▪ |schedón|

about* ▪ *[prp, 4] ▪ κοντά ▪ |kontá|

correct ▪ [v, 2] ▪ διορθώνω ▪ |diorthóno|

check ▪ [v, 3] ▪ επαληθεύω ▪ |epalithévo|

READING, SYMBOLS, LINGUISTICS, LANGUAGE [20]
READING, WRITING, TEXTS [090]

read ▪ [v, 1] ▪ to interpret letters

▪ διαβάζω ▪ |diavázo| ▫ /ðʝaˈvazo/

read ▪ [v, 1] ▪ to speak aloud

▪ διαβάζω ▪ |diavázo| ▫ /ðʝaˈvazo/

writing ▪ [n, 3] ▪ act

▪ γραφή ▫ <f> ▪ |grafí|

written ▪ [adj, 3]

▪ γραπτός ▪ |graptós|

write ▪ [v, 1]

▪ γράφω ▪ |gráfo| ▫ /ˈɣra.fo/

record ▪ [v, 2]

▪ καταγράφω ▪ |katagráfo|

type ▪ [v, 2] ▪ of typewriter

▪ δακτυλογραφώ ▪ |daktylografó|

type ▪ [v, 2] ▪ of computer

▪ πληκτρολογώ ▪ |pliktrologó|

abbreviation ▪ [n, 4]

▪ συντομογραφία ▫ <f> ▪ |syntomografía|

text ▪ [n, 1]

▪ κείμενο ▫ <n> ▪ |keímeno|

writing ▪ [n, 1] ▪ written symbols

▪ γραφή ▫ <f> ▪ |grafí|

writing ▪ [n, 3] ▪ text

▪ γραπτό ▫ <f> ▪ |graptó|

article ▪ [n, 1]

▪ άρθρο ▪ |árthro|

letter ▪ [n, 1]

▪ επιστολή ▫ <f> ▪ |epistolí|

note ▪ [n, 3]

▪ σημείωση ▫ <f> ▪ |simeíosi|

chapter ▪ [n, 1]

▪ κεφάλαιο ▫ <n> ▪ |kefálaio|

paragraph ▪ [n, 2]

▪ παράγραφος ▫ <f> ▪ |parágrafos|

index ▪ [n, 4]

▪ κατάλογος ▫ <m> ▪ |katálogos|

line ▪ [n, 4]

▪ γραμμή ▫ <f> ▪ |grammí|

title ▪ [n, 4]

▪ τίτλος ▫ <m> ▪ |títlos|

table ▪ [n, 1]

▪ πίνακας ▫ <m> ▪ |pínakas|

design ▪ [n, 4]

▪ σχέδιο ▫ <n> ▪ |schédio|

drawing ▪ [n, 4]

▪ σχέδιο ▫ <n> ▪ |schédio|

space ▪ [n, 3]

▪ διάστημα ▫ <n> ▪ |diástima|

LETTERS, NUMBERS, SYMBOLS, SIGNS [091]

alphabet ▪ [n, 1]

▪ αλφάβητο ▫ <n> ▪ |alfávito|

alphabetical ▪ [adj, 4]

▪ αλφαβητικός ▪ |alfavitikós|

Latin alphabet ▪ [n, 4]

▪ λατινικό αλφάβητο ▫ <n> ▪ |latinikó alfávito|

letter ▪ [n, 1]

▪ γράμμα ▫ <n> ▪ |grámma| ▫ /ˈɣra.ma/

hieroglyph ▪ [n, 4]

▪ ιερογλυφικός ▫ <m> ▪ |ieroglyfikós|

symbol ▪ [n, 4]

▪ σύμβολο ▫ <n> ▪ |sýmvolo|

number ▪ [n, 2]

▪ αριθμός ▫ <m> ▪ |arithmós| ▫ [ariθˈmos]

question mark ▪ [n, 4]

▪ ερωτηματικό ▫ <n> ▫ {symbol - ; |?|} ▪ |erotimatikó|

exclamation mark ▪ [n, 4]

▪ θαυμαστικό ▫ <n> ▪ |thavmastikó|

comma ▪ [n, 3]

▪ κόμμα ▫ <n> ▪ |kómma|

full stop ▪ [n, 2]

▪ τελεία ▫ <f> ▪ |teleía|

punctuation ▪ [n, 3]

▪ στίξη ▫ <f> ▪ |stíxi|

quotation marks ▪ [n, 3]

▪ εισαγωγικά ▫ <n pl> ▫ {◌ or "◌"} ▪

colon ▪ [n, 4]

▪ άνω και κάτω τελεία ▫ <f> ▪ |áno kai káto teleía|

hyphen ▪ [n, 4]

▪ ενωτικό ▫ <n> ▪ |enotikó|

semicolon ▪ [n, 4]

▪ άνω τελεία ▫ <f> ▪ |áno teleía|

at sign ▪ [n, 2]

▪ παπάκι ▫ <n> ▪ |papáki|

asterisk ▪ [n, 3]

▪ αστερίσκος ▫ <m> ▪ |asterískos|

swastika ▪ [n, 3]

▪ σβάστικα ▫ <f> ▪ |svástika|

apostrophe ▪ [n, 4]

▪ απόστροφος ▫ <f> ▪ |apóstrofos| ▫ [aˈpɔstrɔfɔs]

arrow ▪ [n, 4]

▪ βέλος ▫ <n> ▪ |vélos|

star ▪ [n, 4] ▪ quality rating

▪ αστέρι ▫ <n> ▪ |astéri|

sign ▪ [n, 4] ▪ indication

▪ σημάδι ▪ |simádi|

coat of arms ▪ [n, 2]

▪ εθνόσημο ▫ <n> ▪ |ethnósimo|

emblem ▪ [n, 3]

▪ έμβλημα ▫ <n> ▪ |émvlima|

hammer and sickle ▪ [n, 4]

▪ σφυροδρέπανο ▪ |sfyrodrépano|

heraldry ▪ [n, 4]

▪ εραλδική ▫ <f> ▪ |eraldikí|

flag ▪ [n, 1]

▪ σημαία ▫ <f> ▪ |simaía|

barcode ▪ [n, 3]

▪ γραμμοκωδικός ▫ <m> ▪ |grammokodikós|

sticker ▪ [n, 4]

▪ αυτοκόλλητο ▫ <n> ▪ |aftokóllito|

point ▪ [v, 2]

▪ δείχνω ▪ |deíchno|

NAMING, NAMES [092]

name ▪ [n, 1]

▪ όνομα ▫ <n> ▪ |ónoma| ▫ [ˈo̞no̞ˌma]

name ▪ [v, 1]

▪ ονομάζω ▪ |onomázo|

call ▪ [v, 2] ▪ to name

▪ καλώ ▪ |kaló|

be called* ▪ *[v, 3]
▪ λέγομαι ▪ |légomai|
nameless ▪ [adj, 2]
▪ χωρίς όνομα ▪ |chorís ónoma|
anonymous ▪ [adj, 3]
▪ ανώνυμος ▪ |anónymos|
first name* ▪ *[n, 2]
▪ πρώτο όνομα ▫ <n> ▪ |próto ónoma|
surname* ▪ *[n, 2]
▪ επώνυμο ▫ <n> ▪ |epónymo|
nickname* ▪ *[n, 4]
▪ παρατσούκλι ▫ <n> ▪ |paratsoúkli|

LINGUISTICS, SPEECH UNITS, GRAMMAR [093]

etymology ▪ [n, 1] ▪ study
▪ ετυμολογία ▫ <f> ▪ |etymología|
vowel* ▪ *[n, 2]* ▪ *sound
▪ φωνήεν ▫ <n> ▪ |foníen|
consonant* ▪ *[n, 2]* ▪ *sound
▪ σύμφωνο ▫ <n> ▪ |sýmfono|
vowel* ▪ *[n, 3]* ▪ *letter
▪ φωνήεν ▫ <n> ▪ |foníen|
consonant* ▪ *[n, 3]* ▪ *letter
▪ σύμφωνο ▫ <n> ▪ |sýmfono|
rhyme* ▪ *[n, 3]
▪ ομοιοκαταληξία ▫ <f> ▪ |omoiokatalixía|
syllable* ▪ *[n, 3]
▪ συλλαβή ▫ <f> ▪ |syllaví|
International Phonetic Alphabet ▪ [n, 3]
▪ Διεθνές Φωνητικό Αλφάβητο ▫ <n> ▪ |Diethnés Fonitikó Alfávito|
sentence* ▪ *[n, 1]
▪ πρόταση ▫ <f> ▪ |prótasi|
word* ▪ *[n, 1]
▪ λέξη ▫ <f> ▪ |léxi|
phrase* ▪ *[n, 4]* ▪ *group of words
▪ φράση ▫ <f> ▪ |frási|
phrase ▪ [n, 1] ▪ expression
▪ φράση ▫ <f> ▪ |frási|
proverb ▪ [n, 2]
▪ παροιμία ▫ <f> ▪ |paroimía| ▫ /pariˈmia/

motto ▪ [n, 3]

▪ ρητό ▫ <n> ▪ |ritó|

idiom ▪ [n, 4]

▪ ιδίωμα ▫ <n> ▪ |idíoma|

saying ▪ [n, 4]

▪ απόφθεγμα ▫ <n> ▪ |apófthegma|

etymology ▪ [n, 3] ▪ of particular word

▪ ετυμολογία ▫ <f> ▪ |etymología|

synonym ▪ [n, 3]

▪ συνώνυμο ▫ <n> ▪ |synónymo|

antonym ▪ [n, 3]

▪ αντώνυμο ▫ <n> ▪ |antónymo|

grammar ▪ [n, 1] ▪ rules

▪ γραμματική ▫ <f> ▪ |grammatikí|

part of speech ▪ [n, 3]

▪ μέρος του λόγου ▫ <n> ▪ |méros tou lógou|

prefix ▪ [n, 4]

▪ πρόθημα ▫ <n> ▪ |próthima|

suffix ▪ [n, 4]

▪ επίθημα ▫ <n> ▪ |epíthima|

noun ▪ [n, 1]

▪ ουσιαστικό ▫ <n> ▪ |ousiastikó| ▫ [usiastiˈkɔ]

pronoun ▪ [n, 1]

▪ αντωνυμία ▫ <f> ▪ |antonymía|

adjective ▪ [n, 1]

▪ επίθετο ▫ <n> ▪ |epítheto|

verb ▪ [n, 1]

▪ ρήμα ▫ <n> ▪ |ríma|

adverb ▪ [n, 1]

▪ επίρρημα ▫ <n> ▪ |epírrima|

preposition ▪ [n, 1]

▪ πρόθεση ▫ <f> ▪ |próthesi|

conjunction ▪ [n, 2]

▪ σύνδεσμος ▫ <m> ▪ |sýndesmos|

interjection ▪ [n, 2]

▪ επιφώνημα ▫ <n> ▪ |epifónima|

article ▪ [n, 3]

▪ άρθρο ▫ <n> ▪ |árthro|

particle ▪ [n, 3]

▪ μόριο ▫ <n> ▪ |mório|

auxiliary verb ▪ [n, 4]

▪ βοηθητικό ρήμα ▫ <n> ▪ |voithitikó ríma|

numeral ▪ [n, 4]
▪ αριθμός ▫ <m> ▪ |arithmós| ▫ [ariθˈmos]
past tense ▪ [n, 3]
▪ αόριστος ▫ <m> ▪ |aóristos|
present tense ▪ [n, 3]
▪ ενεστώτας ▫ <m> ▪ |enestótas|
future tense ▪ [n, 3]
▪ μέλλοντας ▫ <m> ▪ |méllontas|
subject ▪ [n, 2]
▪ υποκείμενο ▫ <n> ▪ |ypokeímeno|
object ▪ [n, 2]
▪ αντικείμενο ▫ <n> ▪ |antikeímeno|
tense ▪ [n, 2]
▪ χρόνος ▫ <m> ▪ |chrónos| ▫ /ˈxronos/
conjugation ▪ [n, 4] ▪ act
▪ κλίση ▫ <f> ▪ |klísi| ▫ /ˈkʎi.si/
infinitive ▪ [n, 4]
▪ απαρέμφατο ▫ <n> ▪ |aparémfato|
nominative case ▪ [n, 4]
▪ ονομαστική ▫ <f> ▪ |onomastikí|
accusative ▪ [n, 4]
▪ αιτιατική ▫ <f> ▪ |aitiatikí|
genitive ▪ [n, 4]
▪ γενική ▫ <f> ▪ |genikí|
dative case ▪ [n, 4]
▪ δοτική πτώση ▫ <f> ▪ |dotikí ptósi|
plural ▪ [n, 2]
▪ πληθυντικός ▫ <m> ▪ |plithyntikós|
gender ▪ [n, 1]
▪ γένος ▫ <n> ▪ |génos| ▫ /ɟe̞no̞s/
declension ▪ [n, 4]
▪ κλίση ▫ <f> ▪ |klísi| ▫ /ˈkʎi.si/
grammatical case ▪ [n, 4]
▪ πτώση ▫ <f> ▪ |ptósi|
vocative case ▪ [n, 4]
▪ κλητική ▫ <f> ▪ |klitikí|
adjectival ▪ [adj, 2]
▪ επιθετικός ▪ |epithetikós|
spell ▪ [v, 3] ▪ to say letters
▪ γράφω ορθογραφημένα ▪ |gráfo orthografiména|
spell ▪ [v, 3] ▪ to compose word
▪ γράφω ορθογραφημένα ▪ |gráfo orthografiména|

LANGUAGE, FOREIGN LANGUAGES [094]

language ▪ [n, 1] ▪ all words
▪ γλώσσα ▫ <f> ▪ |glóssa| ▫ /ˈɣlosa/
language ▪ [n, 4] ▪ particular words used
▪ γλώσσα ▫ <f> ▪ |glóssa| ▫ /ˈɣlosa/
colloquial ▪ [adj, 4]
▪ κοινολεκτικός ▪ |koinolektikós|
mother tongue ▪ [n, 2]
▪ μητρική γλώσσα ▫ <f> ▪ |mitrikí glóssa| ▫ /mitriˈci ˈɣlosa/
bilingual ▪ [adj, 2] ▪ person
▪ δίγλωσσος ▪ |díglossos|
translation ▪ [n, 2] ▪ act
▪ μετάφραση ▫ <f> ▪ |metáfrasi| ▫ [mɛˈtafrasi]
translator ▪ [n, 2]
▪ μεταφραστής ▫ <m> ▪ |metafrastís|
translation ▪ [n, 3] ▪ result
▪ μετάφραση ▫ <f> ▪ |metáfrasi| ▫ [mɛˈtafrasi]
translate ▪ [v, 1]
▪ μεταφράζω ▪ |metafrázo|
dialect ▪ [n, 2]
▪ διάλεκτος ▫ <f> ▪ |diálektos|

EMOTIONS [21]
EMOTIONS IN GENERAL, FACIAL EXPRESSIONS, LAUGHING, CRYING [095]

emotion* ▪ *[n, 2]
▪ συναίσθημα ▫ <n> ▪ |synaísthima|
feeling* ▪ *[n, 3]
▪ συναίσθημα ▫ <n> ▪ |synaísthima|
feel* ▪ *[v, 2]* ▪ *<intr>
▪ νιώθω ▪ |nióthο| ▫ [ˈɲoθo]
feel* ▪ *[v, 2]* ▪ *<tr>
▪ αισθάνομαι ▪ |aisthánomai| ▫ /eˈsθanome/
touch* ▪ *[v, 3]
▪ συγκινώ ▪ |sygkinó| ▫ /siŋɟiˈno/
move* ▪ *[v, 4]
▪ συγκινώ ▪ |sygkinó| ▫ /siŋɟiˈno/
expression ▪ [n, 3]
▪ έκφραση ▫ <f> ▪ |ékfrasi|
laugh* ▪ *[n, 4]
▪ γέλιο ▫ <n> ▪ |gélio|
smile* ▪ *[n, 1]
▪ χαμόγελο ▫ <n> ▪ |chamógelo| ▫ /xaˈmɔʝɛlɔ/
laugh* ▪ *[v, 1]
▪ γελάω ▪ |geláo|
smile* ▪ *[v, 1]
▪ χαμογελώ ▪ |chamogeló|
cry ▪ [n, 4]
▪ κλάμα ▫ <n> ▪ |kláma|
tear ▪ [n, 1]
▪ δάκρυ ▫ <n> ▪ |dákry|
cry ▪ [v, 1]
▪ κλαίω ▪ |klaío| ▫ /ˈkleo/
weep ▪ [v, 1]
▪ κλαίω ▪ |klaío| ▫ /ˈkleo/

CALMNESS, FEAR, ANGER, CONFIDENCE [096]

peace ▪ [n, 2] ▪ state of mind
▪ ησυχία ▫ <f> ▪ |isychía| ▫ /isiˈçia/
peace* ▪ *[n, 1]* ▪ *absence of violence
▪ ησυχία ▫ <f> ▪ |isychía| ▫ /isiˈçia/
rest* ▪ *[n, 3]
▪ ηρεμία ▫ <f> ▪ |iremía|

calm* ▪ *[adj, 3]* ▪ *free of noise
▪ γαλήνιος ▪ |galínios|
calm* ▪ *[v, 3]
▪ ηρεμώ ▪ |iremó|
worried ▪ [adj, 2]
▪ ανήσυχος ▪ |anísychos|
worry ▪ [v, 2] ▪ to be troubled
▪ ανησυχώ ▪ |anisychó|
care ▪ [v, 3]
▪ νοιάζει ▪ |noiázei|
bother* ▪ *[v, 3]
▪ ενοχλώ ▪ |enochló| ▫ /enoˈxlo/
fear ▪ [n, 1]
▪ φόβος ▫ <m> ▪ |fóvos|
fear ▪ [v, 1]
▪ φοβάμαι ▪ |fovámai|
monster* ▪ *[n, 2]
▪ τέρας ▫ <n> ▪ |téras|
terrible* ▪ *[adj, 2]
▪ τρομερός ▪ |tromerós|
awful* ▪ *[adj, 3]
▪ απαίσιος ▪ |apaísios|
anger ▪ [n, 4]
▪ οργή ▫ <f> ▪ |orgí| ▫ /orˈʝi/
angry ▪ [adj, 1]
▪ θυμωμένος ▪ |thymoménos|
fuck ▪ [int, 3]
▪ γαμώτο! ▪ |gamóto!| ▫ /ˈɣaˈmoto/
troll* ▪ *[n, 4]
▪ τρολ ▫ <n> ▪ |trol|
provoke* ▪ *[v, 4]
▪ εξοργίζω ▪ |exorgízo|
certain ▪ [adj, 3]
▪ βέβαιος ▪ |vévaios| ▫ /ˈvɛvɛɔs/
certainly ▪ [adv, 3]
▪ βεβαίως ▪ |vevaíos| ▫ /veˈveos/
doubt* ▪ *[n, 3]
▪ αμφιβολία ▫ <f> ▪ |amfivolía| ▫ /amfivoˈlia/
doubt* ▪ *[v, 2]
▪ αμφιβάλλω ▪ |amfivállo|
maybe* ▪ *[adv, 1]
▪ ίσως ▪ |ísos|

perhaps* ▪ *[adv, 1]
▪ ίσως ▪ |ísos|

PLEASURE, JOYNESS, SADNESS, REGRET [097]

pleasure ▪ [n, 3]
▪ ευχαρίστηση ▫ <f> ▪ |efcharístisi|
like ▪ [v, 1]
▪ αρέσει ▪ |arései|
yes ▪ [int, 3]
▪ ναι ▪ |nai| ▫ [nȩ] ▫ {of noun / adverb}
good ▪ [adj, 2]
▪ καλός ▪ |kalós| ▫ /kaˈlɔs/
pleasant ▪ [adj, 2]
▪ ευχάριστος ▪ |efcháristos|
nice ▪ [adj, 2]
▪ καλός ▪ |kalós| ▫ /kaˈlɔs/
please ▪ [v, 3]
▪ ευχαριστώ ▪ |efcharistó| ▫ /e.fxa.riˈsto/
proud ▪ [adj, 4]
▪ περήφανος ▪ |perífanos| ▫ /peˈrifanos/
satisfied ▪ [adj, 4]
▪ ικανοποιημένος ▪ |ikanopoiiménos|
happiness ▪ [n, 1]
▪ ευτυχία ▫ <f> ▪ |eftychía|
joy ▪ [n, 4]
▪ χαρά ▫ <f> ▪ |chará|
happy ▪ [adj, 3]
▪ ευχαριστημένος ▪ |efcharistiménos|
glad ▪ [adj, 1]
▪ χαρούμενος ▪ |charoúmenos|
rejoice ▪ [v, 3]
▪ αγάλλομαι ▪ |agállomai|
joke ▪ [n, 2]
▪ αστείο ▫ <n> ▪ |asteío| ▫ [a.ˈsti.ɔ]
funny ▪ [adj, 1]
▪ αστείος ▪ |asteíos|
joke ▪ [v, 4]
▪ ατειεύομαι ▪ |ateiévomai|
comfortable ▪ [adj, 3] ▪ providing
▪ άνετος ▪ |ánetos|
uncomfortable ▪ [adj, 3]

▪ άβολο ▪ |ávolo|

sorrow* ▪ *[n, 2]

▪ λύπη ▫ <f> ▪ |lýpi|

grief* ▪ *[n, 4]

▪ πόνος ▫ <m> ▪ |pónos|

sadness* ▪ *[n, 4]

▪ λύπη ▫ <f> ▪ |lýpi|

sad* ▪ *[adj, 1]

▪ λυπημένος ▪ |lypiménos|

bad ▪ [adj, 2]

▪ κακός ▪ |kakós| ▫ /kaˈkos/

unpleasant ▪ [adj, 2]

▪ δυσάρεστος ▪ |dysárestos|

miss* ▪ *[v, 3]

▪ νοσταλγώ ▪ |nostalgó|

sorry ▪ [adj, 2]

▪ λυπάμαι ▪ |lypámai|

serious* ▪ *[adj, 2]

▪ σοβαρός ▪ |sovarós|

SURPRISE, INTEREST, BOREDOM [098]

surprised ▪ [adj, 2]

▪ έκπληκτος ▪ |ékpliktos|

oh my God ▪ [int, 3]

▪ Θεέ μου ▪ |Theé mou|

really ▪ [int, 3]

▪ αλήθεια ▪ |alítheia| ▫ /aˈliθça/ ▫ {of noun / adverb}

what ▪ [int, 3]

▪ τι ▪ |ti|

surprise ▪ [n, 4] ▪ source

▪ έκπληξη ▫ <f> ▪ |ékplixi| ▫ /ˈɛkpliksi/

wonder ▪ [n, 4]

▪ θαύμα ▫ <n> ▪ |thávma| ▫ /ˈθavma/

surprising ▪ [adj, 4]

▪ εκπληκτικός ▪ |ekpliktikós|

surprise ▪ [v, 3] ▪ to cause to feel

▪ εκπλήσσω ▪ |eklísso|

astonish ▪ [v, 4]

▪ εκπλήσσω ▪ |eklísso|

surprise ▪ [v, 4] ▪ to do unexpected

▪ κάνω έκπληξη ▪ |káno ékplixi|

interest ▪ *[n, 2]* ▪ *great concern*
　　　　　　　▪ ενδιαφέρον ▫ <n> ▪ |endiaféron|
interested ▪ *[adj, 4]*
　　　　　　　▪ ενδιαφερόμενος ▪ |endiaferómenos|
excited ▪ *[adj, 2]*
　　　　　　　▪ ενθουσιασμένος ▪ |enthousiasménos|
wonder ▪ *[v, 2]*
　　　　　　　▪ αναρωτιέμαι ▪ |anarotiémai|
interesting ▪ [adj, 1]
　　　　　　　▪ ενδιαφέρων ▪ |endiaféron|
curious ▪ [adj, 4]
　　　　　　　▪ περίεργος ▪ |períergos|
interest ▪ [v, 4]
　　　　　　　▪ ενδιαφέρω ▪ |endiaféro|
bored ▪ *[adj, 3]*
　　　　　　　▪ τρυπημένος ▪ |trypiménos|
lukewarm ▪ *[adj, 3]*
　　　　　　　▪ χλιαρός ▪ |chliarós|
boring ▪ [adj, 1]
　　　　　　　▪ βαρετός ▪ |varetós|

LOVE, PREFERENCE, HATRED, DISGUST [099]

love ▪ [n, 1] ▪ emotion
　　　　　　　▪ αγάπη ▫ <f> ▪ |agápi| ▫ [aˈɣapi]
lover ▪ [n, 4] ▪ another person
　　　　　　　▪ εραστής ▫ <m> ▪ |erastís|
love ▪ [v, 1] ▪ another person
　　　　　　　▪ αγαπώ ▪ |agapó| ▫ /aɣaˈpɔ/
like ▪ *[v, 3]*
　　　　　　　▪ αρέσει ▪ |arései|
love ▪ *[v, 2]* ▪ *something*
　　　　　　　▪ λατρεύω ▪ |latrévo|
prefer ▪ [v, 2]
　　　　　　　▪ προτιμάω ▪ |protimáo|
love ▪ *[n, 2]* ▪ *object*
　　　　　　　▪ αγάπη ▫ <f> ▪ |agápi| ▫ [aˈɣapi]
attractive ▪ *[adj, 2]*
　　　　　　　▪ ελκυστικός ▪ |elkystikós| ▫ /elcistiˈkos/
dear ▪ *[adj, 2]*
　　　　　　　▪ αγαπητός ▪ |agapitós|
favorite ▪ *[adj, 2]*

▪ αγαπημένος ▪ |agapiménos|
special* ▪ *[adj, 2]
▪ ειδικός ▪ |eidikós|
sweet* ▪ *[adj, 2]
▪ πράος ▪ |práos|
welcome* ▪ *[adj, 4]
▪ ευπρόσδεκτος ▪ |efprósdektos|
dream ▪ [n, 3]
▪ όραμα ▫ <n> ▪ |órama|
want ▪ [v, 1]
▪ θέλω ▪ |thélo| ▫ /ˈθelo/
desire ▪ [v, 2]
▪ επιθυμώ ▪ |epithymó|
long ▪ [v, 2]
▪ λαχταρώ ▪ |lachtaró|
wish ▪ [v, 2]
▪ εύχομαι ▪ |éfchomai|
dream ▪ [v, 4]
▪ ονειρεύομαι ▪ |oneirévomai|
yearn ▪ [v, 4]
▪ επιθυμώ ▪ |epithymó|
desire* ▪ *[n, 2]* ▪ *object
▪ επιθυμία ▫ <f> ▪ |epithymía|
hope ▪ [n, 1] ▪ emotion
▪ ελπίδα ▫ <f> ▪ |elpída|
hope ▪ [v, 1]
▪ ελπίζω ▪ |elpízo|
hope* ▪ *[n, 4]* ▪ *source
▪ ελπίδα ▫ <f> ▪ |elpída|
expect ▪ [v, 2]
▪ αναμένω ▪ |anaméno|
respect* ▪ *[n, 2]
▪ σεβασμός ▫ <m> ▪ |sevasmós|
admiration* ▪ *[n, 4]
▪ θαυμασμός ▫ <m> ▪ |thavmasmós|
respect* ▪ *[v, 3]
▪ σέβομαι ▪ |sévomai|
admire* ▪ *[v, 4]
▪ θαυμάζω ▪ |thavmázo|
hatred ▪ [n, 2]
▪ μίσος ▫ <n> ▪ |mísos|
dislike ▪ [v, 3]

▪ αντιπαθώ ▪ |antipathó|

hate ▪ [v, 1]

▪ μισώ ▪ |misó|

disgusting ▪ [adj, 4]

▪ αηδιαστικός ▪ |aidiastikós| ▫ /aiðʝastiˈkos/

poor ▪ [adj, 2]

▪ καημένος ▪ |kaiménos| ▫ /kaiˈmenos/

INTENDING, ACHIEVABILITY, WORKING, REALIZING [22]
INTENDING, DECIDING, CHOOSING [100]

goal ▪ [n, 3]
▪ σκοπός ▫ <m> ▪ |skopós|
purpose ▪ [n, 4] ▪ target
▪ σκοπός ▫ <m> ▪ |skopós|
plan ▪ [v, 3]
▪ σχεδιάζω ▪ |schediázo|
for ▪ [prp, 3]
▪ για ▪ |gia| ▫ [ʝa]
toward ▪ [prp, 3]
▪ για ▪ |gia| ▫ [ʝa]
decision ▪ [n, 2]
▪ απόφαση ▫ <f> ▪ |apófasi|
will ▪ [n, 2]
▪ βούληση ▫ <f> ▪ |voúlisi| ▫ /ˈvulisi/
decide ▪ [v, 3]
▪ αποφασίζω ▪ |apofasízo|
choice ▪ [n, 2] ▪ decision
▪ επιλογή ▫ <f> ▪ |epilogí| ▫ /ɛpilɔˈʝi/
choose ▪ [v, 1] ▪ to pick
▪ διαλέγω ▪ |dialégo| ▫ [ðʝaˈleɣo]
choice ▪ [n, 4] ▪ thing chosen
▪ επιλογή ▫ <f> ▪ |epilogí| ▫ /ɛpilɔˈʝi/

REACHABILITY, PROBLEMS, DIFFICULTY [101]

possible ▪ [adj, 2]
▪ εφικτός ▪ |efiktós|
impossible ▪ [adj, 2]
▪ ακατόρθωτος ▪ |akatórthotos|
problem ▪ [n, 1]
▪ πρόβλημα ▫ <n> ▪ |próvlima| ▫ /ˈprɔvlima/
easy ▪ [adj, 1]
▪ εύκολος ▪ |éfkolos|
easily ▪ [adv, 2]
▪ εύκολα ▪ |éfkola|
difficult ▪ [adj, 1]
▪ δύσκολος ▪ |dýskolos| ▫ /ˈðiskolos/
hard ▪ [adj, 1]
▪ δύσκολος ▪ |dýskolos| ▫ /ˈðiskolos/

PLANNING, WORKING, EXPERIENCING, REALIZING [102]

plan • [v, 3]
- σχεδιάζω • |schediázo|

strategic • *[adj, 2]*
- στρατηγικός • |stratigikós|

program • [n, 3]
- πρόγραμμα ▫ <n> • |prógramma|

timetable • [n, 3]
- χρονοδιάγραμμα ▫ <n> • |chronodiágramma|

algorithm • *[n, 2]*
- αλγόριθμος ▫ <m> • |algórithmos|

method • *[n, 2]*
- μέθοδος ▫ <f> • |méthodos|

process • *[n, 2]*
- διαδικασία ▫ <f> • |diadikasía|

exit • *[n, 3]*
- έξοδος ▫ <f> • |éxodos| ▫ /ˈɛ.ksɔ.ðɔs/

ritual • *[n, 3]*
- τελετουργικό ▫ <n> • |teletourgikó|

as • [cnj, 1]
- όπως • |ópos|

how • [cnj, 2]
- πώς • |pós|

how • *[adv, 1]*
- πώς • |pós| ▫ /ˈpos/

otherwise • [adv, 2]
- αλλιώς • |alliós|

somehow • [adv, 3]
- κάπως • |kápos|

so • [adv, 4]
- έτσι • |étsi|

struggle • *[n, 4]*
- αγώνας ▫ <m> • |agónas|

face • [v, 4]
- αντιμετωπίζω • |antimetopízo|

naive • *[adj, 2]*
- αφελής •

experience • [n, 4] • instance
- εμπειρία ▫ <f> • |empeiría|

attempt • [v, 1]

- αποπειρώμαι ▪ |apopeirómai|

try ▪ [v, 1] ▪ **to attempt**

- δοκιμάζω ▪ |dokimázo|

endeavor ▪ [v, 4]

- προσπαθώ ▪ |prospathó|

repeat ▪ *[v, 1]*

- επαναλαμβάνω ▪ |epanalamváno| ▫ /epanalaɱˈvano/

redo ▪ *[v, 4]*

- ξανακάνω ▪ |xanakáno|

decide ▪ *[v, 1]*

- αποφασίζω ▪ |apofasízo|

reach ▪ *[v, 3]*

- φτάνω ▪ |ftáno| ▫ /ˈftano/

attain ▪ *[v, 4]*

- πετυχαίνω ▪ |petychaíno|

success ▪ [n, 3]

- επιτυχία ▫ <f> ▪ |epitychía| ▫ /ɛ.pi.tiˈçi.a/

successful ▪ [adj, 3]

- επιτυχημένος ▪ |epitychiménos|

failure ▪ *[n, 3]*

- αποτυχία ▫ <f> ▪ |apotychía| ▫ /a.pɔ.tiˈçi.a/

record ▪ [n, 4]

- ρεκόρ ▫ <n> ▪ |rekór|

BEHAVING, MORALS, TRAITS OF CHARACTER [23]
BEHAVING IN GENERAL, MORALITY, MANNERS [103]

act ▪ [v, 2]
▪ συμπεριφέρομαι ▪ |symperiféromai|
habit ▪ [n, 1]
▪ συνήθεια ▫ <f> ▪ |synítheia|
custom ▪ [n, 2]
▪ συνήθεια ▫ <f> ▪ |synítheia|
nocturnal ▪ [adj, 4]
▪ νυκτόβιος ▪ |nyktóvios|
conscience ▪ [n, 2]
▪ συνείδηση ▫ <f> ▪ |syneídisi|
policy ▪ [n, 3]
▪ πολιτική ▫ <f> ▪ |politikí|
rude ▪ [adj, 1]
▪ αγενής ▪ |agenís| ▫ /aʝeˈnis/
bad ▪ [adj, 2] ▪ not appropriate
▪ κακός ▪ |kakós| ▫ /kaˈkos/
life ▪ [n, 3]
▪ ζωή ▫ <f> ▪ |zoí| ▫ /zoˈi/
goodness ▪ [n, 3]
▪ καλόσυνη ▫ <f> ▪ |kalósyni|
good ▪ [adj, 1]
▪ καλός ▪ |kalós| ▫ /kaˈlɔs/
pure ▪ [adj, 3]
▪ άψογος ▪ |ápsogos|
evil ▪ [n, 4]
▪ κακό ▫ <n> ▪ |kakó| ▫ /kaˈko/
bad ▪ [adj, 1] ▪ evil
▪ κακός ▪ |kakós| ▫ /kaˈkos/
dirty ▪ [adj, 3] ▪ morally unclean
▪ βρωμερός ▪ |vromerós|
evil ▪ [adj, 2]
▪ κακός ▪ |kakós| ▫ /kaˈkos/
malicious ▪ [adj, 4]
▪ κακόβουλος ▫ <m> ▪ |kakóvoulos|
wrong ▪ [adj, 4]
▪ λάθος ▪ |láthos|
guilt ▪ [n, 4]
▪ ενοχή ▪ |enochí|

BOLDNESS, PERSEVERANCE, PATIENCE [104]

courage ▪ [n, 2]
▪ κουράγιο ▫ <n> ▪ |kourágio|
character ▪ [n, 3]
▪ χαρακτήρας ▫ <m> ▪ |charaktíras|
brave ▪ [adj, 3]
▪ γενναίος ▪ |gennaíos| ▫ [ʝeˈneos]
hero ▪ [n, 2]
▪ ήρωας ▫ <m> ▪ |íroas|
heroine ▪ [n, 2]
▪ ηρωίδα ▫ <f> ▪ |iroída|
stubborn ▪ [adj, 2]
▪ πεισματάρης ▪ |peismatáris|
patience ▪ [n, 4]
▪ υπομονή ▫ <f> ▪ |ypomoní| ▫ /ipomoˈni/
patient ▪ [adj, 4]
▪ υπομονετικός ▪ |ypomonetikós|
coward ▪ [n, 4]
▪ δειλός ▫ <m> ▪ |deilós|
cowardly ▪ [adj, 3]
▪ δειλός ▪ |deilós|

RESPONSIBILITY, DILIGENCE, CAREFULNESS [105]

serious ▪ [adj, 2]
▪ σοβαρός ▪ |sovarós|
careful ▪ [adj, 2] ▪ meticulous
▪ επιμελής ▪ |epimelís|
neglect ▪ [v, 4]
▪ αμελώ ▪ |ameló|
sloth ▪ [n, 2]
▪ νωθρότητα ▫ <f> ▪ |nothrótita|
lazy ▪ [adj, 1]
▪ τεμπέλης ▪ |tempélis| ▫ [tɛˈbɛlis]
careful ▪ [adj, 2] ▪ cautious
▪ προσεκτικός ▪ |prosektikós|
careless ▪ [adj, 2]
▪ απρόσεκτος ▪ |aprósektos|

FRIENDLINESS, KINDNESS, CHARM, SELF-CONFIDENCE [106]

open ▪ [adj, 1]

▪ ανοιχτός ▪ |anoichtós|

friendly ▪ [adj, 4] ▪ attitude

▪ φιλικός ▪ |filikós|

friendly ▪ [adj, 1] ▪ character

▪ φιλικός ▪ |filikós|

stern ▪ [adj, 4]

▪ αυστηρός ▪ |afstirós|

envy ▪ [n, 4]

▪ φθόνος ▫ <m> ▪ |fthónos|

envious ▪ [adj, 3]

▪ ζηλόφθονος ▪ |zilófthonos|

jealous ▪ [adj, 2]

▪ ζηλιάρης ▪ |ziliáris|

cruel ▪ [adj, 1]

▪ σκληρός ▪ |sklirós| ▫ /skliˈros/

aggressive ▪ [adj, 2]

▪ επιθετικός ▪ |epithetikós|

haughty ▪ [adj, 2]

▪ υπεροπτικός ▪ |yperoptikós|

arrogant ▪ [adj, 2]

▪ υπεροπτικός ▪ |yperoptikós|

COURTESY, LOYALTY, FAIRNESS [107]

dignity ▪ [n, 1]

▪ αξιοπρέπεια ▫ <f> ▪ |axioprépeia| ▫ /aksioˈprepia/

polite ▪ [adj, 1]

▪ ευγενικός ▪ |evgenikós| ▫ [ɛvɟeniˈkɔs]

grateful ▪ [adj, 1]

▪ ευγνώμων ▫ <m/f> ▪ |evgnómon|

truth ▪ [n, 2]

▪ αλήθεια ▫ <f> ▪ |alítheia| ▫ /aˈliθça/

sure ▪ [adj, 2]

▪ ασφαλής ▪ |asfalís|

true. ▪ [adj, 2]

▪ αληθινός ▪ |alithinós|

justice ▪ [n, 4]

▪ δικαιοσύνη ▫ <f> ▪ |dikaiosýni|

fair ▪ [adj, 4]

▪ δίκαιος ▪ |díkaios|

just ▪ [adj, 3]

▪ δίκαιος ▪ |díkaios|

right ▪ *[adj, 1]*
> ▪ σωστό ▪ |sostó|

reasonable ▪ *[adj, 4]*
> ▪ δικαιολογημένος ▪ |dikaiologiménos|

honest ▪ *[adj, 3]*
> ▪ τίμιος ▪ |tímios|

hypocrite ▪ *[n, 4]*
> ▪ υποκριτής ▫ <m> ▪ |ypokritís|

SPEAKING, COMMUNICATING, MANAGING, CONFLICT [24]
SPEAKING, SILENCING, SHOUTING [108]

speech ▪ [n, 3]
▪ λόγος ▫ <m> ▪ |lógos| ▫ [ˈlo.ɣos]
speaker ▪ [n, 4]
▪ ομιλητής ▫ <m> ▪ |omilitís|
speak ▪ [v, 1]
▪ μιλώ ▪ |miló| ▫ [miˈlo]
say ▪ [v, 3] ▪ to communicate
▪ λέγω ▪ |légo|
voice ▪ [n, 1]
▪ φωνή ▫ <f> ▪ |foní| ▫ /foˈni/
pronounce ▪ [v, 2]
▪ προφέρω ▪ |proféro|
utter ▪ [v, 3]
▪ αρθρώνω ▪ |arthróno|
accent ▪ [n, 4] ▪ stronger articulation
▪ τόνος ▫ <m> ▪ |tónos| ▫ /ˈtonos/
pronunciation ▪ [n, 2] ▪ way
▪ προφορά ▪ |proforá| ▫ /profoˈra/
accent ▪ [n, 3] ▪ of particular region / group
▪ προφορά ▫ <f> ▪ |proforá| ▫ /profoˈra/
deaf-mute ▪ [adj, 3]
▪ κωφάλαλος ▫ <m> ▪ |kofálalos|
mute ▪ [adj, 3]
▪ άλαλος ▪ |álalos|
stammer ▪ [v, 3]
▪ τραυλίζω ▪ |travlízo|
quiet ▪ [adj, 2]
▪ ήρεμος ▪ |íremos|
keep quiet ▪ [v, 1]
▪ σωπαίνω ▪ |sopaíno|
call ▪ [n, 4]
▪ κραυγή ▫ <f> ▪ |kravgí|
call ▪ [v, 1]
▪ φωνάζω ▪ |fonázo|
shout ▪ [v, 1]
▪ φωνάζω ▪ |fonázo|
whisper ▪ [n, 3]
▪ ψίθυρος ▫ <m> ▪ |psíthyros|
whisper ▪ [v, 1]

▪ ψιθυρίζω ▪ |psithyrízo|

laughter ▪ [n, 1]

▪ γέλιο ▫ <n> ▪ |gélio|

cough ▪ [v, 3]

▪ βήχω ▪ |vícho|

PUBLIC TALKING, INFORMING, ADMITTING [109]

speech ▪ [n, 3]

▪ λόγος ▫ <m> ▪ |lógos| ▫ [ˈlo.ɣos]

speaker ▪ [n, 4]

▪ ομιλητής ▫ <m> ▪ |omilitís|

message ▪ [n, 2]

▪ μήνυμα ▫ <n> ▪ |mínyma|

inform ▪ [v, 4] ▪ <tr>

▪ πληροφορώ ▪ |pliroforó|

tell ▪ [v, 2]

▪ λέω ▪ |léo| ▫ /ˈleo/

comment ▪ [n, 3]

▪ σχόλιο ▫ <n> ▪ |schólio| ▫ /ˈsxolio/

add ▪ [v, 2]

▪ προσθέτω ▪ |prosthéto|

comment ▪ [v, 4]

▪ σχολιάζω ▪ |scholiázo|

declare ▪ [v, 4]

▪ ανακοινώνω ▪ |anakoinóno| ▫ /anaciˈnono/

state ▪ [v, 4]

▪ δηλώνω ▪ |dilóno| ▫ /ðiˈlono/

deny ▪ [v, 4]

▪ αρνούμαι ▪ |arnoúmai|

announce ▪ [v, 3]

▪ ανακοινώνω ▪ |anakoinóno| ▫ /anaciˈnono/

complain ▪ [v, 3]

▪ παραπονιέμαι ▪ |paraponiémai|

warn ▪ [v, 3]

▪ προειδοποιώ ▪ |proeidopoió|

EXPLAINING, CONFIRMING, CONVINCING [110]

story ▪ [n, 1]

▪ ιστορία ▫ <f> ▪ |istoría| ▫ [istɔˈria]

report ▪ [n, 2]

▪ αναφορά ▫ <f> ▪ |anaforá| ▫ /anafoˈra/

description ▪ *[n, 4]*

▪ περιγραφή ▫ <f> ▪ |perigrafí|

describe ▪ *[v, 1]*

▪ περιγράφω ▪ |perigráfo|

explain ▪ *[v, 1]*

▪ εξηγώ ▪ |exigó|

interpreter ▪ **[n, 2]**

▪ διερμηνέας ▫ <m/f> ▪ |dierminéas|

definition ▪ **[n, 4]**

▪ ορισμός ▫ <m> ▪ |orismós|

explanation ▪ **[n, 4]** ▪ **act**

▪ εξήγηση ▫ <f> ▪ |exígisi|

interpret ▪ **[v, 4]** ▪ **<intr>**

▪ διερμηνεύω ▪ |dierminévo|

interpret ▪ **[v, 4]** ▪ **<tr>**

▪ ερμηνεύω ▪ |erminévo|

i.e. ▪ **[ph, 4]**

▪ δηλ. ▫ {abbr - δηλαδή ▫ {diladí}} ▪ |dil.|

that is to say ▪ **[ph, 4]**

▪ δηλαδή ▪ |diladí|

show ▪ *[v, 1]* ▪ *to display*

▪ εμφανίζω ▪ |emfanízo|

demonstrate ▪ *[v, 4]*

▪ δείχνω ▪ |deíchno|

display ▪ *[v, 4]*

▪ παρουσιάζω ▪ |parousiázo|

present ▪ *[v, 4]*

▪ παρουσιάζω ▪ |parousiázo|

proof ▪ **[n, 4]**

▪ απόδειξη ▪ |apódeixi|

prove ▪ **[v, 4]**

▪ αποδεικνύω ▪ |apodeiknýo|

show ▪ **[v, 4]** ▪ **to indicate to be true**

▪ αποδεικνύω ▪ |apodeiknýo|

quote ▪ **[v, 4]**

▪ σπαράσσω ▪ |sparásso|

for example ▪ *[adv, 1]*

▪ παραδείγματος χάριν ▪ |paradeígmatos chárin|

like ▪ *[adv, 1]*

▪ όπως ▪ |ópos|

e.g. ▪ *[adv, 3]*

▪ π.χ. ▫ {abbr - παραδείγματος χάριν ▫ {paradeígmatos chárin}} ▪ |p.ch.| ▫ [pi'ci]

mention ▪ [v, 3]

▪ αναφέρω ▪ |anaféro|

namely ▪ [adv, 4]

▪ ονομαστικά ▪ |onomastiká|

PROMISING, DECEIVING [111]

oath ▪ [n, 4]

▪ όρκος ▫ <m> ▪ |órkos|

promise ▪ [v, 1]

▪ υπόσχομαι ▪ |ypóschomai|

swear ▪ [v, 3]

▪ ορκίζομαι ▪ |orkízomai|

forsake ▪ [v, 3]

▪ εγκαταλείπω ▪ |egkataleípo|

desert ▪ [v, 4]

▪ εγκαταλείπω ▪ |egkataleípo| ▫ /eŋgata'lipo/

deceive ▪ [v, 2]

▪ εξαπατώ ▪ |exapató|

liar ▪ [n, 2]

▪ ψεύτης ▫ <m> ▪ |pséftis|

lie ▪ [v, 1]

▪ ψεύδομαι ▪ |psévdomai|

COMMUNICATING, CONVERSATIONS, MEETINGS, ACQUAINTANCE [112]

messenger ▪ [n, 3]

▪ αγγελιοφόρος ▫ <m> ▪ |angeliofóros|

contact ▪ [n, 4] ▪ act

▪ επικοινωνία ▫ <f> ▪ |epikoinonía|

dialogue ▪ [n, 4]

▪ διάλογος ▪ |diálogos|

talk ▪ [v, 1]

▪ μιλώ ▪ |miló| ▫ [mi'lo]

gossip ▪ [n, 4]

▪ κουτσομπολιό ▫ <n> ▪ |koutsompolió| ▫ /kutsobo'ʎo/

chat ▪ [v, 4]

▪ ψιλοκουβεντιάζω ▪ |psilokouventiázo|

call* ▪ *[n, 3]* ▪ *phone

▪ τηλεφώνημα ▫ <n> ▪ |tilefónima|

telephone* ▪ *[v, 1]

▪ τηλεφωνώ ▪ |tilefonó|

call* ▪ *[v, 2]* ▪ *to contact by phone

▪ καλώ ▪ |kaló|

phone* ▪ *[v, 2]

▪ καλώ ▪ |kaló|

write ▪ [v, 1]

▪ γράφω ▫ {+ σε |se|} ▪ |gráfo| ▫ /ˈɣra.fo/

appointment* ▪ *[n, 4]

▪ ραντεβού ▫ <n> ▪ |rantevoú|

date* ▪ *[n, 4]

▪ συνάντηση ▫ <f> ▪ |synántisi|

meet* ▪ *[v, 1]* ▪ *to encounter by accident

▪ συναντώ ▪ |synantó|

meet* ▪ *[v, 3]* ▪ *to see by arrangement

▪ συναντώ ▪ |synantó|

conference ▪ [n, 1]

▪ συνέδριο ▫ <n> ▪ |synédrio|

visit* ▪ *[n, 2]

▪ επίσκεψη ▫ <f> ▪ |epískepsi|

call* ▪ *[n, 3]* ▪ *visit

▪ επίσκεψη ▫ <f> ▪ |epískepsi|

visit* ▪ *[v, 1]

▪ επισκέπτομαι ▪ |episképtomai|

guest ▪ [n, 1]

▪ επισκέπτης ▫ <m> ▪ |episképtis|

visitor ▪ [n, 3]

▪ επισκέπτης ▫ <m> ▪ |episképtis|

pleased to meet you* ▪ *[int, 3]

▪ χαίρω πολύ ▪ |chaíro polý| ▫ /ˈçero poˈli/

Mr ▪ [n, 2]

▪ κ. ▫ <m> ▪ |k.|

Mrs ▪ [n, 2]

▪ κα ▫ <f> ▪ |ka|

Miss ▪ [n, 1]

▪ δεσποινίδα ▫ <f> ▪ |despoinída|

madam ▪ [n, 3]

▪ κυρία ▫ <f> ▪ |kyría|

sir ▪ [n, 3]

▪ κύριος ▫ <m> ▪ |kýrios|

mister ▪ [n, 4]
>▪ κύριος ▫ <m> ▪ |kýrios|

dear ▪ [adj, 2] ▪ formal
>▪ αγαπητέ ▪ |agapité|

great ▪ [adj, 4]
>▪ περίφημος ▪ |perífimos|

baby ▪ [n, 4]
>▪ μωρό ▫ <n> ▪ |moró|

GREETING, REQUESTING, APOLOGIZING, CONGRATULATING [113]

welcome ▪ [n, 3] ▪ act
>▪ υποδοχή ▫ <f> ▪ |ypodochí| ▫ /ipoðoˈçi/

welcome ▪ [v, 3]
>▪ υποδέχομαι ▪ |ypodéchomai| ▫ /ipoˈðexome/

how are you ▪ [int, 3]
>▪ τι κάνεις ▫ {informal to one person} ▪ |ti káneis?|
>▪ τι κάνετε ▫ {formal, informal to some persons} ▪ |ti kánete?|

good morning ▪ [int, 2]
>▪ καλημέρα ▪ |kaliméra| ▫ /kaliˈmera/

good afternoon ▪ [int, 2]
>▪ καλό απόγευμα ▪ |kaló apógevma|

good evening ▪ [int, 2]
>▪ καλησπέρα ▪ |kalispéra| ▫ /kaliˈspera/

good night ▪ [int, 2]
>▪ καληνύχτα ▪ |kalinýchta| ▫ /kaliˈnixta/

hello ▪ [int, 1] ▪ greeting
>▪ γεια ▪ |geia| ▫ /ʝa/

hi ▪ [int, 1]
>▪ γεια ▪ |geia| ▫ /ʝa/

welcome ▪ [int, 1]
>▪ καλώς ορίσατε ▪ |kalós orísate|

good day ▪ [int, 4]
>▪ καλημέρα ▪ |kaliméra| ▫ /kaliˈmera/

hello ▪ [int, 1] ▪ by telephone
>▪ εμπρός ▪ |emprós| ▫ /emˈbros/

bye ▪ [int, 1]
>▪ γεια ▪ |geia| ▫ /ʝa/

goodbye ▪ [int, 1]
>▪ αντίο ▪ |antío| ▫ /aˈdio/

please ▪ [int, 1]

▪ παρακαλώ ▪ |parakaló| ▫ /paraka'lo/ ▫ {of verb}

help ▪ [int, 2]

▪ βοήθεια ▪ |voítheia|

again ▪ [adv, 4]

▪ ξανά ▪ |xaná| ▫ [ksa'na]

thank ▪ [v, 1]

▪ ευχαριστώ ▪ |efcharistó| ▫ /e.fxa.ri'sto/

thanks ▪ [int, 1]

▪ ευχαριστώ ▪ |efcharistó| ▫ /e.fxa.ri'sto/

thank you ▪ [int, 2]

▪ ευχαριστώ ▪ |efcharistó| ▫ /e.fxa.ri'sto/

many thanks ▪ [int, 4]

▪ ευχαριστώ πολύ ▪ |efcharistó polý|

thank you very much ▪ [int, 4]

▪ ευχαριστώ πολύ ▪ |efcharistó polý|

you're welcome ▪ [int, 1]

▪ παρακαλώ ▫ {formal} ▪ |parakaló| ▫ /paraka'lo/ ▫ {of verb}

▪ τίποτα ▫ {informal} ▪ |típota|

don't mention it ▪ [int, 4]

▪ τίποτα ▪ |típota|

not at all ▪ [int, 4]

▪ τίποτα ▪ |típota|

sorry ▪ [int, 2] ▪ expression of regret

▪ συγγνώμη ▪ |syngnómi|

excuse me ▪ [int, 3]

▪ συγγνώμη ▪ |syngnómi|

excuse ▪ [n, 4]

▪ δικαιολογία ▫ <f> ▪ |dikaiología| ▫ /ðiceolo'ʝia/

forgive ▪ [v, 1]

▪ συγχωρώ ▪ |synchoró|

excuse ▪ [v, 3]

▪ συγχωρώ ▪ |synchoró|

congratulate ▪ [v, 3]

▪ συγχαίρω ▪ |synchaíro| ▫ /siŋ'çero/

congratulations ▪ [int, 3]

▪ συγχαρητήρια ▪ |syncharitíria| ▫ /siŋxaritiria/

merry Christmas ▪ [int, 2]

▪ καλά Χριστούγεννα ▪ |kalá Christoúgenna|

happy New Year ▪ [int, 2]

▪ καλή χρονιά ▪ |kalí chroniá|

happy birthday ▪ [int, 2]

▪ χαρούμενα γενέθλια ▪ |charoúmena genéthlia|
Happy Easter* ▪ *[int, 3]
▪ Καλό Πάσχα ▪ |Kaló Páscha|
Merry Christmas and a Happy New Year* ▪ *[int, 3]
▪ Καλά Χριστούγεννα και Καλή Χρονιά! ▪ |Kalá Christoúgenna kai Kalí Chroniá!|
bon appétit ▪ [int, 2]
▪ καλή όρεξη ▪ |kalí órexi|
bon voyage ▪ [int, 2]
▪ καλό ταξίδι ▪ |kaló taxídi|
cheers ▪ [int, 2]
▪ εις υγείαν ▪ |eis ygeían|
bless you ▪ [int, 3]
▪ γείτσες ▪ |geítses| ▫ /ˈʝitses/
long live ▪ [int, 3]
▪ ζήτω ▪ |zíto|
good luck ▪ [int, 4]
▪ καλή τύχη! ▪ |kalí týchi!|

ASKING, OFFERING, ANSWERING, AGREEING [114]

question* ▪ *[n, 1]
▪ ερώτηση ▫ <f> ▪ |erótisi|
ask* ▪ *[v, 1]* ▪ *to request answer
▪ ρωτώ ▪ |rotó|
interview* ▪ *[v, 3]
▪ συνεντευξιάζω ▪ |synentefxiázo|
question* ▪ *[v, 4]
▪ αμφισβητώ ▪ |amfisvitó|
application ▪ [n, 4]
▪ αίτηση ▫ <f> ▪ |aítisi| ▫ /ˈɛtisi/
ask ▪ [v, 1] ▪ to make request
▪ παρακαλώ ▪ |parakaló| ▫ /parakaˈlo/
order ▪ [v, 1]
▪ παραγγέλνω ▪ |parangélno|
request ▪ [v, 3]
▪ ζητώ ▪ |zitó| ▫ /ziˈto/
suggestion ▪ [n, 2]
▪ πρόταση ▫ <f> ▪ |prótasi|
offer ▪ [n, 3] ▪ instance
▪ πρόταση ▫ <f> ▪ |prótasi|
offer ▪ [v, 2] ▪ <tr>

▪ προσφέρω ▪ |prosféro|

offer ▪ [v, 3] ▪ <intr>

▪ προσφέρομαι ▪ |prosféromai|

suggest ▪ [v, 3]

▪ προτείνω ▪ |proteíno|

answer ▪ [n, 1]

▪ απάντηση ▫ <f> ▪ |apántisi| ▫ /a'pandisi/

answer ▪ [v, 1]

▪ απαντώ ▪ |apantó|

reply ▪ [v, 2]

▪ απαντώ ▪ |apantó|

yes ▪ [int, 1] ▪ agreement

▪ ναι ▪ |nai| ▫ [nȩ] ▫ {of noun / adverb}

yes ▪ [int, 4] ▪ disagreement to negative

▪ ναι ▪ |nai| ▫ [nȩ] ▫ {of noun / adverb}

yeah ▪ [int, 4]

▪ ναι ▪ |nai| ▫ [nȩ] ▫ {of noun / adverb}

certainly ▪ [int, 2]

▪ βεβαίως ▪ |vevaíos| ▫ /ve'veos/

right ▪ [int, 3] ▪ checking agreement

▪ έτσι δεν είναι ▪ |étsi den eínai?|

fine ▪ [int, 4]

▪ εντάξει ▪ |entáxei| ▫ /ɛn'daksi/ ▫ {of adjective}

refuse ▪ [v, 3] ▪ <tr>

▪ αρνούμαι ▪ |arnoúmai|

object ▪ [v, 4]

▪ διαφωνώ ▪ |diafonó|

no ▪ [sv, 1]

▪ απαγορεύεται ▫ {before ο / η / το and a verbal noun} ▪ |apagorévetai|

no ▪ [int, 1] ▪ disagreement

▪ όχι ▪ |óchi| ▫ ['ọçi] ▫ {of noun / adverb}

no ▪ [int, 4] ▪ agreement with negative

▪ όχι ▪ |óchi| ▫ ['ọçi] ▫ {of noun / adverb}

JOINT ACTIVITY, INVITING, HELPING, PRAISING [115]

partake ▪ [v, 4]

▪ μοιράζομαι ▪ |moirázomai| ▫ /mi'ra.zo.me/

together ▪ [adv, 1]

▪ μαζί ▪ |mazí|

along ▪ [adv, 3]

▪ μαζί με ▪ |mazí me|

with ▪ [prp, 1] ▪ in company of

▪ με ▪ |me| ▫ [mę]

call ▪ [n, 3]

▪ κάλεσμα ▫ <n> ▪ |kálesma|

call ▪ [v, 1]

▪ καλώ ▪ |kaló|

invite ▪ [v, 1]

▪ προσκαλώ ▪ |proskaló|

help ▪ [n, 1] ▪ act

▪ βοήθεια ▫ <f> ▪ |voítheia|

assistance ▪ [n, 3]

▪ βοήθεια ▫ <f> ▪ |voítheia|

help ▪ [v, 2] ▪ <tr>

▪ βοηθώ ▪ |voithó|

help ▪ [v, 2] ▪ <intr>

▪ βοηθώ ▪ |voithó|

facilitate ▪ [v, 3]

▪ διευκολύνω ▪ |diefkolýno|

with ▪ [prp, 2] ▪ in support of

▪ με ▪ |me| ▫ [mę]

assistant ▪ [n, 3]

▪ βοηθός ▫ <m/f> ▪ |voithós|

volunteer ▪ [n, 4]

▪ εθελοντής ▫ <m> ▪ |ethelontís|

care ▪ [n, 4]

▪ έγνοια ▫ <f> ▪ |égnoia| ▫ /ˈeɣɲa/

love ▪ [v, 2]

▪ εκτιμώ ▪ |ektimó|

care ▪ [v, 3]

▪ φροντίζω ▪ |frontízo|

for ▪ [prp, 4]

▪ γιατί ▪ |giatí|

believe ▪ [v, 1]

▪ πιστεύω ▪ |pistévo|

trust ▪ [v, 2]

▪ εμπιστεύομαι ▪ |empistévomai| ▫ /embisˈtevome/

encourage ▪ [v, 2]

▪ ενθαρρύνω ▪ |entharrýno|

praise ▪ [v, 3]

▪ επαινώ ▪ |epainó|

POWER, MANAGING, SUBORDINATING [116]

authority ▪ *[n, 2]*
- εξουσία ▫ <f> ▪ |exousía|

power ▪ *[n, 3]*
- ισχύς ▫ <f> ▪ |ischýs|

powerful ▪ *[adj, 1]*
- ισχυρός ▪ |ischyrós|

management ▪ [n, 2]
- διοίκηση ▫ <n> ▪ |dioíkisi|

administration ▪ [n, 4]
- διαχείριση ▫ <m> ▪ |diacheírisi|

rule ▪ [v, 3]
- κυβερνώ ▪ |kyvernó|

control ▪ *[v, 1]*
- ελέγχω ▪ |eléncho|

order ▪ *[v, 3]*
- διατάζω ▪ |diatázo|

order ▪ [n, 2]
- διαταγή ▫ <f> ▪ |diatagí|

command ▪ [n, 4]
- εντολή ▫ <f> ▪ |entolí|

force ▪ *[v, 4]*
- αναγκάζω ▪ |anagkázo|

guide ▪ [n, 2]
- ξεναγός ▫ <m> ▪ |xenagós|

allow ▪ *[v, 3]*
- επιτρέπω ▪ |epitrépo|

can ▪ [sv, 1]
- μπορώ ▪ |boró|

may ▪ [sv, 1]
- μπορώ ▪ |boró|

password ▪ *[n, 2]*
- συνθηματικό ▫ <n> ▪ |synthimatikó|

forbid ▪ [v, 3]
- απαγορεύω ▪ |apagorévo| ▫ /a.pa.ɣoˈre.vo/

no entry ▪ *[ph, 2]*
- απαγορεύεται η είσοδος ▪ |apagorévetai i eísodos|

no smoking ▪ *[ph, 3]*
- απαγορεύεται το κάπνισμα ▪ |apagorévetai to kápnisma|

obedience ▪ [n, 4]

▪ υπακοή ▫ <f> ▪ |ypakoí|

listen ▪ [v, 1]

▪ ακούω ▪ |akoúo| ▫ [aˈkuo]

observe ▪ [v, 3]

▪ τηρώ ▪ |tiró|

ADVISING, CONDEMNING, ACCUSING, INSULTING [117]

advice ▪ [n, 1]

▪ συμβουλή ▫ <f> ▪ |symvoulí|

advise ▪ [v, 1]

▪ συμβουλεύω ▪ |symvoulévo|

suggest ▪ [v, 3]

▪ συνιστώ ▪ |synistó|

name ▪ [v, 4]

▪ κατονομάζω ▪ |katonomázo|

laugh ▪ [v, 2]

▪ γελάω ▪ |geláo|

abase ▪ [v, 3]

▪ εξευτελίζω ▪ |exeftelízo|

wound ▪ [v, 3]

▪ πληγώνω ▪ |pligóno|

bitch ▪ [n, 4]

▪ σκύλα ▫ <f> ▪ |skýla| ▫ /ˈscila/

motherfucker ▪ [n, 4]

▪ καριόλης ▪ |kariólis| ▫ /kaˈɟolis/

CONSENT, CONFLICT, COMPETING [118]

agree ▪ [v, 3] ▪ to be

▪ συμφωνώ ▪ |symfonó|

disagree ▪ [v, 3]

▪ διαφωνώ ▪ |diafonó|

conflict ▪ [n, 4]

▪ σύρραξη ▫ <f> ▪ |sýrraxi|

quarrel ▪ [n, 4]

▪ καβγάς ▫ <m> ▪ |kavgás|

with ▪ [prp, 2]

▪ με ▪ |me| ▫ [mȩ]

fight ▪ [v, 4] ▪ to counteract

▪ καταπολεμώ ▪ |katapolemó|

discussion ▪ [n, 2]

▪ συζήτηση ▫ <f> ▪ |syzítisi|

argument* ▪ *[n, 4]

▪ καβγάς ▫ <n> ▪ |kavgás|

discuss* ▪ *[v, 1]

▪ συζητώ ▪ |syzitó|

competition ▪ [n, 3] ▪ contest

▪ διαγωνισμός ▫ <m> ▪ |diagonismós|

fight* ▪ *[v, 1]* ▪ *to contend in conflict <tr>

▪ πολεμώ ▪ |polemó|

attack ▪ [n, 2]

▪ επίθεση ▫ <f> ▪ |epíthesi|

attack ▪ [v, 1]

▪ επιτίθεμαι ▪ |epitíthemai|

bite* ▪ *[v, 2]

▪ δαγκώνω ▪ |dagkóno| ▫ /ðaŋˈgono/

box* ▪ *[v, 4]

▪ γρονθοκοπώ ▪ |gronthokopó|

escape ▪ [v, 2] ▪ to get free

▪ δραπετεύω ▪ |drapetévo|

avoid ▪ [v, 4]

▪ αποφεύγω ▪ |apofévgo| ▫ /apɔˈfɛvɣɔ/

escape ▪ [v, 4] ▪ to elude

▪ διαφεύγω ▪ |diafévgo|

neutrality* ▪ *[n, 3]

▪ ουδετερότητα ▫ <f> ▪ |oudeterótita|

neutral* ▪ *[adj, 2]

▪ ουδέτερος ▪ |oudéteros|

OUTCOME OF COMPETITION, PRIZES [119]

win ▪ [n, 4]

▪ νίκη ▪ |níki|

victory ▪ [n, 2]

▪ νίκη ▪ |níki|

winner ▪ [n, 2]

▪ νικητής ▫ <m> ▪ |nikitís|

win ▪ [v, 2] ▪ <tr>

▪ νικώ ▪ |nikó|

defeat ▪ [v, 2]

▪ νικώ ▪ |nikó|

defeat* ▪ *[n, 4]

▪ ήττα ▫ <f> ▪ |ítta| ▫ /ˈi.ta/

lose ▪ *[v, 1]* ▪ *<intr>*

  ▪ ηττώμαι ▪ |ittómai|

lose ▪ *[v, 1]* ▪ *<tr>*

  ▪ ηττώμαι ▪ |ittómai|

draw ▪ **[n, 4]**

  ▪ ισοπαλία ▫ <f> ▪ |isopalía|

medal ▪ *[n, 3]*

  ▪ μετάλλιο ▫ <n> ▪ |metállio|

gold ▪ *[n, 4]*

  ▪ χρυσό ▫ <n> ▪ |chrysó|

HUMANITY, SOCIETY, RELATIONSHIPS, RELATIVES [25]
HUMAN, HUMANITY, CULTURE, PEOPLES [120]

human ▪ *[n, 1]*
> ▪ άνθρωπος ▫ <m> ▪ |ánthropos| ▫ /ˈanθrɔpɔs/

man ▪ *[n, 1]*
> ▪ άνθρωπος ▫ <m> ▪ |ánthropos| ▫ /ˈanθrɔpɔs/

human being ▪ *[n, 2]*
> ▪ άνθρωπος ▫ <m> ▪ |ánthropos| ▫ /ˈanθrɔpɔs/

world ▪ [n, 2]
> ▪ κόσμος ▫ <m> ▪ |kósmos| ▫ /ˈko.zmos/

mankind ▪ [n, 3]
> ▪ ανθρωπότητα ▪ |anthropótita|

human ▪ *[adj, 2]* ▪ *of Homo sapiens*
> ▪ ανθρώπινος ▪ |anthrópinos|

culture ▪ [n, 1] ▪ arts and customs
> ▪ πολιτισμός ▫ <m> ▪ |politismós|

society ▪ [n, 1]
> ▪ κοινωνία ▫ <f> ▪ |koinonía| ▫ [cinoˈnia]

tradition ▪ [n, 2]
> ▪ παράδοση ▫ <f> ▪ |parádosi|

folklore ▪ [n, 3]
> ▪ λαογραφία ▫ <f> ▪ |laografía| ▫ /laoɣraˈfia/

civilization ▪ [n, 4]
> ▪ πολιτισμός ▫ <m> ▪ |politismós|

traditional ▪ [adj, 1]
> ▪ παραδοσιακός ▪ |paradosiakós|

progress ▪ *[n, 3]*
> ▪ πρόοδος ▫ <f> ▪ |próodos|

black ▪ [n, 4]
> ▪ μαύρος ▫ <m> ▪ |mávros|

Negro ▪ [n, 2]
> ▪ νέγρος ▫ <m> ▪ |négros|

white ▪ [adj, 2]
> ▪ λευκός ▪ |lefkós| ▫ /lefˈkos/

black ▪ [adj, 2]
> ▪ μαύρος ▪ |mávros| ▫ [ˈmavros]

tribe ▪ *[n, 1]*
> ▪ φύλο ▫ <n> ▪ |fýlo|

SOCIETY, CLASSES, GROUPS OF PEOPLE [121]

nation ▪ [n, 1]

▪ έθνος ▫ <n> ▪ |éthnos|
people ▪ [n, 2] ▪ of particular nation
▪ λαός ▫ <m> ▪ |laós|
public ▪ [n, 4]
▪ κοινό ▫ <n> ▪ |koinó|
social ▪ [adj, 4]
▪ κοινωνικός ▪ |koinonikós|
public ▪ [adj, 2] ▪ pertaining to all people
▪ δημόσιος ▪ |dimósios| ▫ [ðiˈmosios]
public ▪ [adj, 2] ▪ open for public
▪ δημόσιος ▪ |dimósios| ▫ [ðiˈmosios]
prince ▪ [n, 1]
▪ πρίγκιπας ▫ <m> ▪ |prígkipas|
princess ▪ [n, 1]
▪ βασιλοπούλα ▫ <f> ▪ |vasilopoúla|
duchess ▪ [n, 4]
▪ δούκισσα ▫ <f> ▪ |doúkissa|
noble ▪ [n, 4]
▪ αριστοκράτης ▫ <m> ▪ |aristokrátis|
gentleman ▪ [n, 4]
▪ κύριος ▫ <m> ▪ |kýrios|
lady ▪ [n, 4] ▪ woman of authority
▪ κυρία ▫ <f> ▪ |kyría|
kulak ▪ [n, 4]
▪ κουλάκος ▫ <m> ▪ |koulákos|
peasant ▪ [n, 2]
▪ χωρικός ▫ <m> ▪ |chorikós|
beggar ▪ [n, 4]
▪ ζητιάνος ▪ |zitiános|
people ▪ [n, 4] ▪ not special class
▪ μάζες ▫ <f pl> ▪ |mázes|
star ▪ [n, 1]
▪ αστέρι ▫ <n> ▪ |astéri|
authority ▪ [n, 4]
▪ αυθεντία ▫ <f> ▪ |afthentía|
housewife ▪ [n, 3]
▪ νοικοκυρά ▫ <f> ▪ |noikokyrá|
slave ▪ [n, 2]
▪ δούλος ▫ <m> ▪ |doúlos|
people ▪ [n, 1] ▪ group of persons
▪ κόσμος ▫ <m> ▪ |kósmos| ▫ /ˈko.zmos/
club ▪ [n, 1]

▪ λέσχη ▫ <f> ▪ |léschi|

community* ▪ *[n, 2]* ▪ *with common understanding

▪ κοινότητα ▫ <f> ▪ |koinótita|

team* ▪ *[n, 2]

▪ ομάδα ▫ <f> ▪ |omáda|

league* ▪ *[n, 4]

▪ σύνδεσμος ▫ <m> ▪ |sýndesmos|

unit* ▪ *[n, 4]

▪ μονάδα ▫ <f> ▪ |monáda|

population ▪ [n, 1]

▪ πληθυσμός ▫ <m> ▪ |plithysmós| ▫ /pliθiˈzmos/

queue ▪ [n, 3]

▪ ουρά ▫ <f> ▪ |ourá|

crowd* ▪ *[n, 3]

▪ πλήθος ▫ <n> ▪ |plíthos|

AGES, GENDERS, SEXUAL ORIENTATION [122]

old ▪ [adj, 1]

▪ γηραιός ▪ |giraiós|

grow up ▪ [v, 4]

▪ μεγαλώνω ▪ |megalóno|

childhood ▪ [n, 2] ▪ period

▪ παιδική ηλικία ▫ <f> ▪ |paidikí ilikía|

childhood ▪ [n, 4] ▪ state

▪ παιδική ηλικία ▫ <f> ▪ |paidikí ilikía|

little ▪ [adj, 4]

▪ μικρός ▪ |mikrós| ▫ [miˈkrǫs]

baby* ▪ *[n, 1]

▪ μωρό ▫ <n> ▪ |moró|

child* ▪ *[n, 1]

▪ παιδί ▫ <n> ▪ |paidí| ▫ /peˈði/

youth* ▪ *[n, 2]* ▪ *young persons

▪ νεολαία ▫ <f> ▪ |neolaía|

teenager* ▪ *[n, 3]

▪ έφηβος ▫ <m> ▪ |éfivos| ▫ /ˈɛ.fi.vɔs/

adult ▪ [n, 2]

▪ ενήλικας ▪ |enílikas|

old age* ▪ *[n, 4]

▪ γεράματα ▫ <n pl> ▪ |gerámata| ▫ /ɟeˈramata/

gender ▪ [n, 1]

▪ φύλο ▫ <n> ▪ |fýlo|

sex ▪ [n, 1]

▪ φύλο ▫ <n> ▪ |fýlo|

masculine ▪ [adj, 4] ▪ of male sex

▪ αρσενικός ▪ |arsenikós|

feminine ▪ [adj, 4] ▪ of female sex

▪ θηλυκός ▪ |thilykós|

old man ▪ [n, 3]

▪ γέρος ▫ <m> ▪ |géros| ▫ /ˈʝeros/

male ▪ [n, 3]

▪ αρσενικός ▫ <m> ▪ |arsenikós|

man ▪ [n, 1]

▪ άνδρας ▫ <m> ▪ |ándras| ▫ [ˈa(n)dras]

boy ▪ [n, 1] ▪ young

▪ αγόρι ▫ <n> ▪ |agóri| ▫ /aˈɣori/

old woman ▪ [n, 3]

▪ γριά ▫ <f> ▪ |griá| ▫ /ɣriˈa/

female ▪ [n, 3]

▪ θήλυ ▫ <n> ▪ |thíly|

woman ▪ [n, 1]

▪ γυναίκα ▫ <f> ▪ |gynaíka| ▫ [ʝiˈne̞ka]

girl ▪ [n, 1] ▪ young

▪ κορίτσι ▫ <n> ▪ |korítsi| ▫ /kɔˈritsi/

homosexuality ▪ [n, 2]

▪ ομοφυλοφιλία ▫ <f> ▪ |omofylofilía| ▫ [ɔmɔfilɔfiˈlia]

gay ▪ [adj, 4]

▪ ομοφυλόφιλος ▪ |omofylófilos| ▫ /omofiˈlofilos/

lesbian ▪ [adj, 4]

▪ λεσβιακός ▪ |lesviakós|

homosexual ▪ [adj, 1]

▪ ομοφυλόφιλος ▪ |omofylófilos| ▫ /omofiˈlofilos/

gay ▪ [n, 3]

▪ ομοφυλόφιλος ▫ <m> ▪ |omofylófilos| ▫ /omofiˈlofilos/

lesbian ▪ [n, 3]

▪ λεσβία ▫ <f> ▪ |lesvía|

homosexual ▪ [n, 2]

▪ ομοφυλόφιλος ▫ <m> ▫ {male} ▪ |omofylófilos| ▫ /omofiˈlofilos/

▪ λεσβία ▫ <f> ▫ {female} ▪ |lesvía|

fag ▪ [n, 4]

▪ πούστης ▫ <m> ▪ |poústis| ▫ /ˈpustis/

RELATIONSHIPS, MARRIAGE, WIDOWHOOD [123]

boyfriend* ▪ *[n, 3]
▪ γκόμενος ▫ <m> ▪ |gkómenos| ▫ /ˈgomenos/
girlfriend* ▪ *[n, 3]
▪ κορίτσι ▫ <n> ▪ |korítsi| ▫ /kɔˈritsi/
friend* ▪ *[n, 3]
▪ φίλος ▫ <m> ▪ |fílos|
couple* ▪ *[n, 4]
▪ ζεύγος ▫ <n> ▪ |zévgos| ▫ /ˈzevɣos/
pair* ▪ *[n, 4]
▪ ζευγάρι ▫ <n> ▪ |zevgári| ▫ /zevˈɣa.ri/
celibacy ▪ [n, 4]
▪ αγαμία ▫ <f> ▪ |agamía|
bachelor ▪ [n, 4]
▪ εργένης ▫ <m> ▪ |ergénis|
miss ▪ [n, 4]
▪ δεσποινίδα ▫ <f> ▪ |despoinída|
unmarried ▪ [adj, 2]
▪ ανύπαντρος ▪ |anýpantros|
single ▪ [adj, 3]
▪ ανύπαντρος ▪ |anýpantros|
celibate ▪ [adj, 4]
▪ άγαμος ▪ |ágamos|
marry* ▪ *[v, 1]* ▪ *to take husband / wife
▪ παντρεύομαι ▪ |pantrévomai|
fiancé ▪ [n, 3]
▪ αρραβωνιαστικός ▫ <m> ▪ |arravoniastikós|
fiancée ▪ [n, 3]
▪ αρραβωνιαστικιά ▫ <f> ▪ |arravoniastikiá|
bridegroom ▪ [n, 2]
▪ γαμπρός ▫ <m> ▪ |gamprós|
bride ▪ [n, 2]
▪ νύφη ▫ <f> ▪ |nýfi|
marriage* ▪ *[n, 4]* ▪ *state
▪ γάμος ▫ <m> ▪ |gámos| ▫ /ˈɣamos/
married* ▪ *[adj, 2]
▪ παντρεμένος ▪ |pantreménos|
marry* ▪ *[v, 2]* ▪ *to be joined
▪ παντρεύομαι ▪ |pantrévomai|
husband ▪ [n, 1]
▪ σύζυγος ▫ <m> ▪ |sýzygos|

wife ▪ [n, 1]
▪ σύζυγος ▫ <f> ▪ |sýzygos|
marriage ▪ [n, 4] ▪ union
▪ γάμος ▫ <m> ▪ |gámos| ▫ /ˈɣamos/
spouse ▪ [n, 4]
▪ σύζυγος ▫ <m/f> ▪ |sýzygos|
harem ▪ [n, 4]
▪ χαρέμι ▫ <n> ▪ |charémi|
divorce ▪ [n, 3]
▪ διαζύγιο ▫ <n> ▪ |diazýgio|
leave ▪ [v, 1]
▪ αφήνω ▪ |afíno|
widower ▪ [n, 2]
▪ χήρος ▫ <m> ▪ |chíros|
widow ▪ [n, 2]
▪ χήρα ▫ <f> ▪ |chíra|

RELATIVES, ORPHANHOOD [124]

family ▪ [n, 1] ▪ immediate
▪ οικογένεια ▫ <f> ▪ |oikogéneia| ▫ /ikɔˈʝɛnia/
family ▪ [n, 2] ▪ large
▪ οικογένεια ▫ <f> ▪ |oikogéneia| ▫ /ikɔˈʝɛnia/
people ▪ [n, 3]
▪ σόι ▫ <n> ▪ |sói| ▫ /ˈsoi/
relative ▪ [n, 3]
▪ συγγενής ▫ <m/f> ▪ |syngenís| ▫ /siŋɟeˈnis/
relationship ▪ [n, 4]
▪ συγγένεια ▪ |syngéneia| ▫ [siŋˈɟenia]
ancestor ▪ [n, 4]
▪ πρόγονος ▫ <m> ▪ |prógonos|
parent ▪ [n, 1] ▪ given birth
▪ γονέας ▫ <m> ▪ |gonéas|
father ▪ [n, 1]
▪ πατέρας ▫ <m> ▪ |patéras| ▫ /paˈteras/
mother ▪ [n, 1] ▪ rearing
▪ μητέρα ▫ <f> ▪ |mitéra| ▫ /miˈtera/
dad ▪ [n, 1]
▪ μπαμπάς ▫ <m> ▪ |bampás| ▫ /baˈbas/
mum ▪ [n, 1]
▪ μαμά ▫ <f> ▪ |mamá| ▫ [maˈma]
mother ▪ [n, 1] ▪ given birth

▪ μητέρα ▫ <f> ▪ |mitéra| ▫ /miˈtera/

parents ▪ [n, 2]

▪ γονείς ▫ <m pl> ▪ |goneís|

paternal ▪ [adj, 4]

▪ πατρικός ▪ |patrikós|

maternal ▪ [adj, 4]

▪ μητρικός ▪ |mitrikós| ▫ /mitriˈkos/

child ▪ [n, 1]

▪ παιδί ▫ <n> ▪ |paidí| ▫ /peˈði/

son ▪ [n, 1] ▪ any

▪ γιος ▫ <m> ▪ |gios| ▫ [ʝos]

daughter ▪ [n, 1]

▪ κόρη ▫ <f> ▪ |kóri|

grandfather ▪ [n, 1]

▪ παππούς ▫ <m> ▪ |pappoús| ▫ /paˈpus/

grandmother ▪ [n, 1]

▪ γιαγιά ▫ <f> ▪ |giagiá| ▫ /ʝaˈʝa/

grandpa ▪ [n, 4]

▪ παππούς ▫ <m> ▪ |pappoús| ▫ /paˈpus/

great-grandfather ▪ [n, 3]

▪ προπάππος ▫ <m> ▪ |propáppos|

great-grandmother ▪ [n, 3]

▪ προγιαγιά ▫ <f> ▪ |progiagiá|

maternal grandfather ▪ [n, 4]

▪ παππούς ▪ |pappoús| ▫ /paˈpus/

grandchild ▪ [n, 3]

▪ εγγόνι ▫ <n> ▪ |engóni| ▫ /eŋˈgoni/

grandson ▪ [n, 1]

▪ εγγονός ▫ <m> ▪ |engonós|

granddaughter ▪ [n, 1]

▪ εγγονή ▫ <f> ▪ |engoní|

brother ▪ [n, 1]

▪ αδελφός ▫ <m> ▪ |adelfós| ▫ /aðɛlˈfɔs/

sister ▪ [n, 1]

▪ αδελφή ▫ <f> ▪ |adelfí|

twin ▪ [n, 1]

▪ δίδυμος ▫ <c> ▪ |dídymos|

little ▪ [adj, 2]

▪ μικρός ▪ |mikrós| ▫ [miˈkrο̞s]

uncle ▪ [n, 1]

▪ θείος ▫ <m> ▪ |theíos| ▫ [ˈθiɔs]

aunt ▪ [n, 1]

▪ θεία ▫ <f> ▪ |theía| ▫ /ˈθi.a/

nephew ▪ [n, 3]

▪ ανιψιός ▫ <m> ▪ |anipsiós|

niece ▪ [n, 3]

▪ ανεψιά ▫ <f> ▪ |anepsiá|

cousin ▪ [n, 3]

▪ ξάδερφος ▫ <m> ▪ |xáderfos|

father-in-law ▪ [n, 1]

▪ πεθερός ▪ |petherós| ▫ /peθeˈros/

mother-in-law ▪ [n, 1]

▪ πεθερά ▫ <f> ▪ |petherá|

son-in-law ▪ [n, 2]

▪ γαμπρός ▫ <m> ▪ |gamprós|

daughter-in-law ▪ [n, 2]

▪ νύφη ▫ <f> ▪ |nýfi|

brother-in-law ▪ [n, 4] ▪ wife's brother

▪ κουνιάδος ▫ <m> ▪ |kouniádos| ▫ [kuɲˈaðos]

brother-in-law ▪ [n, 4] ▪ sister's husband

▪ γαμπρός ▫ <m> ▪ |gamprós|

stepfather ▪ [n, 4]

▪ πατριός ▫ <m> ▪ |patriós|

stepmother ▪ [n, 4]

▪ μητριά ▫ <f> ▪ |mitriá|

orphan ▪ [n, 2]

▪ ορφανός ▫ <m> ▪ |orfanós|

orphanage ▪ [n, 3]

▪ ορφανοτροφείο ▫ <n> ▪ |orfanotrofeío|

FRIENDS, ACQUAINTANCES, ENEMIES [125]

friendship ▪ [n, 1]

▪ φιλία ▫ <f> ▪ |filía|

friend ▪ [n, 1] ▪ whom one enjoys

▪ φίλος ▫ <m> ▪ |fílos|

colleague ▪ [n, 1]

▪ συνάδελφος ▫ <m/f> ▪ |synádelfos|

neighbour ▪ [n, 1]

▪ γείτονας ▫ <m> ▪ |geítonas|

enemy ▪ [n, 1]

▪ εχθρός ▫ <m> ▪ |echthrós|

RELIGION, ART, MASS MEDIA [26]
RELIGION, PHILOSOPHY, GODS [126]

religion ▪ [n, 1]
▪ θρησκεία ▫ <f> ▪ |thriskeía| ▫ [θrisˈkia]
superstition ▪ [n, 3]
▪ δεισιδαιμονία ▫ <f> ▪ |deisidaimonía|
belief ▪ [n, 4]
▪ πίστη ▫ <f> ▪ |písti|
heresy ▪ [n, 4]
▪ αίρεση ▫ <f> ▪ |aíresi|
believe ▪ [v, 3]
▪ πιστεύω ▪ |pistévo|
atheism ▪ [n, 4]
▪ αθεΐα ▫ <f> ▪ |atheḯa|
Christianity ▪ [n, 2]
▪ χριστιανισμός ▫ <m> ▪ |christianismós|
Islam ▪ [n, 2]
▪ Ισλάμ ▫ <n> ▪ |Islám|
Buddhism ▪ [n, 2]
▪ βουδισμός ▫ <m> ▪ |voudismós|
Catholicism ▪ [n, 4]
▪ καθολικισμός ▫ <m> ▪ |katholikismós|
Protestantism ▪ [n, 4]
▪ προτεσταντισμός ▫ <m> ▪ |protestantismós|
Orthodoxy ▪ [n, 4]
▪ Ορθοδοξία ▫ <f> ▪ |Orthodoxía|
monotheism ▪ [n, 3]
▪ μονοθεϊσμός ▫ <m> ▪ |monotheïsmós|
polytheism ▪ [n, 3]
▪ πολυθεϊσμός ▫ <m> ▪ |polytheïsmós|
Hinduism ▪ [n, 2]
▪ ινδουισμός ▫ <m> ▪ |indouismós|
Judaism ▪ [n, 2]
▪ ιουδαϊσμός ▫ <m> ▪ |ioudaïsmós| ▫ /iuðaizˈmos/
Satanism ▪ [n, 4]
▪ σατανισμός ▫ <m> ▪ |satanismós|
Shinto ▪ [n, 4]
▪ σιντοϊσμός ▫ <m> ▪ |sintoïsmós|
Zoroastrianism ▪ [n, 4]
▪ ζωροαστρισμός ▫ <m> ▪ |zoroastrismós|
Christian ▪ [adj, 2]

▪ χριστιανικός ▪ |christianikós|

Muslim ▪ [adj, 2]

▪ μουσουλμανικός ▪ |mousoulmanikós|

Catholic ▪ [adj, 4]

▪ καθολικός ▫ <m> ▪ |katholikós|

Orthodox ▪ [adj, 4]

▪ ορθόδοξος ▪ |orthódoxos|

Jewish ▪ [adj, 1]

▪ ιουδαϊκός ▪ |ioudaïkós|

Christian ▪ [n, 3]

▪ χριστιανός ▫ <m> ▫ {male} ▪ |christianós|
▪ χριστιανή ▫ <f> ▫ {female} ▪ |christianí|

Muslim ▪ [n, 3]

▪ μουσουλμάνος ▫ <m> ▪ |mousoulmános|

Jew ▪ [n, 2]

▪ Εβραίος ▫ <m> ▫ {male} ▪ |Evraíos| ▫ /evˈreos/
▪ Εβραία ▫ <f> ▫ {female} ▪ |Evraía| ▫ /evˈrea/

ethics ▪ [n, 3]

▪ ηθική ▫ <m> ▪ |ithikí|

philosophy ▪ [n, 3]

▪ φιλοσοφία ▫ <f> ▪ |filosofía| ▫ /fi.lo.soˈfi.a/

philosopher ▪ [n, 4]

▪ φιλόσοφος ▫ <m/f> ▪ |filósofos| ▫ /fiˈlosofos/

nihilism ▪ [n, 3]

▪ μηδενισμός ▫ <m> ▪ |midenismós|

yoga ▪ [n, 3]

▪ γιόγκα ▪ |giógka|

humanism ▪ [n, 4]

▪ ανθρωπισμός ▫ <m> ▪ |anthropismós|

Star of David ▪ [n, 3]

▪ Άστρο του Δαβίδ ▫ <n> ▪ |Ástro tou Davíd|

cross ▪ [n, 4]

▪ σταυρός ▫ <m> ▪ |stavrós| ▫ /stavˈros/

holy ▪ [adj, 2]

▪ άγιος ▪ |ágios| ▫ /ˈa.ʝi.os/

sacred ▪ [adj, 2]

▪ ιερός ▪ |ierós| ▫ [iɛˈrɔs]

Christmas tree ▪ [n, 3]

▪ δένδρο των Χριστουγέννων ▫ <n> ▪ |déndro ton Christougénnon|

Easter egg ▪ [n, 3]

▪ πασχαλινό αβγό ▫ <n> ▪ |paschalinó avgó|

holy water ▪ [n, 3]
▪ αγίασμα ▫ <n> ▪ |agíasma|

myrrh ▪ [n, 3]
▪ σμύρνα ▫ <f> ▪ |smýrna|

baptismal font ▪ [n, 4]
▪ κολυμβήθρα ▫ <f> ▪ |kolymvíthra|

incense ▪ [n, 4]
▪ λιβάνι ▫ <n> ▪ |liváni|

rosary ▪ [n, 4]
▪ ροζάριο ▪ |rozário|

sacrifice ▪ [n, 4]
▪ θυσία ▫ <f> ▪ |thysía|

Bible ▪ [n, 2]
▪ Αγία Γραφή ▫ <f> ▪ |Agía Grafí|

Qur'an ▪ [n, 2] ▪ Islamic holy book
▪ Κοράνιο ▫ <m> ▪ |Koránio|

Torah ▪ [n, 2]
▪ Τορά ▫ <f> ▪ |Torá|

Lord's Prayer ▪ [n, 1]
▪ Κυριακή προσευχή ▫ <f> ▪ |Kyriakí prosefchí|

myth ▪ [n, 1]
▪ μύθος ▫ <m> ▪ |mýthos|

gospel ▪ [n, 2]
▪ ευαγγέλιο ▫ <n> ▪ |evangélio|

Ten Commandments ▪ [n, 2]
▪ δέκα εντολές ▫ <pl> ▪ |déka entolés|

psalm ▪ [n, 3]
▪ ψαλμός ▫ <m> ▪ |psalmós|

mythology ▪ [n, 4] ▪ study
▪ μυθολογία ▫ <f> ▪ |mythología| ▫ /miθoloˈʝia/

sura ▪ [n, 4]
▪ σουράτ ▪ |sourát|

prayer ▪ [n, 2]
▪ προσευχή ▫ <f> ▪ |prosefchí| ▫ /pro.sef.ˈçi/

ceremony ▪ [n, 3]
▪ τελετή ▫ <f> ▪ |teletí|

pray ▪ [v, 1] ▪ to petition
▪ προσεύχομαι ▪ |proséfchomai| ▫ /proˈsef.xo.me/

pray ▪ [v, 1] ▪ to talk
▪ προσεύχομαι ▪ |proséfchomai| ▫ /proˈsef.xo.me/

sacrifice ▪ [v, 2]
▪ θυσιάζω ▪ |thysiázo|

baptism* ▪ *[n, 3]
▪ βάπτισμα ▫ <n> ▫ {sacrament} ▪ |váptisma|
▪ βαφτίσια ▫ <n pl> ▫ {ceremony} ▪ |vaftísia|

hajj* ▪ *[n, 3]
▪ χατζ ▪ |chatz|

baptize* ▪ *[v, 3]
▪ βαπτίζω ▪ |vaptízo|

hallelujah ▪ [int, 3]
▪ αλληλούια ▪ |alliloúia| ▫ /al.li.ˈlu.i.a/

amen ▪ [int, 4]
▪ αμήν ▪ |amín| ▫ /a.ˈmin/

church* ▪ *[n, 3]* ▪ *organization
▪ εκκλησία ▫ <f> ▪ |ekklisía|

cult* ▪ *[n, 4]
▪ αίρεση ▫ <f> ▪ |aíresi|

brother ▪ [n, 4]
▪ αδελφός ▫ <m> ▪ |adelfós| ▫ /aðɛlˈfɔs/

sister ▪ [n, 4]
▪ αδελφή ▫ <f> ▪ |adelfí|

monk ▪ [n, 3]
▪ μοναχός ▫ <m> ▪ |monachós|

nun ▪ [n, 3]
▪ μοναχή ▫ <f> ▪ |monachí|

priest ▪ [n, 1]
▪ ιερέας ▫ <m> ▪ |ieréas|

abbot* ▪ *[n, 4]
▪ ηγούμενος ▪ |igoúmenos|

abbess* ▪ *[n, 4]
▪ ηγουμένη ▪ |igouméni| ▫ /iɣuˈmeni/

pope* ▪ *[n, 2]
▪ πάπας ▫ <m> ▪ |pápas|

bishop* ▪ *[n, 3]
▪ επίσκοπος ▫ <m> ▪ |epískopos|

imam* ▪ *[n, 3]
▪ ιμάμης ▫ <m> ▪ |imámis|

rabbi* ▪ *[n, 3]
▪ ραββίνος ▪ |ravvínos|

archbishop* ▪ *[n, 4]
▪ αρχιεπίσκοπος ▫ <m> ▪ |archiepískopos| ▫ [arçieˈpiskopos]

Father* ▪ *[n, 4]
▪ πάτερ ▫ <m> ▪ |páter|

muezzin* ▪ *[n, 4]
▪ μουεζίνης ▫ <m> ▪ |mouezínis|
cathedral ▪ [n, 1]
▪ μητρόπολη ▫ <f> ▪ |mitrópoli|
church ▪ [n, 1] ▪ building
▪ εκκλησία ▫ <f> ▪ |ekklisía|
mosque ▪ [n, 1]
▪ τέμενος ▫ <n> ▪ |témenos|
temple ▪ [n, 1]
▪ ναός ▫ <m> ▪ |naós|
monastery ▪ [n, 2]
▪ μοναστήρι ▫ <n> ▪ |monastíri|
madrasah ▪ [n, 3]
▪ μεντρεσές ▫ <m> ▪ |mentresés|
pagoda ▪ [n, 3]
▪ παγόδα ▫ <f> ▪ |pagóda|
synagogue ▪ [n, 3]
▪ συναγωγή ▫ <f> ▪ |synagogí|
abbey ▪ [n, 4]
▪ αβαείο ▫ <n> ▪ |avaeío|
chapel ▪ [n, 4]
▪ παρεκκλήσι ▫ <n> ▪ |parekklísi|
altar* ▪ *[n, 2]
▪ βωμός ▫ <m> ▪ |vomós|
nave* ▪ *[n, 3]
▪ ναυς ▫ <f> ▪ |nafs| ▫ /nafs/
pulpit* ▪ *[n, 3]
▪ άμβωνας ▫ <m> ▪ |ámvonas|
iconostasis* ▪ *[n, 4]
▪ εικονοστάσιο ▫ <n> ▪ |eikonostásio|
hell ▪ [n, 1]
▪ Κόλαση ▫ <f> ▪ |Kólasi|
heaven ▪ [n, 3]
▪ παράδεισος ▫ <m> ▪ |parádeisos| ▫ [paˈraðisɔs]
destiny* ▪ *[n, 4]
▪ μοίρα ▫ <f> ▪ |moíra| ▫ /ˈmira/
fate* ▪ *[n, 4]
▪ μοίρα ▫ <f> ▪ |moíra| ▫ /ˈmira/
happy* ▪ *[adj, 3]
▪ ευτυχής ▪ |eftychís|
hapless* ▪ *[adj, 3]
▪ άμοιρος ▪ |ámoiros|

lucky ▪ [adj, 3]
▪ τυχερός ▪ |tycherós| ▫ /tiçeˈros/
soul ▪ [n, 2]
▪ ψυχή ▫ <f> ▪ |psychí| ▫ [psiˈçi]
spirit ▪ [n, 3] ▪ soul
▪ πνεύμα ▫ <n> ▪ |pnévma| ▫ /ˈpnev.ma/
sin ▪ [n, 2]
▪ αμάρτημα ▫ <f> ▪ |amártima|
salvation ▪ [n, 3]
▪ σωτηρία ▫ <f> ▪ |sotiría|
sin ▪ [v, 2]
▪ αμαρτάνω ▪ |amartáno|
miracle ▪ [n, 2]
▪ θαύμα ▫ <n> ▪ |thávma| ▫ /ˈθavma/
utopia ▪ [n, 3]
▪ ουτοπία ▫ <f> ▪ |outopía|
life ▪ [n, 3]
▪ ζωή ▫ <f> ▪ |zoí| ▫ /zoˈi/
philosopher's stone ▪ [n, 4]
▪ φιλοσοφική λίθος ▫ <f> ▪ |filosofikí líthos|
god ▪ [n, 2] ▪ deity
▪ θεός ▫ <m> ▪ |theós| ▫ /θeˈos/
goddess ▪ [n, 2]
▪ θεά ▫ <f> ▪ |theá|
God ▪ [n, 1] ▪ of monotheism
▪ Θεός ▫ <m> ▪ |Theós| ▫ /θeˈos/
Allah ▪ [n, 2]
▪ Αλλάχ ▫ <m> ▪ |Allách| ▫ /aˈlax/
Holy Spirit ▪ [n, 3]
▪ Άγιο Πνεύμα ▫ <n> ▪ |Ágio Pnévma|
Buddha ▪ [n, 2]
▪ Βούδας ▫ <m> ▪ |Voúdas| ▫ /ˈvuðas/
Christ ▪ [n, 2]
▪ Χριστός ▫ <m> ▪ |Christós|
Jesus ▪ [n, 2]
▪ Ιησούς ▫ <m> ▪ |Iisoús|
Jesus Christ ▪ [n, 2]
▪ Ιησούς Χριστός ▫ <m> ▪ |Iisoús Christós|
Muhammad ▪ [n, 2]
▪ Μωάμεθ ▫ <m> ▪ |Moámeth| ▫ /moˈameθ/
angel ▪ [n, 2]
▪ άγγελος ▫ <m> ▪ |ángelos| ▫ [ˈaɲɟelɔs]

devil ▪ [n, 2]
▪ διάβολος ▫ <m> ▪ |diávolos| ▫ [ˈðʝavolos]
demon ▪ [n, 2]
▪ δαίμονας ▫ <m> ▪ |daímonas| ▫ /ˈðɛmɔnas/
Santa Claus ▪ [n, 2]
▪ Άγιος Βασίλης ▪ |Ágios Vasílis| ▫ /ˈa.ʝi.ɔs va.ˈsi.lis/
Satan ▪ [n, 3]
▪ Σατανάς ▫ <m> ▪ |Satanás| ▫ [sataˈnas]
Mary ▪ [n, 4]
▪ Παναγία ▫ <f> ▪ |Panagía| ▫ /panaˈʝia/
Moses ▪ [n, 4]
▪ Μωυσής ▫ <m> ▪ |Moysís|
Noah ▪ [n, 4]
▪ Νώε ▫ <m> ▪ |Nóe|
prophet ▪ [n, 2]
▪ προφήτης ▫ <m> ▪ |profítis|
martyr ▪ [n, 3]
▪ μάρτυρας ▫ <m> ▪
saint ▪ [n, 4]
▪ άγιος ▫ <m> ▪ |ágios| ▫ /ˈa.ʝi.os/
Jupiter ▪ [n, 4]
▪ Ζευς ▫ <m> ▪ |Zefs| ▫ /ˈzefs/
Apollo ▪ [n, 4]
▪ Απόλλων ▫ <m> ▪ |Apóllon|
Mars ▪ [n, 4]
▪ Άρης ▫ <m> ▪ |Áris| ▫ [ˈaris]
Venus ▪ [n, 4]
▪ Βένους ▫ <f> ▪ |Vénous|
Mercury ▪ [n, 4]
▪ Ερμής ▫ <m> ▪ |Ermís|
Vishnu ▪ [n, 4]
▪ Βισνού ▫ <m> ▪ |Visnoú|
ark ▪ [n, 4]
▪ κιβωτός ▫ <f> ▪ |kivotós|
ghost ▪ [n, 2]
▪ φάντασμα ▪ |fántasma| ▫ /ˈfan.da.zma/
spirit ▪ [n, 3] ▪ supernatural being
▪ πνεύμα ▫ <n> ▪ |pnévma| ▫ /ˈpnev.ma/
dragon ▪ [n, 2]
▪ δράκος ▫ <m> ▪ |drákos| ▫ /ˈðrakos/
unicorn ▪ [n, 2]
▪ μονόκερως ▫ <m> ▪ |monókeros|

fairy* ▪ *[n, 3]
▪ νεράιδα ▫ <f> ▪ |neráida| ▫ /neˈraiða/

giant* ▪ *[n, 3]
▪ γίγαντας ▫ <m> ▪ |gígantas| ▫ /ˈɟiɣadas/

vampire* ▪ *[n, 3]
▪ βαμπίρ ▫ <n> ▪ |vampír| ▫ /vamˈpir/

dwarf* ▪ *[n, 4]
▪ νάνος ▫ <m> ▪ |nános|

elf* ▪ *[n, 4]
▪ ξωτικό ▫ <n> ▪ |xotikó| ▫ /ksotiˈko/

griffin* ▪ *[n, 4]
▪ γρύπας ▫ <m> ▪ |grýpas|

jinn* ▪ *[n, 4]
▪ τζίνι ▫ <m> ▪ |tzíni|

mermaid* ▪ *[n, 4]
▪ γοργόνα ▫ <f> ▪ |gorgóna|

phoenix* ▪ *[n, 4]
▪ φοίνικας ▫ <m> ▪ |foínikas|

werewolf* ▪ *[n, 4]
▪ λυκάνθρωπος ▫ <m> ▪ |lykánthropos| ▫ /liˈkanθropos/

ESOTERICISM, MAGIC, SUPERNATURAL [127]

air ▪ [n, 4]
▪ αέρας ▫ <m> ▪ |aéras|

earth ▪ [n, 4]
▪ γη ▫ <f> ▪ |gi| ▫ [ˈɟi]

fire ▪ [n, 4]
▪ φωτιά ▫ <f> ▪ |fotiá| ▫ [foˈtça]

magic* ▪ *[n, 1]
▪ μαγεία ▫ <f> ▪ |mageía|

curse* ▪ *[n, 3]
▪ κατάρα ▫ <f> ▪ |katára|

evil eye* ▪ *[n, 4]
▪ βασκανία ▫ <f> ▪ |vaskanía|

bless* ▪ *[v, 3]
▪ ευλογώ ▪ |evlogó|

witch ▪ [n, 2]
▪ μάγισσα ▫ <f> ▪ |mágissa|

wizard ▪ [n, 3]
▪ μάγος ▫ <m> ▪ |mágos| ▫ /ˈma.ɣɔs/

alchemist ▪ [n, 4]
▪ αλχημιστής ▫ <m> ▪ |alchimistís|
magician ▪ [n, 4]
▪ μάγος ▫ <m> ▪ |mágos| ▫ /ˈma.ɣɔs/
telepathy ▪ [n, 3]
▪ τηλεπάθεια ▫ <f> ▪ |tilepátheia|
UFO ▪ [n, 4]
▪ ΑΤΙΑ ▪ |ATIA|

FINE ARTS [128]

art ▪ [n, 2] ▪ activity
▪ τέχνη ▫ <f> ▪ |téchni| ▫ /ˈtexni/
art ▪ [n, 3] ▪ all fields
▪ τέχνη ▫ <f> ▪ |téchni| ▫ /ˈtexni/
masterpiece ▪ [n, 4]
▪ αριστούργημα ▫ <n> ▪ |aristoúrgima|
photography ▪ [n, 1]
▪ φωτογραφία ▫ <f> ▪ |fotografía| ▫ /fotoɣraˈfi.a/
sculpture ▪ [n, 3] ▪ art form
▪ γλυπτική ▫ <f> ▪ |glyptikí|
painting ▪ [n, 3] ▪ act
▪ ζωγραφική ▫ <f> ▪ |zografikí|
draw ▪ [v, 1]
▪ σχεδιάζω ▪ |schediázo|
paint ▪ [v, 3]
▪ ζωγραφίζω ▪ |zografízo|
picture ▪ [n, 1]
▪ εικόνα ▫ <f> ▪ |eikóna|
statue ▪ [n, 1]
▪ άγαλμα ▫ <n> ▪ |ágalma|
painting ▪ [n, 2] ▪ artwork
▪ ζωγραφιά ▫ <f> ▪ |zografiá|
image ▪ [n, 3]
▪ εικόνα ▫ <f> ▪ |eikóna|
sculpture ▪ [n, 3] ▪ artwork
▪ γλυπτό ▫ <n> ▪ |glyptó|
art ▪ [n, 4] ▪ artwork
▪ τέχνη ▫ <f> ▪ |téchni| ▫ /ˈtexni/
portrait ▪ [n, 4]
▪ προσωπογραφία ▫ <f> ▪ |prosopografía| ▫ [pr̞os̞op̞oɣraˈfi̯a]

artist ▪ ***[n, 1]*** ▪ ***creator***
▪ καλλιτέχνης ▫ <m> ▪ |kallitéchnis|
painter ▪ ***[n, 2]***
▪ ζωγράφος ▫ <m> ▪ |zográfos|

MUSIC, SINGING, MUSICAL INSTRUMENTS [129]

music ▪ [n, 1]
▪ μουσική ▫ <f> ▪ |mousikí| ▫ [musi'ci]
melody ▪ [n, 2]
▪ μελωδία ▫ <f> ▪ |melodía|
musical ▪ [adj, 3]
▪ μουσικός ▪ |mousikós|
rhythm ▪ ***[n, 1]***
▪ ρυθμός ▫ <m> ▪ |rythmós|
chord ▪ ***[n, 3]***
▪ συγχορδία ▫ <f> ▪ |synchordía|
note ▪ ***[n, 3]***
▪ νότα ▫ <f> ▪ |nóta|
scale ▪ ***[n, 4]***
▪ κλίμακα ▫ <f> ▪ |klímaka|
jazz ▪ [n, 3]
▪ τζαζ ▫ <f> ▪ |tzaz|
house music ▪ [n, 4]
▪ χάουζ ▫ <f> ▪ |cháouz|
rock ▪ [n, 4]
▪ ροκ ▫ <f/n> ▪ |rok|
trance ▪ [n, 4]
▪ trance ▪ |trance|
lullaby ▪ ***[n, 1]***
▪ νανούρισμα ▫ <n> ▪ |nanoúrisma|
hymn ▪ ***[n, 2]***
▪ ύμνος ▫ <m> ▪ |ýmnos|
national anthem ▪ ***[n, 2]***
▪ εθνικός ύμνος ▫ <m> ▪ |ethnikós ýmnos|
song ▪ [n, 1]
▪ τραγούδι ▫ <n> ▪ |tragoúdi| ▫ [tra'ɣuði]
singer ▪ ***[n, 1]***
▪ τραγουδιστής ▫ <m> ▪ |tragoudistís| ▫ /traɣuði'stis/
sing ▪ ***[v, 1]***
▪ τραγουδάω ▪ |tragoudáo|
musician ▪ [n, 1]

▪ μουσικός ▫ <m/f> ▪ |mousikós|

orchestra ▪ [n, 2]

▪ ορχήστρα ▫ <f> ▪ |orchístra|

band ▪ [n, 3]

▪ συγκρότημα ▫ <n> ▪ |sygkrótima|

player ▪ [n, 3]

▪ μουσικός ▫ <c> ▪ |mousikós|

choir ▪ [n, 4]

▪ χορωδία ▫ <f> ▪ |chorodía|

composer ▪ [n, 4]

▪ συνθέτης ▫ <m> ▪ |synthétis|

group ▪ [n, 4]

▪ συγκρότημα ▫ <n> ▪ |sygkrótima|

concert ▪ [n, 1]

▪ συναυλία ▫ <f> ▪ |synavlía|

musical instrument ▪ [n, 2]

▪ μουσικό όργανο ▫ <n> ▪ |mousikó órgano|

instrument ▪ [n, 4]

▪ όργανο ▫ <n> ▪ |órgano|

play ▪ [v, 1] ▪ <intr>

▪ παίζω ▪ |paízo|

play ▪ [v, 1] ▪ <tr>

▪ παίζω ▪ |paízo|

cello ▪ [n, 1]

▪ βιολοντσέλο ▫ <n> ▪ |violontsélo|

guitar ▪ [n, 1]

▪ κιθάρα ▫ <f> ▪ |kithára|

violin ▪ [n, 1]

▪ βιολί ▫ <n> ▪ |violí| ▫ /vʝoˈli/

harp ▪ [n, 2]

▪ άρπα ▫ <f> ▪ |árpa|

lute ▪ [n, 3]

▪ λαούτο ▫ <n> ▪ |laoúto|

zither ▪ [n, 3]

▪ τσίτερ ▫ <n> ▪ |tsíter|

balalaika ▪ [n, 4]

▪ μπαλαλάικα ▫ <f> ▪ |balaláika|

banjo ▪ [n, 4]

▪ μπάντζο ▫ <n> ▪ |bántzo|

piano ▪ [n, 1]

▪ πιάνο ▫ <n> ▪ |piáno|

key ▪ [n, 2] ▪ of piano

▪ πλήκτρο ▫ <n> ▪ |plíktro|

accordion* ▪ *[n, 3]

▪ ακορντεόν ▫ <n> ▪ |akornteón|

xylophone* ▪ *[n, 3]

▪ ξυλόφωνο ▫ <n> ▪ |xylófono| ▫ /ksiˈlɔ.fɔ.nɔ/

harpsichord* ▪ *[n, 4]

▪ τσέμπαλο ▫ <n> ▪ |tsémpalo|

flute ▪ [n, 1]

▪ φλάουτο ▫ <n> ▪ |fláouto|

bagpipes ▪ [n, 3]

▪ γκάιντα ▫ <f> ▪ |gkáinta| ▫ /ˈga.i.da/

clarinet ▪ [n, 3]

▪ κλαρινέτο ▫ <n> ▪ |klarinéto| ▫ /klariˈneto/

oboe ▪ [n, 3]

▪ όμποε ▫ <m> ▪ |ómpoe|

saxophone ▪ [n, 4]

▪ σαξόφωνο ▫ <n> ▪ |saxófono|

whistle ▪ [n, 4]

▪ σφυρίχτρα ▫ <f> ▪ |sfyríchtra|

drum* ▪ *[n, 1]

▪ τύμπανο ▫ <n> ▪ |týmpano|

bell* ▪ *[n, 2]

▪ καμπάνα ▫ <f> ▪ |kampána|

LITERATURE, THEATER, SHOW, CINEMA [130]

literature* ▪ *[n, 1]

▪ λογοτεχνία ▫ <f> ▪ |logotechnía|

prose ▪ [n, 2]

▪ πεζογραφία ▫ <f> ▪ |pezografía|

poetry ▪ [n, 2]

▪ ποίηση ▫ <f> ▪ |poíisi| ▫ /ˈpi.i.si/

biography ▪ [n, 4]

▪ βιογραφία ▫ <f> ▪ |viografía|

autobiography ▪ [n, 4]

▪ αυτοβιογραφία ▫ <f> ▪ |aftoviografía|

legend ▪ [n, 1]

▪ θρύλος ▫ <m> ▪ |thrýlos|

fairy tale ▪ [n, 2]

▪ παραμύθι ▫ <n> ▪ |paramýthi| ▫ /paraˈmiθi/

history ▪ [n, 4]

▪ ιστορικό ▫ <n> ▪ |istorikó|

diary ▪ *[n, 1]*
- ημερολόγιο ▫ <n> ▪ |imerológio|

novel ▪ *[n, 1]*
- μυθιστόρημα ▫ <n> ▪ |mythistórima|

poem ▪ *[n, 1]* ▪ *larger*
- ποίημα ▫ <n> ▪ |poíima|

anecdote ▪ *[n, 3]*
- ανέκδοτο ▫ <n> ▪ |anékdoto|

fable ▪ *[n, 3]*
- μύθος ▫ <m> ▪ |mýthos|

joke ▪ *[n, 3]*
- ανέκδοτο ▫ <n> ▪ |anékdoto|

manga ▪ *[n, 4]*
- μάνγκα ▫ <f> ▪ |mángka|

character ▪ [n, 2]
- χαρακτήρας ▫ <m> ▪ |charaktíras|

King Arthur ▪ *[n, 3]*
- βασιλιάς Αρθούρος ▫ <m> ▪ |vasiliás Arthoúros|

Donald Duck ▪ *[n, 4]*
- Ντόναλντ Ντακ ▫ <m> ▪ |Dónalnt Dak|

Muggle ▪ [n, 4]
- Μύγαλος ▫ <m> ▪ |Mýgalos|

Trojan horse ▪ [n, 4]
- δούρειος ίππος ▫ <m> ▪ |doúreios íppos|

poet ▪ *[n, 3]*
- ποιητής ▫ <m> ▪ |poiitís|

poetess ▪ *[n, 3]*
- ποιήτρια ▫ <f> ▪ |poiítria|

writer ▪ *[n, 1]*
- συγγραφέας ▫ <m/f> ▪ |syngraféas|

playwright ▪ *[n, 3]*
- θεατρικός συγγραφέας ▫ <m> ▪

historian ▪ *[n, 4]*
- ιστορικός ▫ <m/f> ▪ |istorikós|

reader ▪ [n, 3]
- αναγνώστης ▫ <m> ▪ |anagnóstis| ▫ /anaˈɣnostis/

movie ▪ [n, 1]
- ταινία ▫ <f> ▫ {film, abbreviation of cinematographic film} ▪ |tainía|

drama ▪ *[n, 4]* ▪ *performance*
- δράμα ▫ <n> ▪ |dráma| ▫ /ˈðrama/

comedy ▪ *[n, 4]*

▪ κωμωδία ▫ <f> ▪ |komodía|

opera* ▪ *[n, 1]

▪ όπερα ▫ <f> ▪ |ópera| ▫ /ˈopera/

anime* ▪ *[n, 2]

▪ ανιμέ ▪ |animé|

pornography* ▪ *[n, 2]

▪ πορνογραφία ▫ <f> ▪ |pornografía| ▫ [pɔrnɔɣraˈfia]

circus ▪ [n, 1]

▪ τσίρκο ▫ <n> ▪ |tsírko|

show ▪ [n, 3]

▪ θέαμα ▫ <n> ▪ |théama|

role ▪ [n, 4]

▪ ρόλος ▫ <m> ▪ |rólos|

play ▪ [v, 1]

▪ παίζω ▪ |paízo|

act ▪ [v, 2]

▪ υποδύομαι ▪ |ypodýomai|

name ▪ [v, 4]

▪ διορίζω ▪ |diorízo|

actor* ▪ *[n, 1]

▪ ηθοποιός ▫ <m/f> ▪ |ithopoiós|

actress* ▪ *[n, 1]

▪ ηθοποιός ▫ <m/f> ▪ |ithopoiós|

clown* ▪ *[n, 3]

▪ κλόουν ▫ <m> ▪ |klóoun| ▫ /ˈkloun/

cinema ▪ [n, 1] ▪ building

▪ σινεμά ▫ <n> ▪ |sinemá|

theater ▪ [n, 1]

▪ θέατρο ▫ <n> ▪ |théatro|

stage ▪ [n, 3]

▪ σκηνή ▫ <f> ▪ |skiní| ▫ [sciˈni]

fan* ▪ *[n, 3]

▪ οπαδός ▫ <m> ▪ |opadós| ▫ /ɔ.pa.ˈðɔs/

ticket ▪ [n, 1]

▪ εισιτήριο ▫ <n> ▪ |eisitírio|

MASS MEDIA, JOURNALISM [131]

television* ▪ *[n, 1]* ▪ *medium

▪ τηλεόραση ▫ <f> ▪ |tileórasi|

television* ▪ *[n, 2]* ▪ *broadcasting

▪ τηλεόραση ▫ <f> ▪ |tileórasi|

live* ▪ *[adj, 2]
▪ ζωντανός ▪ |zontanós| ▫ /zon.da'nos/

program ▪ [n, 4]
▪ πρόγραμμα ▫ <n> ▪ |prógramma|

show ▪ [n, 4]
▪ εκπομπή ▫ <f> ▪ |ekpompí|

magazine* ▪ *[n, 1]
▪ περιοδικό ▫ <n> ▪ |periodikó| ▫ /pe.ri.o.ði.'ko/

newspaper* ▪ *[n, 1]
▪ εφημερίδα ▫ <f> ▪ |efimerída|

interview* ▪ *[n, 1]
▪ συνέντευξη ▫ <f> ▪ |synéntefxi|

journalism* ▪ *[n, 1]
▪ δημοσιογραφία ▫ <f> ▪ |dimosiografía|

journalist ▪ [n, 1] ▪ any
▪ δημοσιογράφος ▫ <m/f> ▪ |dimosiográfos|

EDUCATION, SCIENCE, MUSEUMS, BOOKS [27]
EDUCATION, SCIENCE [132]

education ▪ [n, 1] ▪ **process**
- εκπαίδευση ▫ <f> ▪ |ekpaídefsi|

school ▪ [n, 1] ▪ **any**
- σχολείο ▫ <n> ▪ |scholeío|

science ▪ *[n, 4]* ▪ *particular branch*
- επιστήμη ▫ <f> ▪ |epistími|

class ▪ [n, 2] ▪ **people meeting regularly**
- τάξη ▫ <f> ▪ |táxi|

class ▪ [n, 3] ▪ **people completed together**
- τάξη ▫ <f> ▪ |táxi|

class ▪ [n, 4] ▪ **series of classes**
- μάθημα ▫ <n> ▪ |máthima|

exercise ▪ *[n, 1]*
- άσκηση ▫ <f> ▪ |áskisi|

lesson ▪ *[n, 1]* ▪ *section of teaching*
- μάθημα ▫ <n> ▪ |máthima|

lecture ▪ *[n, 3]*
- διάλεξη ▫ <f> ▪ |diálexi|

case ▪ *[n, 4]*
- περίπτωση ▫ <f> ▪ |períptosi| ▫ /peˈriptosi/

instruction ▪ *[n, 4]*
- οδηγία ▫ <f> ▪ |odigía|

learn ▪ [v, 2] ▪ **to attend**
- μαθαίνω ▪ |mathaíno| ▫ /maˈθeno/

learn ▪ [v, 2] ▪ **to be studying**
- μελετώ ▪ |meletó|

practice ▪ [v, 3]
- μελετώ ▪ |meletó|

study ▪ [v, 3] ▪ **to revise**
- μελετώ ▪ |meletó|

train ▪ [v, 4] ▪ **to practice**
- προπονούμαι ▫ {sport} ▪ |proponoúmai|

teach ▪ *[v, 1]* ▪ *general sense*
- διδάσκω ▪ |didásko| ▫ /ðiˈðaskɔ/

train ▪ *[v, 4]* ▪ *to teach*
- εκπαιδεύω ▪ |ekpaidévo|

examination ▪ [n, 1]
- εξέταση ▫ <f> ▪ |exétasi|

test ▪ [n, 1]

▪ διαγώνισμα ▫ <n> ▪ |diagónisma|
academy ▪ [n, 3] ▪ special school
▪ ακαδημία ▫ <f> ▪ |akadimía|
college ▪ [n, 4] ▪ after school
▪ κολέγιο ▫ <n> ▪ |kolégio|
university ▪ [n, 1]
▪ πανεπιστήμιο ▫ <n> ▪ |panepistímio| ▫ [panepistˈimio]
institute ▪ [n, 3]
▪ ινστιτούτο ▫ <n> ▪ |institoúto|
school ▪ [n, 3] ▪ university
▪ πανεπιστήμιο ▫ <n> ▪ |panepistímio| ▫ [panepistˈimio]
school ▪ [n, 3] ▪ department of university
▪ σχολή ▫ <f> ▪ |scholí|
teacher ▪ [n, 1]
▪ δάσκαλος ▫ <m> ▪ |dáskalos|
professor ▪ [n, 3]
▪ καθηγητής ▫ <m> ▪ |kathigitís|
student ▪ [n, 1] ▪ of particular subject
▪ σπουδαστής ▫ <m> ▪ |spoudastís|
pupil ▪ [n, 2]
▪ μαθητής ▫ <m> ▪ |mathitís|
student ▪ [n, 3] ▪ in university
▪ φοιτητής ▫ <m> ▪ |foititís|
science ▪ [n, 1] ▪ general sense
▪ επιστήμη ▫ <f> ▪ |epistími|
school ▪ [n, 4] ▪ followers of doctrine
▪ σχολή ▫ <f> ▪ |scholí|
scientific ▪ [adj, 1]
▪ επιστημονικός ▪ |epistimonikós|
biology ▪ [n, 1]
▪ βιολογία ▫ <f> ▪ |viología|
chemistry ▪ [n, 1]
▪ χημεία ▫ <f> ▪ |chimeía|
electronics ▪ [n, 1]
▪ ηλεκτρονική ▫ <f> ▪ |ilektronikí|
geography ▪ [n, 1]
▪ γεωγραφία ▫ <f> ▪ |geografía| ▫ /ʝeoɣraˈfia/
medicine ▪ [n, 1]
▪ ιατρική ▫ <f> ▪ |iatrikí|
physics ▪ [n, 1]

▪ φυσική ▫ <f> ▪ |fysikí|
zoology* ▪ *[n, 1]
▪ ζωολογία ▫ <f> ▪ |zoología|
astronomy* ▪ *[n, 2]
▪ αστρονομία ▫ <f> ▪ |astronomía|
botany* ▪ *[n, 2]
▪ φυτολογία ▫ <f> ▪ |fytología|
ecology* ▪ *[n, 2]
▪ οικολογία ▫ <f> ▪ |oikología|
geology* ▪ *[n, 2]
▪ γεωλογία ▫ <f> ▪ |geología|
meteorology* ▪ *[n, 2]
▪ μετεωρολογία ▫ <f> ▪ |meteorología|
ornithology* ▪ *[n, 2]
▪ ορνιθολογία ▫ <f> ▪ |ornithología|
anatomy* ▪ *[n, 3]
▪ ανατομία ▫ <f> ▪ |anatomía| ▫ [anatɔ'mia]
biochemistry* ▪ *[n, 4]
▪ βιοχημεία ▫ <f> ▪ |viochimeía|
computer science* ▪ *[n, 4]
▪ πληροφορική ▫ <f> ▪ |pliroforikí| ▫ /pliroforiˈci/
engineering* ▪ *[n, 4]
▪ μηχανική ▫ <f> ▪ |michanikí|
ichthyology* ▪ *[n, 4]
▪ ιχθυολογία ▫ <f> ▪ |ichthyología|
economics ▪ [n, 1]
▪ οικονομικά ▫ <n pl> ▪ |oikonomiká|
history ▪ [n, 1]
▪ ιστορία ▫ <f> ▪ |istoría| ▫ [istɔ'ria]
psychology ▪ [n, 1]
▪ ψυχολογία ▫ <f> ▪ |psychología| ▫ [psixɔlɔ'ʝia]
archaeology ▪ [n, 2]
▪ αρχαιολογία ▫ <f> ▪ |archaiología|
linguistics ▪ [n, 2]
▪ γλωσσολογία ▫ <f> ▪ |glossología|
sociology ▪ [n, 2]
▪ κοινωνιολογία ▫ <f> ▪ |koinoniología|
philology ▪ [n, 3]
▪ φιλολογία ▫ <f> ▪ |filología|
phonology ▪ [n, 3]
▪ φωνολογία ▫ <f> ▪ |fonología|
scientist* ▪ *[n, 1]

▪ επιστήμονας ▫ <m> ▪ |epistímonas|

doctor ▪ [n, 3]

▪ διδάκτορας ▫ <m/f> ▪ |didáktoras|

degree ▪ [n, 4]

▪ πτυχίο ▫ <n> ▪ |ptychío|

archaeologist ▪ [n, 3]

▪ αρχαιολόγος ▫ <m/f> ▪ |archaiológos|

astronomer ▪ [n, 3]

▪ αστρονόμος ▫ <m/f> ▪ |astronómos|

chemist ▪ [n, 3]

▪ χημικός ▫ <m/f> ▪ |chimikós|

physicist ▪ [n, 3]

▪ φυσικός ▫ <m/f> ▪ |fysikós|

linguist ▪ [n, 4]

▪ γλωσσολόγος ▫ <m/f> ▪ |glossológos|

laboratory ▪ [n, 3] ▪ for researching

▪ εργαστήριο ▫ <m> ▪ |ergastírio|

MUSEUMS, LIBRARIES, ZOOS [133]

museum ▪ [n, 1]

▪ μουσείο ▫ <n> ▪ |mouseío| ▫ [mu'sio]

exhibition ▪ [n, 2]

▪ έκθεση ▫ <f> ▪ |ékthesi|

mummy ▪ [n, 2]

▪ μούμια ▫ <f> ▪ |moúmia|

library ▪ [n, 1] ▪ institution

▪ βιβλιοθήκη ▫ <f> ▪ |vivliothíki| ▫ [vivliɔ'θiki]

zoo ▪ [n, 2]

▪ ζωολογικός κήπος ▫ <m> ▪ |zoologikós kípos|

PRINTED MATERIALS, BOOKS, STATIONERY [134]

book ▪ [n, 1] ▪ for text

▪ βιβλίο ▫ <n> ▪ |vivlío| ▫ [vi'vliɔ]

notebook ▪ [n, 1]

▪ σημειωματάριο ▫ <n> ▪ |simeiomatário|

map ▪ [n, 1]

▪ χάρτης ▫ <m> ▪ |chártis| ▫ /'xartis/

atlas ▪ [n, 3]

▪ άτλας ▫ <m> ▪ |átlas|

globe ▪ [n, 4]

▪ υδρόγειος σφαίρα ▫ <f> ▪ |ydrógeios sfaíra|

dictionary ▪ [n, 1]
▪ λεξικό ▫ <n> ▪ |lexikó|

textbook ▪ [n, 1]
▪ εγχειρίδιο ▫ <m> ▪ |encheirídio| ▫ [eɲçirˈiðio]

encyclopedia ▪ [n, 2]
▪ εγκυκλοπαίδεια ▫ <f> ▪ |egkyklopaídeia| ▫ /ɛŋ.ɟi.klɔ.ˈpɛ.ði.a/

page ▪ [n, 1]
▪ σελίδα ▫ <f> ▪ |selída| ▫ [sɛˈliða]

side ▪ [n, 3]
▪ σελίδα ▪ |selída| ▫ [sɛˈliða]

leaf ▪ [n, 4]
▪ φύλλο ▫ <n> ▪ |fýllo| ▫ [ˈfilo̞]

volume ▪ [n, 4]
▪ τόμος ▫ <m> ▪ |tómos|

publish ▪ [v, 4]
▪ εκδίδω ▪ |ekdído|

ink ▪ [n, 1]
▪ μελάνι ▫ <n> ▪ |meláni|

pen ▪ [n, 1]
▪ στυλό ▫ <n> ▪ |styló|

pencil ▪ [n, 1]
▪ μολύβι ▫ <n> ▪ |molývi| ▫ /mɔˈlivi/

ballpoint pen ▪ [n, 2]
▪ στυλό διαρκείας ▫ <n> ▪ |styló diarkeías|

chalk ▪ [n, 2]
▪ κιμωλία ▫ <f> ▪ |kimolía| ▫ /cimoˈlia/

blackboard ▪ [n, 1]
▪ μαυροπίνακας ▫ <m> ▪ |mavropínakas|

eraser ▪ [n, 1]
▪ γομολάστιχα ▫ <f> ▪ |gomolásticha|

typewriter ▪ [n, 2]
▪ γραφομηχανή ▫ <f> ▪ |grafomichaní|

board ▪ [n, 3]
▪ πίνακας ▫ <m> ▪ |pínakas|

pair of compasses ▪ [n, 4]
▪ διαβήτης ▫ <m> ▪ |diavítis|

pencil case ▪ [n, 4]
▪ γραφιδοθήκη ▫ <f> ▪ |grafidothíki|

ECONOMICS, BUSINESS, INDUSTRY, AGRICULTURE [28]
MONEY, ECONOMICS, BANKS [135]

money ▪ [n, 2] ▪ general sense
▪ χρήματα ▫ <n pl> ▪ |chrímata|
cash ▪ [n, 1]
▪ μετρητά ▫ <n pl> ▪ |metritá|
cheque ▪ [n, 1]
▪ επιταγή ▫ <f> ▪ |epitagí|
coin ▪ [n, 1]
▪ κέρμα ▫ <n> ▪ |kérma|
banknote ▪ [n, 2]
▪ χαρτονόμισμα ▫ <n> ▪ |chartonómisma|
credit card ▪ [n, 2]
▪ πιστωτική κάρτα ▫ <f> ▪ |pistotikí kárta|
change ▪ [n, 4]
▪ ψιλά ▫ <n pl> ▪ |psilá|
money ▪ [n, 4] ▪ cash
▪ μετρητά ▫ <n pl> ▪ |metritá|
currency ▪ [n, 1]
▪ νόμισμα ▫ <n> ▪ |nómisma|
dollar ▪ [n, 1]
▪ δολλάριο ▫ <n> ▪ |dollário|
euro ▪ [n, 1]
▪ ευρώ ▫ <n> ▪ |evró|
pound ▪ [n, 1]
▪ λίρα ▫ <f> ▪ |líra|
cent ▪ [n, 2] ▪ of dollar
▪ σεντ ▫ <n> ▪ |sent|
ruble ▪ [n, 2]
▪ ρούβλι ▫ <n> ▪ |roúvli|
yen ▪ [n, 3]
▪ γιεν ▪ |gien| ▫ /ɟen/
pound sterling ▪ [n, 4]
▪ λίρα στερλίνα ▫ <f> ▪ |líra sterlína|
rupee ▪ [n, 4]
▪ ρουπία ▫ <f> ▪ |roupía|
economy ▪ [n, 1]
▪ οικονομία ▫ <f> ▪ |oikonomía|
inflation ▪ [n, 3]
▪ πληθωρισμός ▫ <m> ▪ |plithorismós|
share ▪ [n, 3]

- μετοχή ▫ <f> ▪ |metochí|

financial ▪ **[adj, 2]**

- οικονομικός ▪ |oikonomikós|

economic ▪ **[adj, 4]**

- οικονομικός ▪ |oikonomikós|

accountant ▪ *[n, 2]*

- λογιστής ▫ <m> ▪ |logistís|

accounting ▪ *[n, 4]*

- λογιστική ▫ <f> ▪ |logistikí|

bank ▪ **[n, 1]** ▪ **institution**

- τράπεζα ▫ <f> ▪ |trápeza|

automated teller machine ▪ **[n, 3]**

- αυτόματη ταμειακή μηχανή ▫ <f> ▪ |aftómati tameiakí michaní|

bank ▪ **[n, 3]** ▪ **office**

- τράπεζα ▫ <f> ▪ |trápeza|

account ▪ *[n, 1]*

- λογαριασμός ▫ <m> ▪ |logariasmós|

BUDGET, WEALTH, INCOMES, EXPENSES [136]

capital ▪ **[n, 3]**

- κεφάλαιο ▫ <n> ▪ |kefálaio|

save ▪ **[v, 2]** ▪ **to accumulate**

- αποταμιεύω ▪ |apotamiévo|

finance ▪ **[v, 4]**

- χρηματοδοτώ ▪ |chrimatodotó|

save ▪ **[v, 4]** ▪ **to economize**

- οικονομώ ▪ |oikonomó|

millionaire ▪ *[n, 4]*

- εκατομμυριούχος ▫ <m> ▪ |ekatommyrioúchos|

rich ▪ *[adj, 1]*

- πλούσιος ▪ |ploúsios| ▫ /'plusios/

poor ▪ **[adj, 1]**

- φτωχός ▪ |ftochós|

change ▪ **[n, 3]**

- ρέστα ▫ <n pl> ▪ |résta|

tip ▪ **[n, 3]**

- φιλοδώρημα ▫ <n> ▪ |filodórima|

dowry ▪ **[n, 4]**

- προίκα ▫ <f> ▪ |proíka|

treasure ▪ **[n, 4]**

▪ θησαυρός ▫ <m> ▪ |thisavrós|

spend* ▪ *[v, 2]

▪ ξοδεύω ▪ |xodévo|

wage ▪ [n, 1]

▪ μισθός ▫ <m> ▪ |misthós| ▫ /miˈsθos/

salary ▪ [n, 2]

▪ μισθός ▫ <m> ▪ |misthós| ▫ /miˈsθos/

pay* ▪ *[v, 1]

▪ πληρώνω ▪ |pliróno|

debt ▪ [n, 3]

▪ χρέος ▫ <n> ▪ |chréos|

interest ▪ [n, 3]

▪ τόκος ▫ <m> ▪ |tókos|

mortgage ▪ [n, 3]

▪ υποθήκη ▫ <f> ▪ |ypothíki| ▫ /i.poˈθi.ci/

borrow ▪ [v, 2]

▪ δανείζομαι ▪ |daneízomai|

insurance ▪ [n, 3] ▪ indemnity

▪ ασφάλιση ▫ <f> ▪ |asfálisi|

tax ▪ [n, 1]

▪ φόρος ▫ <m> ▪ |fóros| ▫ /ˈforos/

custom house ▪ [n, 3]

▪ τελωνειακός ▫ <m> ▪ |teloneiakós|

duty ▪ [n, 3]

▪ δασμός ▫ <m> ▪ |dasmós| ▫ /ðaˈzmos/

alms ▪ [n, 2]

▪ ελεημοσύνη ▫ <f> ▪ |eleimosýni| ▫ /eleimoˈsini/

donation ▪ [n, 4]

▪ δωρεά ▫ <f> ▪ |doreá|

foundation ▪ [n, 4]

▪ ίδρυμα ▫ <n> ▪ |ídryma| ▫ /ˈiðrima/

rent ▪ [n, 4] ▪ for realty

▪ ενοίκιο ▫ <n> ▪ |enoíkio|

rent ▪ [v, 3]

▪ ενοικιάζω ▪ |enoikiázo|

BUSINESS, EMPLOYEES, EMPLOYMENT [137]

business ▪ [n, 2] ▪ enterprise

▪ επιχείρηση ▫ <f> ▪ |epicheírisi| ▫ /epiˈçirisi/

open ▪ [adj, 3]

▪ ανοιχτός ▪ |anoichtós|

open ▪ [v, 2]
- ανοίγω ▪ |anoígo|

businessman ▪ *[n, 3]*
- επιχειρηματίας ▫ <m/f> ▪ |epicheirimatías|

businesswoman ▪ *[n, 3]*
- επιχειρηματίη ▪ |epicheirimatíi|

industry ▪ [n, 4]
- βιομηχανία ▫ <f> ▪ |viomichanía|

service ▪ *[n, 3]*
- υπηρεσία ▫ <f> ▪ |ypiresía|

produce ▪ *[v, 2]*
- παράγω ▪ |parágo|

company ▪ *[n, 1]*
- εταιρεία ▫ <f> ▪ |etaireía|

found ▪ [v, 4]
- ιδρύω ▪ |idrýo|

leader ▪ *[n, 1]*
- αρχηγός ▫ <m> ▪ |archigós| ▫ /arçiˈɣɔs/

manager ▪ *[n, 1]*
- διευθυντής ▫ <m> ▪ |diefthyntís|

chairperson ▪ *[n, 3]*
- πρόεδρος ▫ <m/f> ▪ |próedros|

director ▪ *[n, 3]*
- διευθυντής ▫ <m> ▪ |diefthyntís|

boss ▪ *[n, 4]* ▪ *supervisor*
- προϊστάμενος ▫ <m> ▪ |proïstámenos|

boss ▪ *[n, 4]* ▪ *person in charge*
- αφεντικό ▫ <n> ▪ |afentikó| ▫ /afendiˈko/

officer ▪ *[n, 4]*
- αξιωματικός ▫ <m> ▪ |axiomatikós| ▫ /aksiomatiˈkos/

secretary ▪ [n, 1]
- γραμματέας ▫ <m/f> ▪ |grammatéas|

worker ▪ [n, 1]
- εργάτης ▫ <m> ▪ |ergátis|

trade union ▪ [n, 3]
- συντεχνία ▫ <f> ▪ |syntechnía|

laborer ▪ [n, 4]
- εργάτης ▪ |ergátis|

employment ▪ [n, 2] ▪ *state*
- απασχόληση ▫ <f> ▪ |apaschólisi|

unemployment ▪ *[n, 2]*

▪ ανεργία ▫ <f> ▪ |anergía|

unemployed* ▪ *[adj, 1]

▪ άνεργος ▪ |ánergos|

idle* ▪ *[adj, 4]

▪ άνεργος ▪ |ánergos|

employ ▪ [v, 2]

▪ απασχολώ ▪ |apascholó| ▫ /apasxoˈlo/

fire* ▪ *[v, 4]

▪ απολύω ▪ |apolýo| ▫ /a.poˈli.o/

employer ▪ [n, 3]

▪ εργοδότης ▫ <m> ▪ |ergodótis|

employee ▪ [n, 3]

▪ υπάλληλος ▫ <c> ▪ |ypállilos|

promote ▪ [v, 3]

▪ προωθώ ▪ |proothó|

job* ▪ *[n, 1]* ▪ *economic role

▪ εργασία ▫ <f> ▪ |ergasía|

profession* ▪ *[n, 1]

▪ επάγγελμα ▫ <n> ▪ |epángelma|

work* ▪ *[n, 1]* ▪ *occupation

▪ έργο ▫ <n> ▪ |érgo| ▫ /ˈɛrɣo/

career* ▪ *[n, 3]

▪ καριέρα ▫ <f> ▪ |kariéra|

specialty* ▪ *[n, 4]

▪ ειδικότητα ▫ <f> ▪ |eidikótita|

labour ▪ [n, 2]

▪ εργασία ▫ <f> ▪ |ergasía|

job ▪ [n, 3] ▪ task

▪ εργασία ▫ <f> ▪ |ergasía|

work ▪ [v, 1]

▪ δουλεύω ▪ |doulévo|

TRADE, PRICES, ADVERTISING [138]

sale* ▪ *[n, 3]* ▪ *at reduced price

▪ έκπτωση ▫ <f> ▪ |ékptosi|

sell* ▪ *[v, 1]* ▪ *to transfer goods

▪ πουλάω ▪ |pouláo|

buy ▪ [v, 1]

▪ αγοράζω ▪ |agorázo|

shop ▪ [v, 2]

▪ ψωνίζω ▪ |psonízo|

goods* ▪ *[n, 2]
▪ αγαθά ▫ <n pl> ▪ |agathá|
product* ▪ *[n, 4]
▪ προϊόν ▫ <n> ▪ |proïón| ▫ /proi'on/
price ▪ [n, 1]
▪ τιμή ▫ <f> ▪ |timí|
cost ▪ [n, 3]
▪ κόστος ▫ <n> ▪ |kóstos|
cost ▪ [v, 1]
▪ κοστίζω ▫ {means also to cause damage or distress} ▪ |kostízo|
▪ στοιχίζω ▫ {means also to inflict and to align} ▪ |stoichízo|
discount* ▪ *[n, 2]
▪ έκπτωση ▫ <f> ▪ |ékptosi|
free of charge ▪ [adj, 1]
▪ ανέξοδος ▪ |anéxodos|
for free ▪ [adv, 2]
▪ δωρεάν ▪ |doreán|
cheap* ▪ *[adj, 1]
▪ φτηνός ▪ |ftinós|
inexpensive* ▪ *[adj, 3]
▪ φτηνός ▪ |ftinós|
expensive ▪ [adj, 1]
▪ ακριβός ▪ |akrivós|
dear ▪ [adj, 2]
▪ ακριβός ▪ |akrivós|
auction* ▪ *[n, 2]
▪ δημοπρασία ▫ <f> ▪ |dimoprasía|
invoice ▪ [n, 3]
▪ τιμολόγιο ▪ |timológio|
order ▪ [n, 3]
▪ παραγγελία ▫ <f> ▪ |parangelía|
book* ▪ *[v, 3]
▪ κρατώ ▪ |krató|
shop ▪ [n, 1]
▪ μαγαζί ▫ <n> ▪ |magazí|
bakery* ▪ *[n, 1]
▪ φούρνος ▫ <m> ▪ |foúrnos|
bookshop* ▪ *[n, 1]
▪ βιβλιοπωλείο ▫ <n> ▪ |vivliopoleío| ▫ /vi.vli.o.po.'li.o/

market* ▪ *[n, 1]
▪ αγορά ▫ <f> ▪ |agorá| ▫ /aɣoˈra/
supermarket* ▪ *[n, 1]
▪ σουπερμάρκετ ▫ <n> ▪ |soupermárket|
bazaar* ▪ *[n, 2]
▪ παζάρι ▫ <n> ▪ |pazári|
department store* ▪ *[n, 2]
▪ πολυκατάστημα ▫ <n> ▪ |polykatástima|
sweetshop* ▪ *[n, 4]
▪ ζαχαροπλαστείο ▫ <n> ▪ |zacharoplasteío|
shop window ▪ [n, 4]
▪ βιτρίνα ▫ <f> ▪ |vitrína|
merchant* ▪ *[n, 3]
▪ έμπορος ▫ <m> ▪ |émporos| ▫ /ˈɛm.bɔ.rɔs/
baker* ▪ *[n, 2]
▪ αρτοποιός ▫ <m> ▪ |artopoiós|
butcher* ▪ *[n, 3]
▪ χασάπης ▫ <m> ▪ |chasápis|
customer ▪ [n, 1]
▪ πελάτης ▫ <m> ▪ |pelátis|
advertisement* ▪ *[n, 1]
▪ διαφήμιση ▫ <f> ▪ |diafímisi| ▫ /ði.a.ˈfi.mi.si/
slogan ▪ [n, 3]
▪ σύνθημα ▫ <n> ▪ |sýnthima|
poster* ▪ *[n, 4]
▪ αφίσα ▪ |afísa|

CONSTRUCTION, INDUSTRY [139]

building ▪ [n, 3]
▪ δόμηση ▫ <f> ▪ |dómisi|
build ▪ [v, 1]
▪ χτίζω ▪ |chtízo|
make ▪ [v, 2]
▪ κατασκευάζω ▪ |kataskevázo| ▫ /katasceˈvazo/
architect* ▪ *[n, 2]
▪ αρχιτέκτονας ▫ <m/f> ▪ |architéktonas|
architecture* ▪ *[n, 2]
▪ αρχιτεκτονική ▫ <f> ▪ |architektonikí|
engineer ▪ [n, 1]
▪ μηχανικός ▫ <m/f> ▪ |michanikós|
industry* ▪ *[n, 1]

▪ βιομηχανία ▫ <f> ▪ |viomichanía|

technology* ▪ *[n, 1]

▪ τεχνολογία ▫ <f> ▪ |technología| ▫ /texnoloˈʝi.a/

factory ▪ [n, 1]

▪ εργοστάσιο ▫ <n> ▪ |ergostásio|

mine ▪ [n, 3]

▪ ορυχείο ▫ <n> ▪ |orycheío|

shop ▪ [n, 3]

▪ εργαστήριο ▫ <n> ▪ |ergastírio|

blacksmith ▪ [n, 2]

▪ σιδεράς ▫ <m> ▪ |siderás|

miner ▪ [n, 3]

▪ μεταλλωρύχος ▪ |metallorýchos|

smith ▪ [n, 3]

▪ σιδηρουργός ▫ <m> ▪ |sidirourgós|

painter ▪ [n, 4]

▪ βαφέας ▫ <m> ▪ |vaféas|

AGRICULTURE, HUNTING [140]

agriculture* ▪ *[n, 2]

▪ γεωργία ▫ <f> ▪ |georgía|

farm ▪ [n, 1]

▪ αγρόκτημα ▫ <n> ▪ |agróktima| ▫ /aˈɣroktima/

kolkhoz ▪ [n, 4]

▪ κολχόζ ▫ <n> ▪ |kolchóz|

scarecrow* ▪ *[n, 2]

▪ σκιάχτρο ▫ <n> ▪ |skiáchtro| ▫ /ˈscaxtro/

seed* ▪ *[n, 2]

▪ σπόρος ▫ <m> ▪ |spóros| ▫ [ˈspo̞ro̞s]

water ▪ [v, 1] ▪ plants

▪ ποτίζω ▪ |potízo|

sow ▪ [v, 2]

▪ σπέρνω ▪ |spérno|

hay* ▪ *[n, 2]

▪ άχυρο ▫ <n> ▪ |áchyro| ▫ [ˈaçiro]

milk ▪ [v, 2]

▪ αρμέγω ▪ |armégo| ▫ /arˈme.ɣo/

beehive ▪ [n, 4]

▪ κυψέλη ▫ <f> ▪ |kypséli|

field* ▪ *[n, 2]

▪ αγρός ▫ <m> ▪ |agrós|

garden ▪ [n, 2]

▪ περιβόλι ▫ <n> ▪ |perivóli|

pasture ▪ [n, 3]

▪ βοσκότοπος ▫ <m> ▪ |voskótopos|

vineyard ▪ [n, 3]

▪ αμπέλι ▫ <n> ▪ |ampéli| ▫ /am'beli/

paddy ▪ [n, 4]

▪ ριζοχώραφο ▫ <m> ▪ |rizochórafo|

abattoir ▪ [n, 2]

▪ σφαγείο ▫ <n> ▪ |sfageío|

barn ▪ [n, 4]

▪ αχυρώνας ▫ <m> ▫ {storage} ▪ |achyrónas|

farmer ▪ [n, 1]

▪ αγρότης ▫ <m> ▪ |agrótis|

shepherd ▪ [n, 2]

▪ βοσκός ▫ <m> ▪ |voskós|

cowboy ▪ [n, 4]

▪ αγελαδάρης ▫ <m> ▪ |ageladáris|

gardener ▪ [n, 4]

▪ κηπουρός ▫ <m/f> ▪ |kipourós|

milkmaid ▪ [n, 4]

▪ αρμέχτρα ▫ <f> ▪ |arméchtra|

veterinarian ▪ [n, 3]

▪ κτηνίατρος ▫ <m> ▪ |ktiníatros|

hunter ▪ [n, 3]

▪ κυνηγός ▫ <m> ▪ |kynigós|

hunt ▪ [n, 4]

▪ κυνήγι ▫ <n> ▪ |kynígi|

hunt ▪ [v, 1]

▪ κυνηγώ ▪ |kynigó|

fishing ▪ [n, 1] ▪ act

▪ αλιεία ▫ <f> ▪ |alieía|

fisherman ▪ [n, 2]

▪ ψαράς ▫ <m> ▪ |psarás|

fish ▪ [v, 1]

▪ ψαρεύω ▪ |psarévo|

net ▪ [n, 3]

▪ δίχτυ ▫ <n> ▫ {for large fish} ▪ |díchty|
▪ απόχη ▫ <f> ▫ {for small fish} ▪ |apóchi|

fishhook ▪ [n, 4]

▪ αγκίστρι ▫ <n> ▪ |agkístri| ▫ /aŋ'ɟistri/

TOOLS, FASTENERS, LOCKS [141]

instrument ▪ [n, 1]
- εργαλείο ▫ <n> ▪ |ergaleío|

tool ▪ [n, 1] ▪ particular
- εργαλείο ▫ <n> ▪ |ergaleío|

blade ▪ [n, 4]
- λεπίδα ▫ <f> ▪ |lepída|

screwdriver ▪ [n, 4]
- κατσαβίδι ▫ <n> ▪ |katsavídi|

wedge ▪ [n, 4]
- σφήνα ▫ <f> ▪ |sfína|

scissors ▪ [n, 1]
- ψαλίδι ▫ <n> ▪ |psalídi|

file ▪ [n, 2]
- λίμα ▫ <f> ▪ |líma|

saw ▪ [n, 2]
- πριόνι ▫ <n> ▪ |prióni|

chisel ▪ [n, 3]
- σκαρπέλο ▫ <n> ▪ |skarpélo|

knife ▪ [n, 4]
- λεπίδα ▫ <f> ▪ |lepída|

plane ▪ [n, 4]
- πλάνη ▫ <f> ▪ |pláni|

axe ▪ [n, 2]
- τσεκούρι ▫ <n> ▪ |tsekoúri|

hammer ▪ [n, 2]
- σφυρί ▫ <n> ▪ |sfyrí| ▫ /sfïri/

anvil ▪ [n, 3]
- αμόνι ▫ <n> ▪ |amóni|

spade ▪ [n, 2]
- φτυάρι ▫ <n> ▪ |ftyári|

hoe ▪ [n, 4]
- τσάπα ▫ <f> ▪ |tsápa|

shovel ▪ [n, 4]
- φτυάρι ▫ <n> ▪ |ftyári|

harrow ▪ [n, 2]
- σβάρνα ▫ <f> ▪ |svárna|

scythe ▪ [n, 2]
- κόσα ▫ <f> ▪ |kósa|

sickle ▪ [n, 2]
- δρεπάνι ▫ <n> ▪ |drepáni|

rake ▪ *[n, 3]*
- τσουγκράνα ▫ <f> ▪ | tsougkrána |

crane ▪ **[n, 3]**
- γερανός ▫ <m> ▪ | geranós |

dig ▪ *[v, 1]*
- σκάβω ▪ | skávo |

paint ▪ *[v, 1]*
- βάφω ▪ | váfo |

file ▪ *[v, 3]*
- λιμάρω ▪ | limáro |

drill ▪ *[v, 4]*
- τρυπώ ▪ | trypó |

ladder ▪ **[n, 1]**
- σκάλα ▫ <f> ▪ | skála |

screw ▪ *[n, 4]*
- βίδα ▫ <f> ▪ | vída |

nut ▪ *[n, 4]*
- παξιμάδι ▫ <n> ▪ | paximádi |

nail ▪ *[n, 1]*
- καρφί ▫ <n> ▪ | karfí |

pin ▪ *[n, 3]*
- καρφίτσα ▫ <f> ▪ | karfítsa |

knot ▪ *[n, 2]*
- κόμπος ▫ <m> ▪ | kómpos | ▫ /ˈkom.bos/

adhesive tape ▪ *[n, 3]*
- κολλητική ταινία ▫ <f> ▪ | kollitikí tainía |

lock ▪ **[n, 1]**
- κλειδαριά ▫ <f> ▪ | kleidariá |

key ▪ **[n, 1]**
- κλειδί ▫ <n> ▪ | kleidí | ▫ [kliˈði]

padlock ▪ **[n, 4]**
- λουκέτο ▫ <n> ▪ | loukéto |

lock ▪ *[v, 4]*
- κλειδώνω ▪ | kleidóno |

unlock ▪ *[v, 4]*
- ξεκλειδώνω ▪ | xekleidóno |

horseshoe ▪ **[n, 2]**
- πέταλο ▫ <n> ▪ | pétalo |

saddle ▪ **[n, 2]**
- σέλλα ▫ <f> ▪ | sélla |

bridle ▪ **[n, 3]**
- χαλινάρι ▫ <n> ▪ | chalinári |

stirrup ▪ **[n, 3]**

   ▪ αναβολέας ▫ <m> ▪ |anavoléas|

DOCUMENTS, JURISPRUDENCE, POLITICS, ARMY [29]
DOCUMENTS [142]

document ▪ [n, 1]
▪ έγγραφο ▫ <n> ▪ |éngrafo| ▫ [ˈe̞ŋɣrafo̞]
file ▪ [n, 4]
▪ αρχείο ▫ <n> ▪ |archeío|
signature ▪ [n, 1]
▪ υπογραφή ▫ <f> ▪ |ypografí|
date ▪ [n, 2]
▪ ημερομηνία ▫ <f> ▪ |imerominía|
autograph ▪ [n, 3]
▪ αυτόγραφο ▫ <n> ▪ |aftógrafo| ▫ [afˈtɔɣrafɔ]
sign ▪ [v, 2] ▪ to make official
▪ υπογράφω ▪ |ypográfo|
sign ▪ [v, 2] ▪ to write signature
▪ υπογράφω ▪ |ypográfo|
contract ▪ [n, 2]
▪ συμβόλαιο ▫ <n> ▪ |symvólaio|
will ▪ [n, 2]
▪ διαθήκη ▫ <f> ▪ |diathíki| ▫ /ðiaˈθici/
agreement ▪ [n, 4]
▪ συμφωνία ▫ <f> ▪ |symfonía|
passport ▪ [n, 1]
▪ διαβατήριο ▫ <n> ▪ |diavatírio|
visa ▪ [n, 1]
▪ βίζα ▫ <f> ▪ |víza|
driver's license ▪ [n, 3]
▪ άδεια οδήγησης ▫ <f> ▪ |ádeia odígisis|
ID card ▪ [n, 3]
▪ δελτίο αστυνομικής ταυτότητας ▫ <n> ▪ |deltío astynomikís taftótitas|
form ▪ [n, 2]
▪ αίτηση ▫ <f> ▪ |aítisi| ▫ /ˈɛtisi/
documentation ▪ [n, 4]
▪ τεκμηρίωση ▫ <f> ▪ |tekmiríosi|

LAWS, RIGHTS [143]

rule ▪ [n, 1]
▪ κανόνας ▫ <m> ▪ |kanónas|
constitution ▪ [n, 2] ▪ system

▪ σύνταγμα ▫ <n> ▪ |sýntagma|

law ▪ [n, 2] ▪ all legal rules

▪ νόμος ▫ <m> ▪ |nómos|

law ▪ [n, 2] ▪ any rule

▪ νόμος ▫ <m> ▪ |nómos|

law ▪ [n, 4] ▪ used by courts

▪ δίκαιο ▫ <n> ▪ |díkaio|

legal ▪ [adj, 4] ▪ basing on law

▪ νομικός ▪ |nomikós|

act ▪ [n, 4]

▪ διάβημα ▫ <n> ▪ |diávima|

constitution ▪ [n, 4] ▪ document

▪ σύνταγμα ▫ <n> ▪ |sýntagma|

shari'a ▪ [n, 4]

▪ Σαρία ▪ |Saría|

human rights ▪ [n, 1]

▪ ανθρώπινα δικαιώματα ▫ <pl> ▪ |anthrópina dikaiómata|

right ▪ [n, 1]

▪ δικαίωμα ▫ <n> ▪ |dikaíoma| ▫ /ðiˈceoma/

freedom of speech ▪ [n, 4]

▪ ελευθερία έκφρασης ▪ |elefthería ékfrasis|

CRIMES, POLICE, COURT, PUNISHMENTS [144]

crime ▪ [n, 1] ▪ instance

▪ έγκλημα ▫ <n> ▪ |égklima|

murder ▪ [n, 1] ▪ act

▪ φόνος ▫ <m> ▪ |fónos|

rape ▪ [n, 2]

▪ βιασμός ▫ <m> ▪ |viasmós|

slavery ▪ [n, 2]

▪ δουλεία ▫ <f> ▪ |douleía|

torture ▪ [n, 2]

▪ βασανιστήρια ▫ <n pl> ▪ |vasanistíria|

murder ▪ [n, 3] ▪ crime

▪ φόνος ▫ <m> ▪ |fónos|

genocide ▪ [n, 4]

▪ γενοκτονία ▫ <f> ▪ |genoktonía| ▫ /ɟenoktoˈnia/

murder ▪ [v, 1]

▪ δολοφονώ ▪ |dolofonó| ▫ /ðolofoˈno/

rape ▪ [v, 2]

▪ βιάζω ▪ |viázo| ▫ /viˈazo/

drown ▪ [v, 3]
▪ πνίγω ▪ |pnígo|

torture ▪ [v, 3]
▪ βασανίζω ▪ |vasanízo| ▫ /vasaˈnizo/

theft ▪ [n, 1]
▪ κλοπή ▫ <f> ▪ |klopí|

blackmail ▪ [n, 4]
▪ εκβιασμός ▫ <m> ▪ |ekviasmós| ▫ /eg.vi.azˈmos/

steal ▪ [v, 1]
▪ κλέβω ▪ |klévo| ▫ [ˈkle̞vo̞]

blackmail ▪ [v, 4]
▪ εκβιάζω ▪ |ekviázo|

hijack ▪ [v, 4]
▪ καταλαμβάνω ▪ |katalamváno|

corruption ▪ [n, 1]
▪ διαφθορά ▪ |diafthorá|

terrorism ▪ [n, 1]
▪ τρομοκρατία ▫ <f> ▪ |tromokratía| ▫ /tromokraˈtia/

bribe ▪ [n, 3]
▪ δωροδοκία ▫ <f> ▫ {giving} ▪ |dorodokía|
▪ δωροληψία ▫ <f> ▫ {taking} ▪ |dorolipsía|

prostitution ▪ [n, 3]
▪ πορνεία ▫ <f> ▪ |porneía|

treason ▪ [n, 4]
▪ εθνική προδοσία ▫ <f> ▪ |ethnikí prodosía|

criminal ▪ [n, 2]
▪ εγκληματίας ▫ <m/f> ▪ |egklimatías|

murderer ▪ [n, 2]
▪ δολοφόνος ▫ <m/f> ▪ |dolofónos|

assassin ▪ [n, 3]
▪ δολοφόνος ▫ <m/f> ▪ |dolofónos|

killer ▪ [n, 3]
▪ φονιάς ▫ <m> ▪ |foniás| ▫ /foˈɲas/

pirate ▪ [n, 1]
▪ πειρατής ▫ <m> ▪ |peiratís|

thief ▪ [n, 1]
▪ κλέφτης ▫ <m> ▪ |kléftis|

robber ▪ [n, 2]
▪ ληστής ▫ <m> ▪ |listís| ▫ /liˈstis/

pickpocket ▪ [n, 3]
▪ πορτοφολάς ▫ <m> ▪ |portofolás|

terrorist ▪ [n, 1]
▪ τρομοκράτης ▫ <m> ▪ |tromokrátis| ▫ /tromoˈkratis/
brothel ▪ [n, 2]
▪ πορνείο ▫ <n> ▪ |porneío| ▫ [pɔɾˈniɔ]
pimp ▪ [n, 2]
▪ προαγωγός ▫ <m/f> ▪ |proagogós|
prostitute ▪ [n, 2]
▪ πόρνη ▫ <f> ▪ |pórni| ▫ /ˈpɔr.ni/
whore ▪ [n, 2]
▪ πουτάνα ▫ <f> ▪ |poutána| ▫ /puˈtana/
mafia ▪ [n, 4]
▪ μαφία ▫ <f> ▪ |mafía|
traitor ▪ [n, 4]
▪ προδότης ▫ <m> ▪ |prodótis|
revenge ▪ [n, 1]
▪ εκδίκηση ▫ <f> ▪ |ekdíkisi| ▫ /ek.ˈði.ci.si/
avenge ▪ [v, 3]
▪ εκδικούμαι ▪ |ekdikoúmai|
suicide ▪ [n, 2] ▪ instance
▪ αυτοκτονία ▫ <f> ▪ |aftoktonía| ▫ /aftoktoˈnia/
commit suicide ▪ [v, 2]
▪ αυτοκτονώ ▪ |aftoktonó|
police ▪ [n, 1]
▪ αστυνομία ▫ <f> ▪ |astynomía| ▫ /astino̞ˈmi̦a/
police station ▪ [n, 3]
▪ αστυνομικό τμήμα ▫ <n> ▪ |astynomikó tmíma|
policeman ▪ [n, 2]
▪ αστυνομικός ▫ <m> ▪ |astynomikós|
policewoman ▪ [n, 2]
▪ αστυνομικίνα ▫ <f> ▪ |astynomikína|
police officer ▪ [n, 1]
▪ αστυνομικός ▫ <m> ▪ |astynomikós|
evidence ▪ [n, 3]
▪ πειστήριο ▫ <n> ▪ |peistírio|
witness ▪ [n, 3]
▪ μάρτυρας ▫ <m/f> ▪ |mártyras|
arrest ▪ [v, 2]
▪ συλλαμβάνω ▪ |syllamváno|
court ▪ [n, 2] ▪ place
▪ δικαστήριο ▫ <n> ▪ |dikastírio|
judicial ▪ [adj, 3]
▪ δικαστικός ▪ |dikastikós|

judge ▪ *[n, 1]* ▪ ***official***
- δικαστής ▫ \<m\> ▪ |dikastís|

court ▪ *[n, 2]* ▪ ***persons***
- δικαστήριο ▫ \<n\> ▪ |dikastírio|

lawyer ▪ **[n, 1]**
- δικηγόρος ▫ \<m/f\> ▪ |dikigóros|

sue ▪ *[v, 3]*
- μηνύω ▪ |minýo| ▫ /mïni.o/

punishment ▪ *[n, 1]*
- τιμωρία ▪ |timoría|

punish ▪ *[v, 1]*
- τιμωρώ ▪ |timoró|

imprisonment ▪ **[n, 4]**
- φυλάκιση ▫ \<f\> ▪ |fylákisi|

fine ▪ **[n, 2]**
- πρόστιμο ▫ \<n\> ▪ |próstimo|

fine ▪ **[v, 4]**
- επιβάλλω πρόστιμο ▪ |epivállo próstimo|

execute ▪ **[v, 3]**
- εκτελώ ▪ |ekteló|

cross ▪ *[n, 2]*
- σταυρός ▫ \<m\> ▪ |stavrós| ▫ /stavros/

gallows ▪ *[n, 3]*
- αγχόνη ▫ \<f\> ▪ |anchóni|

behead ▪ *[v, 2]*
- αποκεφαλίζω ▪ |apokefalízo|

prison ▪ **[n, 1]**
- φυλακή ▫ \<f\> ▪ |fylakí|

cell ▪ **[n, 3]**
- κελί ▫ \<n\> ▪ |kelí|

prisoner ▪ **[n, 3]**
- κρατούμενος ▫ \<m\> ▪ |kratoúmenos|

freedom ▪ *[n, 4]*
- ελευθερία ▫ \<f\> ▪ |elefthería|

free ▪ *[adj, 1]*
- ελεύθερος ▪ |eléftheros| ▫ /elef.θe.ros/

POLITICS, ELECTIONS, DIPLOMACY [145]

party ▪ **[n, 1]**
- κόμμα ▪ |kómma|

politics ▪ **[n, 1]**

- πολιτική ▫ <f> ▪ |politikí|

crisis ▪ [n, 3]

- κρίση ▫ <f> ▪ |krísi|

opposition ▪ [n, 3]

- αντιπολίτευση ▫ <f> ▪ |antipolítefsi|

regime ▪ [n, 3]

- καθεστώς ▫ <n> ▪ |kathestós|

strategy ▪ [n, 3]

- στρατηγική ▫ <f> ▪ |stratigikí|

political ▪ [adj, 2]

- πολιτικός ▪ |politikós|

politician ▪ *[n, 1]*

- πολιτικός ▫ <c> ▪ |politikós|

national ▪ *[adj, 1]*

- εθνικός ▪ |ethnikós|

foreign ▪ [adj, 2] ▪ **from other country**

- αλλοεθνής ▪ |alloethnís|

international ▪ [adj, 1]

- διεθνής ▪ |diethnís|

citizenship ▪ *[n, 1]*

- υπηκοότητα ▫ <f> ▪ |ypikoótita|

citizen ▪ *[n, 2]*

- πολίτης ▫ <m/f> ▪ |polítis|

foreigner ▪ [n, 1]

- ξένος ▫ <m> ▪ |xénos|

censorship ▪ *[n, 3]*

- λογοκρισία ▪ |logokrisía|

patriotism ▪ [n, 2]

- πατριωτισμός ▫ <m> ▪ |patriotismós|

autocracy ▪ [n, 4]

- αυταρχία ▫ <f> ▪ |aftarchía|

democracy ▪ [n, 4] ▪ **system**

- δημοκρατία ▫ <f> ▪ |dimokratía| ▫ /ðimokraˈtia/

monarchy ▪ [n, 2]

- μοναρχία ▫ <f> ▪ |monarchía|

constitutional monarchy ▪ [n, 3]

- συνταγματική μοναρχία ▫ <f> ▪ |syntagmatikí monarchía|

democracy ▪ [n, 3] ▪ **government**

- δημοκρατία ▫ <f> ▪ |dimokratía| ▫ /ðimokraˈtia/

dictatorship ▪ [n, 3]

- δικτατορία ▫ <f> ▪ |diktatoría|

anarchy ▪ [n, 4] ▪ absence of government
▪ αναρχία ▫ <f> ▪ |anarchía|
oligarchy ▪ [n, 4]
▪ ολιγαρχία ▫ <f> ▪ |oligarchía|
republic ▪ [n, 1]
▪ δημοκρατία ▫ <f> ▪ |dimokratía| ▫ /ðimokra'tia/
kingdom ▪ [n, 1]
▪ βασίλειο ▫ <n> ▪ |vasíleio|
autonomous ▪ [adj, 3]
▪ αυτόνομος ▪ |aftónomos|
capitalism ▪ [n, 2]
▪ κεφαλαιοκρατία ▫ <f> ▪ |kefalaiokratía|
socialism ▪ [n, 2]
▪ σοσιαλισμός ▫ <m> ▪ |sosialismós|
communism ▪ [n, 2]
▪ κομμουνισμός ▫ <m> ▪ |kommounismós|
fascism ▪ [n, 2]
▪ φασισμός ▫ <m> ▪ |fasismós|
nationalism ▪ [n, 2]
▪ εθνικισμός ▫ <m> ▪ |ethnikismós|
anarchism ▪ [n, 3]
▪ αναρχισμός ▫ <m> ▪ |anarchismós|
feminism ▪ [n, 4]
▪ φεμινισμός ▫ <m> ▪ |feminismós|
socialist ▪ [adj, 4]
▪ σοσιαλιστικός ▪ |sosialistikós|
comrade ▪ [n, 2] ▪ communist
▪ σύντροφος ▫ <m> ▪ |sýntrofos|
comrade ▪ [n, 2] ▪ title used by leftists
▪ σύντροφος ▫ <m> ▪ |sýntrofos|
communist ▪ [n, 4]
▪ κομμουνιστής ▫ <m> ▪ |kommounistís|
racism ▪ [n, 1]
▪ φυλετισμός ▫ <m> ▪ |fyletismós|
Nazism ▪ [n, 3]
▪ ναζισμός ▫ <m> ▪ |nazismós|
xenophobia ▪ [n, 3]
▪ ξενοφοβία ▫ <f> ▪ |xenofovía|
anti-Semitism ▪ [n, 4]
▪ αντισημιτισμός ▫ <m> ▪ |antisimitismós|
sexism ▪ [n, 4]
▪ σεξισμός ▫ <m> ▪ |sexismós|

revolution* ▪ *[n, 2]* ▪ *general sense
▪ επανάσταση ▫ <f> ▪ |epanástasi|
strike* ▪ *[n, 3]
▪ απεργία ▫ <f> ▪ |apergía|
strike* ▪ *[v, 4]
▪ απεργώ ▪ |apergó|
civil war ▪ [n, 4]
▪ εμφύλιος πόλεμος ▫ <m> ▪ |emfýlios pólemos|
election* ▪ *[n, 1]
▪ εκλογή ▫ <f> ▪ |eklogí|
vote* ▪ *[n, 2]* ▪ *choice
▪ ψηφοφορία ▫ <f> ▪ |psifoforía| ▫ /psifofoˈria/
referendum* ▪ *[n, 4]
▪ δημοψήφισμα ▫ <n> ▪ |dimopsífisma| ▫ /ðimoˈpsifizma/
vote* ▪ *[n, 4]* ▪ *instance
▪ ψήφος ▫ <f> ▪ |psífos| ▫ /ˈpsi.fos/
choose* ▪ *[v, 1]
▪ εκλέγω ▪ |eklégo| ▫ /eˈkleɣo/
vote* ▪ *[v, 1]
▪ ψηφίζω ▪ |psifízo| ▫ /psifizɔ/
elect* ▪ *[v, 4]
▪ εκλέγω ▪ |eklégo| ▫ /eˈkleɣo/
candidate ▪ [n, 4]
▪ υποψήφιος ▫ <m> ▪ |ypopsífios|
voter ▪ [n, 4]
▪ ψηφοφόρος ▫ <m/f> ▪ |psifofóros| ▫ /psifoˈforos/
empire* ▪ *[n, 2]
▪ αυτοκρατορία ▫ <f> ▪ |aftokratoría|
cold war ▪ [n, 2]
▪ ψυχρός πόλεμος ▫ <m> ▪ |psychrós pólemos|
occupation ▪ [n, 4]
▪ κατοχή ▫ <f> ▪ |katochí|
consulate* ▪ *[n, 1]
▪ προξενείο ▫ <n> ▪ |proxeneío|
embassy* ▪ *[n, 1]
▪ πρεσβεία ▫ <f> ▪ |presveía|
ambassador* ▪ *[n, 4]
▪ πρέσβης ▫ <m> ▪ |présvis|

RULERS, GOVERNMENT [146]

head of state ▪ [n, 3]
▪ επικεφαλής του κράτους ▫ <m> ▪ |epikefalís tou krátous|

ruler ▪ [n, 4]
▪ κυβερνήτης ▫ <m> ▪ |kyvernítis|

president ▪ [n, 1]
▪ πρόεδρος ▫ <m/f> ▪ |próedros|

dictator ▪ [n, 3]
▪ δικτάτορας ▫ <m> ▪ |diktátoras|

king ▪ [n, 1]
▪ βασιλιάς ▫ <m> ▪ |vasiliás| ▫ /vasiˈʎas/

queen ▪ [n, 1] ▪ monarch
▪ βασίλισσα ▫ <f> ▪ |vasílissa| ▫ /vaˈsilisa/

empress ▪ [n, 4]
▪ αυτοκράτειρα ▫ <f> ▪ |aftokráteira|

prince ▪ [n, 4]
▪ πρίγκιπας ▫ <m> ▪ |prígkipas|

princess ▪ [n, 4]
▪ πριγκίπισσα ▫ <f> ▪ |prigkípissa| ▫ /priŋˈɟipisa/

queen ▪ [n, 2] ▪ wife of king
▪ βασίλισσα ▫ <f> ▪ |vasílissa| ▫ /vaˈsilisa/

royal ▪ [adj, 2]
▪ βασιλικός ▪ |vasilikós|

emperor ▪ [n, 4]
▪ αυτοκράτορας ▫ <m> ▪ |aftokrátoras| ▫ [aftoˈkratoras]

count ▪ [n, 4]
▪ κόμης ▫ <m> ▪ |kómis| ▫ /ˈkomis/

duke ▪ [n, 4]
▪ δούκας ▫ <m> ▪ |doúkas|

sultan ▪ [n, 2]
▪ σουλτάνος ▫ <m> ▪ |soultános|

caliph ▪ [n, 3]
▪ χαλίφης ▫ <m> ▪ |chalífis|

emir ▪ [n, 3]
▪ εμίρης ▫ <m> ▪ |emíris|

pharaoh ▪ [n, 3]
▪ Φαραώ ▫ <m> ▪ |Faraó|

sheik ▪ [n, 4]
▪ σεΐχης ▫ <m> ▪ |seḯchis|

government ▪ [n, 1]
▪ κυβέρνηση ▫ <f> ▪ |kyvérnisi|

parliament ▪ **[n, 2]**

▪ βουλή ▫ <f> ▪ |voulí|

council ▪ **[n, 3]**

▪ συμβούλιο ▫ <n> ▪ |symvoúlio|

ministry ▪ **[n, 4]**

▪ υπουργείο ▫ <n> ▪ |ypourgeío|

prime minister ▪ *[n, 1]*

▪ πρωθυπουργός ▫ <m> ▪ |prothypourgós| ▫ /proθipurˈɣos/

minister ▪ *[n, 2]*

▪ υπουργός ▫ <m/f> ▪ |ypourgós| ▫ /ipurˈɣos/

secretary ▪ *[n, 3]*

▪ υπουργός ▫ <m/f> ▪ |ypourgós| ▫ /ipurˈɣos/

governor ▪ *[n, 4]*

▪ κυβερνήτης ▫ <m> ▪ |kyvernítis|

mayor ▪ *[n, 4]*

▪ δήμαρχος ▫ <m/f> ▪ /ˈðimarxos/

pasha ▪ *[n, 4]*

▪ πασάς ▫ <m> ▪ |pasás|

vizier ▪ *[n, 4]*

▪ βεζίρης ▫ <m> ▪ |vezíris|

organization ▪ **[n, 1]**

▪ οργάνωση ▫ <f> ▪ |orgánosi|

ARMY, FORTIFICATIONS, WAR [147]

military ▪ *[adj, 4]*

▪ στρατιωτικός ▪ |stratiotikós|

army ▪ **[n, 2]**

▪ στρατός ▫ <m> ▪ |stratós| ▫ /straˈtos/

navy ▪ **[n, 2]**

▪ ναυτικό ▫ <n> ▪ |naftikó|

air force ▪ **[n, 3]**

▪ αεροπορία ▫ <f> ▪ |aeroporía|

cavalry ▪ **[n, 3]**

▪ ιππικό ▫ <n> ▪ |ippikó|

infantry ▪ **[n, 4]**

▪ πεζικό ▫ <n> ▪ |pezikó|

guerrilla ▪ *[n, 3]*

▪ αντάρτης ▫ <m> ▪ |antártis|

warrior ▪ *[n, 3]*

▪ μαχητής ▫ <m> ▪ |machitís|

archer* ▪ *[n, 4]
▪ τοξότης ▫ <m> ▪ |toxótis|
knight ▪ [n, 3]
▪ ιππότης ▫ <m> ▪ |ippótis|
ninja ▪ [n, 3]
▪ νίντζα ▫ <m> ▪ |níntza|
samurai ▪ [n, 3]
▪ σαμουράι ▫ <m> ▪ |samourái|
soldier* ▪ *[n, 1]
▪ στρατιώτης ▫ <m> ▪ |stratiótis|
captain* ▪ *[n, 4]
▪ λοχαγός ▫ <m> ▪ |lochagós|
major* ▪ *[n, 4]
▪ ταγματάρχης ▫ {army} ▪ |tagmatárchis|
▪ επισμηναγός ▫ {airforce} ▪ |episminagós|
colonel* ▪ *[n, 4]
▪ συνταγματάρχης ▫ <m/f> ▫ {army} ▪ |syntagmatárchis|
▪ σμήναρχος ▫ <m/f> ▫ {airforce} ▪ |smínarchos|
general* ▪ *[n, 4]
▪ στρατηγός ▪ |stratigós|
field marshal* ▪ *[n, 4]
▪ στρατάρχης ▫ <m> ▪ |stratárchis|
castle ▪ [n, 1]
▪ κάστρο ▫ <n> ▪ |kástro|
wall ▪ [n, 1]
▪ τείχος ▫ <n> ▪ |teíchos|
barbed wire ▪ [n, 4]
▪ αγκαθωτό σύρμα ▫ <n> ▪ |agkathotó sýrma|
fortress ▪ [n, 4]
▪ φρούριο ▫ <n> ▪ |froúrio|
moat ▪ [n, 4]
▪ τάφρος ▫ <f> ▪ |táfros| ▫ /ˈta.fros/
spy* ▪ *[n, 2]
▪ κατάσκοπος ▫ <m> ▪ |katáskopos|
war ▪ [n, 1]
▪ πόλεμος ▫ <m> ▪ |pólemos|
peace* ▪ *[n, 1]
▪ ειρήνη ▫ <f> ▪ |eiríni|
armistice* ▪ *[n, 4]
▪ ανακωχή ▫ <f> ▪ |anakochí|
hostile ▪ [adj, 4]

▪ εχθρικός ▪ |echthrikós|

battle* ▪ *[n, 1]

▪ μάχη ▫ <f> ▪ |máchi|

aggression ▪ [n, 4]

▪ επιθετικότητα ▫ <f> ▪ |epithetikótita|

invasion ▪ [n, 4]

▪ εισβολή ▪ |eisvolí|

betray* ▪ *[v, 3]

▪ προδίδω ▪ |prodído|

WEAPONS, AMMUNITION [148]

weapon* ▪ *[n, 2]

▪ όπλο ▫ <n> ▪ |óplo| ▫ /ˈoplo/

dagger ▪ [n, 2]

▪ στιλέτο ▫ <n> ▪ |stiléto|

spear ▪ [n, 2]

▪ δόρυ ▫ <n> ▪ |dóry|

sword ▪ [n, 2]

▪ ξίφος ▫ <n> ▪ |xífos|

knife ▪ [n, 4]

▪ μαχαίρι ▫ <n> ▪ |machaíri|

scabbard ▪ [n, 4]

▪ θηκάρι ▫ <n> ▪ |thikári|

whip* ▪ *[n, 2]

▪ μαστίγιο ▫ <m> ▪ |mastígio|

bow ▪ [n, 2]

▪ τόξο ▫ <n> ▪ |tóxo|

arrow ▪ [n, 2]

▪ βέλος ▫ <n> ▪ |vélos|

crossbow ▪ [n, 4]

▪ βαλλίστρα ▫ <f> ▪ |vallístra|

shield* ▪ *[n, 2]

▪ ασπίδα ▫ <f> ▪ |aspída|

armor* ▪ *[n, 3]

▪ θωράκιση ▫ <f> ▪ |thorákisi|

armour* ▪ *[n, 4]

▪ θωράκιση ▫ <f> ▪ |thorákisi|

helmet* ▪ *[n, 4]

▪ κράνος ▫ <n> ▪ |krános|

gun ▪ [n, 1] ▪ portable short

▪ πιστόλι ▫ <n> ▪ |pistóli|

pistol • [n, 2]
- πιστόλι □ <n> • |pistóli|

rifle • [n, 2]
- τυφέκιον □ <n> • |tyfékion|

firearm • [n, 4]
- πυροβόλο όπλο □ <n> • |pyrovólo óplo|

flamethrower • [n, 4]
- φλογοβόλο □ <n> • |flogovólo|

gun • [n, 4] • portable long
- τουφέκι □ <n> • |touféki|

bayonet • *[n, 4]*
- ξιφολόγχη □ <f> • |xifolónchi|

bomb • *[n, 2]*
- βόμβα □ <f> • |vómva|

bullet • *[n, 2]*
- σφαίρα □ <f> • |sfaíra|

missile • *[n, 2]*
- πύραυλος □ <m> • |pýravlos|

grenade • *[n, 3]*
- χειροβομβίδα □ <f> • |cheirovomvída|

mine • *[n, 3]*
- νάρκη □ <f> • |nárki|

atomic bomb • *[n, 4]*
- ατομική βόμβα □ <f> • |atomikí vómva|

cannon • [n, 2]
- κανόνι • |kanóni|

tank • [n, 2]
- άρμα μάχης □ <n> • |árma máchis|

warship • [n, 3]
- πολεμικό πλοίο □ <n> • |polemikó ploío|

shoot • *[v, 1]* • *to fire shot*
- ρίχνω • |ríchno|

shoot • *[v, 2]* • *to hit*
- πυροβολώ • |pyrovoló|

SPORT, LEISURE, GAMES [30]
SPORT, TOURISM, DANCING [149]

sport ▪ [n, 1]
▪ άθλημα ▫ <n> ▪ |áthlima|

final ▪ [n, 4]
▪ τελικός ▫ <m> ▪ |telikós|

match ▪ [n, 1]
▪ ματς ▫ <n> ▪ |mats|

game ▪ [n, 4]
▪ παιχνίδι ▫ <n> ▪ |paichnídi|

play ▪ [v, 2]
▪ παίζω ▪ |paízo|

goal ▪ [n, 4] ▪ points scored
▪ πόντος ▫ <m> ▪ |póntos|

point ▪ [n, 4]
▪ βαθμός ▫ <m> ▪ |vathmós|

champion ▪ [n, 4]
▪ πρωταθλητής ▫ <m> ▪ |protathlitís| ▫ /protaθliˈtis/

ball ▪ [n, 1]
▪ μπάλα ▫ <f> ▪ |bála|

skateboard ▪ [n, 2]
▪ σκέιτμπορντ ▫ <n> ▪ |skéitmpornt|

ski ▪ [n, 2]
▪ σκι ▪ |ski|

football ▪ [n, 3] ▪ ball
▪ μπάλα ποδοφαίρου ▪ |bála podofaírou|

stadium ▪ [n, 1]
▪ στάδιο ▫ <n> ▪ |stádio|

swimming pool ▪ [n, 1]
▪ πισίνα ▪ |pisína|

field ▪ [n, 4]
▪ γήπεδο ▫ <n> ▪ |gípedo| ▫ /ˈɟipeðo/

goal ▪ [n, 2] ▪ area
▪ τέρμα ▫ <n> ▪ |térma|

start ▪ [n, 3]
▪ αφετηρία ▫ <f> ▪ |afetiría|

judge ▪ [n, 4]
▪ κριτής ▫ <c> ▪ |kritís|

cricket ▪ [n, 1]
▪ κρίκετ ▫ <n> ▪ |kríket|

football ▪ [n, 1] ▪ sport game

▪ ποδόσφαιρο ▫ <n> ▪ |podósfairo| ▫ /po'ðosfero/

hockey* ▪ *[n, 1]

▪ χόκεϋ ▫ <n> ▪ |chókeÿ|

volleyball* ▪ *[n, 1]

▪ πετοσφαίριση ▫ <f> ▪ |petosfaírisi|

basketball* ▪ *[n, 2]

▪ καλαθοσφαίριση ▫ <f> ▪ |kalathosfaírisi|

rugby* ▪ *[n, 2]

▪ ράγκμπι ▪ |rágkmpi|

soccer* ▪ *[n, 2]

▪ ποδόσφαιρο ▫ <n> ▪ |podósfairo| ▫ /po'ðosfero/

American football* ▪ *[n, 3]

▪ αμερικανικό ποδόσφαιρο ▫ <m> ▪ |amerikanikó podósfairo|

baseball* ▪ *[n, 3]

▪ μπέιζμπολ ▪ |béizmpol|

handball* ▪ *[n, 3]

▪ χειροσφαίριση ▫ <f> ▪ |cheirosfaírisi|

polo* ▪ *[n, 3]

▪ πόλο ▫ <n> ▪ |pólo|

golf ▪ [n, 1]

▪ γκολφ ▪ |gkolf|

tennis ▪ [n, 1]

▪ αντισφαίριση ▫ <f> ▪ |antisfaírisi|

table tennis ▪ [n, 3]

▪ επιτραπέζια αντισφαίριση ▫ <f> ▪ |epitrapézia antisfaírisi|

snooker ▪ [n, 4]

▪ σνούκερ ▫ <m> ▪ |snoúker|

goal* ▪ *[n, 4]* ▪ *act

▪ τέρμα ▫ <n> ▪ |térma|

boxing ▪ [n, 2]

▪ πυγμαχία ▫ <f> ▪ |pygmachía|

judo ▪ [n, 4]

▪ τζούντο ▫ <n> ▪ |tzoúnto|

martial art ▪ [n, 4]

▪ πολεμικές τέχνες ▫ <f pl> ▪ |polemikés téchnes|

race* ▪ *[n, 2]

▪ αγώνας ▫ <m> ▪ |agónas|

cycling ▪ [n, 3]

▪ ποδηλασία ▫ <f> ▪ |podilasía|

exercise* ▪ *[n, 3]

▪ γυμναστική ▫ <f> ▪ |gymnastikí|

coach* ▪ *[v, 4]

▪ προπονώ ▪ |proponó|

tourist ▪ [n, 1]

▪ τουρίστας ▫ <m> ▪ |tourístas|

souvenir ▪ [n, 2]

▪ ενθύμιο ▫ <n> ▪ |enthýmio| ▫ /εn'θimiɔ/

tourism ▪ [n, 3]

▪ τουρισμός ▫ <m> ▪ |tourismós|

camp* ▪ *[n, 2]

▪ καταυλισμός ▫ <m> ▪ |katavlismós|

tent* ▪ *[n, 2]

▪ σκηνή ▫ <f> ▪ |skiní| ▫ [sci'ni]

camp* ▪ *[v, 3]

▪ κατασκηνώνω ▪ |kataskinóno|

dance ▪ [n, 1]

▪ χορός ▫ <m> ▪ |chorós|

dance ▪ [v, 1]

▪ χορεύω ▪ |chorévo|

dancer* ▪ *[n, 1]

▪ χορευτής ▫ <m> ▪ |choreftís|

ballet ▪ [n, 3]

▪ μπαλλέτο ▪ |balléto|

club* ▪ *[n, 3]

▪ κλαμπ ▫ <n> ▪ |klamp|

LEISURE, ENTERTAINMENT, GAMES, TOYS [150]

hobby* ▪ *[n, 2]

▪ χόμπυ ▫ <n> ▪ |chómpy|

fun ▪ [n, 3]

▪ κέφι ▫ <n> ▪ |kéfi| ▫ /'cefi/

activity ▪ [n, 4]

▪ δραστηριότητα ▫ <f> ▪ |drastiriótita|

game* ▪ *[n, 1]

▪ παιχνίδι ▫ <n> ▪ |paichnídi|

player* ▪ *[n, 4]

▪ παίκτης ▫ <m> ▪ |paíktis|

play* ▪ *[v, 1]

▪ παίζω ▪ |paízo|

video game ▪ [n, 2]

▪ βιντεοπαιχνίδι ▫ <n> ▪ |vinteopaichnídi|

turn* ▪ *[n, 3]
▪ σειρά ▫ <f> ▪ |seirá|
man* ▪ *[n, 4]
▪ πιόνι ▫ <n> ▪ |pióni| ▫ /ˈpço.ni/
chess ▪ [n, 1]
▪ σκάκι ▫ <n> ▪ |skáki|
chessboard ▪ [n, 4]
▪ σκακιέρα ▫ <f> ▪ |skakiéra|
checkmate ▪ [int, 4]
▪ ματ ▪ |mat|
pawn* ▪ *[n, 3]
▪ πιόνι ▫ <n> ▪ |pióni| ▫ /ˈpço.ni/
bishop* ▪ *[n, 3]
▪ αξιωματικός ▫ <m> ▪ |axiomatikós| ▫ /aksiomatiˈkos/
horse* ▪ *[n, 3]
▪ ίππος ▪ |íppos|
rook* ▪ *[n, 3]
▪ πύργος ▫ <m> ▪ |pýrgos| ▫ /ˈpirɣos/
queen* ▪ *[n, 3]* ▪ *in chess
▪ βασίλισσα ▫ <f> ▪ |vasílissa| ▫ /vaˈsilisa/
king* ▪ *[n, 3]* ▪ *in chess
▪ βασιλιάς ▫ <m> ▪ |vasiliás| ▫ /vasiˈʎas/
knight* ▪ *[n, 3]
▪ ίππος ▫ <m> ▪ |íppos|
draughts ▪ [n, 1]
▪ ντάμα ▫ <f> ▪ |dáma|
backgammon ▪ [n, 3]
▪ τάβλι ▫ <n> ▪ |távli|
go ▪ [n, 3]
▪ γκο ▪ |gko|
die* ▪ *[n, 3]
▪ ζάρι ▫ <n> ▪ |zári| ▫ /ˈzari/
bridge ▪ [n, 2]
▪ μπριτζ ▫ <n> ▪ |britz|
roulette ▪ [n, 3]
▪ ρουλέτα ▫ <f> ▪ |rouléta|
playing card* ▪ *[n, 1]
▪ τραπουλόχαρτο ▫ <n> ▪ |trapoulócharto|
suit* ▪ *[n, 3]
▪ χρώμα ▫ <n> ▪ |chróma| ▫ /ˈxrɔma/
jack ▪ [n, 4]

▪ βαλές ▫ <m> ▪ |valés|

queen ▪ [n, 4] ▪ in cards

▪ ντάμα ▫ <f> ▪ |dáma|

king ▪ [n, 4] ▪ in cards

▪ ρήγας ▫ <m> ▪ |rígas|

ace ▪ [n, 4]

▪ άσος ▫ <m> ▪ |ásos|

toy ▪ [n, 1]

▪ παιχνίδι ▫ <n> ▪ |paichnídi|

doll ▪ [n, 2]

▪ κούκλα ▫ <f> ▪ |koúkla| ▫ /ˈkukla/

puppet ▪ [n, 2]

▪ μαριονέτα ▫ <f> ▪ |marionéta|

balloon ▪ [n, 3]

▪ μπαλόνι ▫ <n> ▪ |balóni|

kite ▪ [n, 3]

▪ χαρταετός ▫ <m> ▪ |chartaetós|

Russian doll ▪ [n, 3]

▪ ματριόσκα ▫ <f> ▪ |matrióska|

swing ▪ [n, 4]

▪ κούνια ▫ <f> ▪ |koúnia| ▫ /ˈkuɲa/

snowman ▪ [n, 4]

▪ χιονάνθρωπος ▫ <m> ▪ |chionánthropos| ▫ /çɔ.ˈnan.θrɔ.pɔs/

fireworks ▪ [n, 2]

▪ πυροτεχνήματα ▫ <n pl> ▪ |pyrotechnímata|

ABOUT THE LANGUAGE

ON THE WIKIPEDIA
https://en.wikipedia.org/wiki/Greek_language
(about Greek language continuum)
(about [ell])

NAME(S), CODES, TYPE
NAME(S)
- (base) name: Greek
- other name(s): Modern Greek
- endonym: Νέα Ελληνικά
- pronunciation: [ˈne.a eliniˈka]

CODES
- code ISO 639-3: ell
- code ISO 639-1: el

TYPE
individual language (living)

SPEAKERS, ETHNIC GROUP(S), REGION(S), APPLICATION
SPEAKERS
- L1: ~11'000'000
- L1+L2: ~13'000'000

ETHNIC GROUP(S)
Greeks

MAIN REGION(S)
- native region(s): Southeastern Europe: Greece, Cyprus
- diaspora region(s): Germany, United States

OFFICIAL APPLICATION
- region(s): Greece, Cyprus
- important organization(s): European Union

CLASSIFICATION, HISTORY, VARIETIES, STANDARD FORM(S), LANGUAGE CONTINUUM
CLASSIFICATION (SIMPLIFIED)
Indo-European > Hellenic > Attic

HISTORY (SIMPLIFIED)

Proto-Indo-European > Proto-Germanic > Proto-Greek > Ancient Greek > Koine Greek > Medieval Greek > Greek

MAIN VARIETIES

Northern, Southern

STANDARD FORM(S)

Standard Modern Greek (based on ?)

LANGUAGE CONTINUUM

member of Greek language dialect continuum: Modern Greek [ell], Ancient Greek [grc], Cappadocian Greek [cpg], Mycenaean Greek [gmy], Pontic [pnt], Tsakonian [tsd], Yevanic [yej]

PHONOLOGY

▪ consonants:
Nasal : Bilabial : . • /m/ | Labiodental : . • /ɱ/ | Alveolar : . • /n/, /n̠/, /n̪/ | Palatal : . • /ɲ̟/ | Velar : . • /ŋ/
Stop (Plosive) : Bilabial : /p/ • /b/ | Alveolar : /t/ • /d/ | Palatal : /c̠/ • /ɟ/ | Velar : /k/ • /g/
Affricate, silibant : Alveolar : /ts/ • /dz/
Fricative, silibant : Alveolar : /s̠/ • /z̠/
Fricative, non-silibant : Labiodental : /f/ • /v/ | Dental : /θ/ • /ð/ | Palatal : /ç/ • /ʝ/ | Velar : /x/ • /ɣ/
Approximant : Alveolar : . • /ɹ̠/
Tap / Flap : Alveolar : . • /ɾ̠/
Trill : Alveolar : . • /r̠/
Lateral approximant : Alveolar : . • /l/ | Palatal : . • /ʎ/

▪ vowels:
Close : Front : /i/ • . | Back : . • /u/
Close-mid : Front : /e/ • . | Back : . • /o/
Open : Front : /a/ • .

ACTUAL WRITING SYSTEM(S)

Greek script

ABOUT THE MULTI LINGUIS PROJECT
ABOUT THE PROJECT AND OFFERED DICTIONARIES IN GENERAL

Multi Linguis is an independent indie project. All work on downloading and processing sources, as well as creating books and the website, was carried out by the forces of one person - the author of the project. Although there are other dictionaries of this type, many of the ideas underlying the project are original.

The Multi Linguis Project is based on the corpus of the English version of Wiktionary as well as linguistic articles of Wikipedia and is licensed under the open license Creative Commons CC BY-SA 3.0 (https://creativecommons.org/licenses/by-sa/3.0/deed.en).

The project offers dictionaries for more than 200 languages. These books are bilingual, with translations from the English language into foreign ones.

The Multi Linguis Dictionaries are intended to help you try out different languages, study and compare them, as well as revise the vocabulary. They can be applied separately or as additional tools for the suited educational courses. You may also use them for spelling simple broken phrases, translating and just for fun.

A database of the project includes 9'000 lemmas (that is, morphemes, words and phrases with a specific meaning). This corresponds to levels A1 - B2 by the CEFR (Common European Framework of Reference), or Beginner - Upper Intermediate by other language learning systems. This number covers approximately 100 percent of self-sufficient vocabulary and 85 percent of all word use.

The Multi Linguis Dictionaries are not traditional alphabetical, but frequency-thematic. This means that entries in these books can be arranged by levels, themes, parts of speech or keywords, but never alphabetically. When you use them, you may study often used lemmas previously than rarely used ones, and thematically related groups in unity, rather than separately. In addition, this approach speeds up the process of learning languages, promotes memorization and develops associativity, flexibility and rapidity of lingual thinking.

Several different types, kinds and varieties of dictionaries are offered for the same language. They differ in the number of included lemmas, varieties of the arrangement, the completeness of contained information, external and internal design. To achieve particular purposes, using one option is more effective and convenient than the others.

For all dictionaries of the same type, a universal division into levels, themes, parts of speech and keywords is applied. This means that books of the same type, but different in language have completely equal structure. This approach promotes studying of the second and subsequent foreign languages, as well as comparing them.

The Multi Linguis Dictionaries are available mobile formats (epub and mobi).

In addition to the books, the Multi Linguis Project includes its own website, as well as pages on Facebook and Twitter. We invite you to register there.

ABOUT DESIGN OF DICTIONARIES AND ENTRIES

The Multi Linguis Dictionaries include the following parts - a short description of a title language (languages), descriptions of the project and license, a key to the IPA phonetic symbols and the main part. To make use more convenient, they also contain a table of contents.

The main part consists of a certain number of entries. They are joined into small subsections grouped into larger sections.

The base of the entries are lemmas - dictionary forms of lexemes. A lexeme is a linguistic abstraction that has a specific meaning - grammatical (a role in a sentence) and semantic (subject matter). In speech, lexemes are expressed in the form of particular words or phrases that differ from each other grammatically, graphically and phonologically.

In the entries, lemmas are represented by headers and flags of part of speech. Definitions are not given in the Multi Linguis Project, and therefore their semantic meaning can only be clarified through headlines of the sections. In difficult cases, short tips are offered to facilitate understanding of their meanings.

The entries also contain flags of levels.

The entries contain one or more translations into the title language with indication of its code. In some cases, translations are accompanied by grammatical flags and comments. In addition, entries in the Learner's and Survival Dictionaries can contain transcriptions (IPA characters are used), as well as transliterations for languages with non-Latin scripts.

ABOUT DIVISION OF THE DATABASE INTO LEVELS AND THEMES

Any division into levels and themes given in dictionaries is not indisputable. Structuring of entries is not necessary to create a perfect system (this is impossible) but to make students arrange their own vocabulary. Using proposed division by dictionaries, you will agree or disagree with it, and therefore more effectively build the studied lemmas in the appropriate order to you personally.

Multi Linguis proposes an original division of lemmas into levels, performed as follows:
1. In the Learner's Dictionaries - into 6 so-called learning steps of 1'500 lemmas each: steps 1-2 include the first 3'000 and correspond to levels A1-A2 CEFR, steps 3-4 - the second 3'000 (B1), steps 5-6 - third 3'000 (B2.1-B2.2).
2. In the Survival Dictionaries, there is no division into levels - all lemmas have the same importance (A1 - A2 CEFR).

The levels follow each other in decreasing importance to speakers and frequency of use - that is, the lemmas related to the first one are the most necessary and frequently encountered. Linguistic studies show that the level A1 CEFR covers 10% of self-sufficient vocabulary and 30% of all word use, A1-A2 - 30 and 55, A1-B1 - 60 and 75, A1-B2 - 100 and 85 percent respectively.

Levels are indicated in the entries by special flags.

You may study the Multi Linguis Dictionaries at any convenient speed, and the uniform division used in them will allow you to determine the approximate time that will be spent on each level. For example, at a rate of 5 lemmas per day, it will take as long as 300 days to study a group of 1'500 ones, and at a rate of 50 lemmas per day - only 30.

In addition, Multi Linguis proposes an original division of lemmas into themes:
1. In the Learner's and Survival Dictionaries - into 150 themes.

All themes are joined into 30 super themes and divided into over 2'000 subthemes.

The proposed division describes such vast semantic areas as Properties of objects, Actions, Time, Natural world, Body, Mind, Communication, Society, Economics and others.

Themes and super themes are indicated in the headlines of the sections. Subthemes are indicated only in the Learner's Dictionaries by the alternating gray-white coloring of blocks that include lemmas. There is no indication of themes in the Survival Dictionaries.

Also in the Learner's Dictionaries especially close lemmas are grouped into unbroken sequences to facilitate their studying (for example, North - East - South- West). In this case, the entries, initially referring to different levels by their weights, turn out to be at the same.

ABOUT TYPES AND KINDS OF THE DICTIONARIES

Multi Linguis offers 2 types of dictionaries - Learner's and Survival.

The Learner's Dictionaries can include up to 9'000 lemmas, which are divided into 6 learning steps of 1'500 ones each (corresponding to levels A1 - B2 CEFR), as well as 150 themes grouped into 30 super themes. The entries contain shortened texts of translations from the Wiktionary corpus, and also contain transcriptions.

There are the following kinds of the Learner's dictionaries:
1. For Learning - intended to help you learn all necessary lemmas at once, regardless of their levels. For this, the entries are arranged only by themes.
2. For Learning Step by Step - intended to help you learn necessary lemmas gradually, according to their levels. For this, the entries are

arranged by steps and then by themes. This kind is an alternative to the previous one.

3. For Revising - intended to help you revise lemmas in an unusual way. For this, the entries can be arranged by parts of speech or keywords and then by themes.

The Survival Dictionaries are sets of small vocabularies of related languages, which include up to 999 lemmas. These books are intended to help you get a list of elementary lemmas. The entries are arranged by parts of speech and then by themes.

Currently, Multi Linguis is able to create the Learner's Dictionaries for more than 70 languages, and the Survival Dictionaries for more than 200 ones.

ABOUT VARIETIES OF THE ARRANGEMENT OF LEMMAS

Lemmas are complex phenomena that have the following characteristics:

1. Level - shows the importance of a lemma in the vocabulary and approximate frequency of its use;
2. Theme - semantic meaning that it conveys;
3. Part of speech - a grammatical role that it plays in a sentence;
4. Keyword – a group of related words that it belongs to;
5. Rhyme – a group of words with which it is similar in sound or spelling.

The Multi Linguis Dictionaries differ from each other not only in types and range of levels but also in varieties of the arrangement. Entries in them can be arranged by one or two of those characteristics. This is made for you can view the studying language from different angles.

The last (respectively, the second or third) level of arrangement is by parts of speech. It corresponds to gray-white blocks in the Learner's Dictionaries.

ABOUT THE SOURCE, SELECTION OF LEMMAS AND PROCESSING OF ENTRIES

The Multi Linguis Project is based on the Wiktionary corpus, which contains a huge number of English lemmas, their definitions, grammatical and etymological information, as well as translations into many languages and related transcriptions. Wiktionary is maintained by enthusiasts, including native speakers and professional linguists, that makes this source authentic and modern.

At the time of the download, the Wiktionary corpus included approximately 350'000 lemmas, of which approximately 120'000 were translated into at least one language.

Of these, 20'000 lemmas were selected according to their weight. In the Multi Linguis Dictionaries, the main principle of assigning weight is the number of its translations into 80 key languages of the world. Although this approach is an alternative to the standard selection by frequency of use in books, TV programs or spoken speech, it also has the right to exist. Additional principles are the occurrence of the lemma in open frequency lists given on simple.wiktionary.org, as well as the personal opinion of the author of the project about its importance.

Of these, 9'000 lemmas with the highest weight were included in the database of the Learner's Dictionaries, 999 - of the Survival Dictionaries.

For comparison, the total number of lemmas of levels A1-B2 CEFR in professional projects (Cambridge, Oxford, Longman, Macmillan) is approximately 9-10'000.

Levels, themes and keywords were defined for the selected lemmas, also parts of speech were checked and corrected. Morphemes and proper names, as well as unnecessary synonyms, were removed from the databases of the Learner's and Survival Dictionaries.

Related translations and transcriptions from Wiktionary were standardized, errors and typos were corrected whenever possible. They were cut off as close to the beginning as possible, since this is where the most accurate and important varieties of them are located.

ABOUT ERRORS AND CHANGES IN THE SOURCE

Despite strict recommendations for adding new entries, conducting regular rechecks and fighting vandalism, there are still more or less serious errors in the Wiktionary corpus, and therefore in the Multi Linguis database. According to made estimates, the percentage of entries with errors for the corpus of the Russian translations does not exceed 2.5%, and for other languages, the percentage may be slightly higher.

Since the project is carried out by one person, it is likely that errors occurred when processing the source entries. According to made estimates, the percentage of such entries does not exceed 0.5%.

The Wiktionary corpus is constantly updated and supplemented. According to made estimates, the current rate of updating and adding new entries does not exceed 3% per year.

Lemmas and translations for the Multi Linguis Project were downloaded from Wiktionary about 2 years ago, transcriptions - more than a year ago.

ABOUT STORES, PRICES, DISCOUNTS AND PROMOTION

The Multi Linguis Dictionaries are offered for sale in some e-book stores.

The prices of the Multi Linguis Dictionaries do not exceed $8, which is significantly lower than the prices of professional analogues.

The price of a particular dictionary is determined by the range of levels that make it up. The book that includes a wider range has a higher price. You may first buy a small book at a more affordable price to appreciate it and then buy a more voluminous and expensive one.

The price also depends on the completeness of translations of its entries. This means that for books that have at least one of its levels filled with translations of less than 80% (of the Learner's Dictionaries) the prices are reduced by $1. If this rate is lower than 60%, then such books are not created and offered at all. For the Survival Dictionaries, the creation threshold is 333 lemmas. We hope that you will find this approach to price and quality fair.

ABOUT PLANS FOR THE FUTURE AND ADDITIONAL SERVICES

In the future, it is planned to republish the Learner's and Survival Dictionaries. The following updates are outlined: 1. Correction of errors in the database; 2. Increase of the number of translations into various languages; 3. Publication of new dictionaries for both already submitted and novel languages.

It is also possible to be implemented: 1. Redesign of the Learner's and Survival Dictionaries into 3 columns; 2. Publication of the Original Dictionaries (include up to 12'000 lemmas, divided into 4 levels and 300 themes; contain complete translations; include proper names, phrases and morphemes; there are many different types and kinds); 3. Creation of a collection of cards; 4. Creation of a mobile application.

LICENSE INFORMATION

English-Greek Learner's Dictionary (Arranged by Themes, Beginner - Intermediate Levels) by Multi Linguis (Vladimir Smirnov) is available by CC BY-SA 3.0 (https://creativecommons.org/licenses/by-sa/3.0/deed.en).

This work is a derivate of "Wiktionary, the free dictionary" (https://en.wiktionary.org) and "Wikipedia, the free encyclopedia" (https://en.wikipedia.org) by "Wikimedia Foundation" (https://wikimediafoundation.org) available by CC BY-SA 3.0.

Some of language names, keys, parts of speech, translations, transcriptions and additional commentaries were modified or corrected. Descriptions of languages and pronunciation guides created from the sources were added. Themes, levels and keywords of lemmas, as well as an original structure and design, were added too.

The Multi Linguis Project is based on the corpus of the English version of Wiktionary as well as linguistic articles of Wikipedia and is licensed under the open license Creative Commons CC BY-SA 3.0.

By this license, you are free:
- to share the work,
(You may copy, distribute and transmit the work in any medium or format.)
- to adapt the work
(You may remix, transform, and build upon the work.)
for any purpose, even commercially, under the following terms:
- attribution,
(You must give appropriate credit, provide a link to the license, and indicate if changes were made. You may do so in any reasonable manner, but not in any way that suggests the licensor endorses you or your use.)
- share alike,
(If you remix, transform or build upon the work, you must distribute your contributions under the same license as the original.)
- no additional restrictions.

(You may not apply legal terms or technological measures that legally restrict others from doing anything the license permits.)

Find detailed information on:
- https://creativecommons.org/licenses/by-sa/3.0/deed.en;
- https://en.wikipedia.org/wiki/Wikipedia:Text_of_Creative_Commons_Attribution-ShareAlike_3.0_Unported_License;
- https://creativecommons.org/licenses/by-sa/3.0/legalcode.

The Multi Linguis Project uses only fonts with open licenses:
- Ubuntu (The license is based on the SIL Open Font License);
- Noto (SIL Open Font License);
- Awesome (SIL Open Font License).

Find detailed information on:
- https://scripts.sil.org/cms/scripts/page.php?id=OFL;
- https://en.wikipedia.org/wiki/SIL_Open_Font_License.